네가 먼저 싹 틔우렴

네가 먼저 싹 틔우렴

이정희 에세이집

누리달

| 서문

나의 꿈 나의 소망, 수필을 찾아

잔디밭 푸른 들녘의 꽃이기보다는
그래서 오가는 눈길 의식하기보다는
폐허 속의 꽃떨기로 남아
피곤한 나그네의 위로가 되면서
누군가의 행복을 수놓을 수 있는
그런 수필을 쓰고 싶었다.

만경창파 푸른 물로 흐르기보다는
이끼 돋은 바위틈 샘물로 고여
먼 데 하늘 푸르게 곁에 재우고
바닷물을 이루는 작은 물방울처럼

그렇게 수필의 속내를 배웠다.

은하수 반짝이는 수많은 별보다는
새벽하늘 외로운 별 하나 되어
누군가의 아픔을 달래 주면서
그렇게 수필의 현주소를 찾아다닌다.

이제 밤이면 별 가득 내리고
암흑의 갈피도 두터워지겠지만
아직도 헤매고 있을 아기별 때문에
먼 초가집 창가엔 언제나 불 밝혀 있던 것처럼
외롭고 고단한 누군가를 위해서
오늘도 수필의 벽돌 한 장 쌓아 올린다.

2021년 10월 25일

| 차례

서문
나의 꿈 나의 소망, 수필을 찾아 _ 4

1부
앙스트 블뤼테 _ 14
진주를 품다 _ 20
흔들리는 가을 _ 26
time car 일지 _ 31
여주 강나루에서 _ 37
가을 인터넷 _ 42
꽃밭도 아닌 데서 꽃들의 이야기가 _ 48
조락의 벽두에서 _ 54
군더더기 유감론 _ 59
낮은 음자리 높은 음자리 _ 63
희주의 전성시대 _ 67
파도타기 1 _ 72
보물찾기 _ 76
코로나19 후일담 _ 80
맑은 물 사연 _ 84

2부

네가 먼저 싹 틔우렴

네 잎 클로버 연가 _ 90
코스모스 회고록 · 1 _ 94
코스모스 회고록 · 2 _ 98
꽃길에서 하늘을 보다 _ 102
눈 오는 밤 새 한 마리 때문에 _ 107
내가 본 언니는 _ 113
고명과 소박이 _ 118
마중, 마중, 마중 _ 123
티핑 포인드 _ 128
네가 먼저 싹 틔우렴 _ 132
음달말에서 전설 같은 이야기 _ 136
꽃가람, 발원지 찾아가다 _ 140
아버지의 금수저 _ 144
마침내 산벚꽃 떨어지던 날 _ 148
진솔집 _ 152

| 차례

3부

남한강의 봄 _ 158
4월 다이아몬드 _ 163
구월에 묵인되는 풋내 _ 168
아욱이 좋다 _ 173
세 살에서 다섯 살까지 추억 _ 177
한겨울 스케치 _ 181
공주들 사연 유감 _ 186
시시콜콜 태풍 이야기 _ 191
창窓 _ 195
초두루미 _ 200
가을갈이 속내를 보다 _ 204
묵정밭 _ 209
아덴라이 언덕의 노래 _ 213
노을, 그리움의 강 _ 218

4부

비운의 타이타닉호 바이올린 _ 226

죽음, 시간을 추월하다 _ 230

어떤 사람 _ 234

자연으로 보는 풍경 메시지 _ 237

금 달걀 행복 _ 240

뿌리를 읽다 _ 244

자반뒤집기 _ 247

눈사람에 투영된 세상 _ 252

삶이 굴곡을 말하다 _ 256

어린 왕자에게 _ 259

아름다운 인연 _ 263

뽀글뽀글 소리를 듣다 _ 267

진고개 연서 _ 271

야누스의 일기장 _ 274

| 차례

5부

원격상담 _ 280
해거리, 삶의 돌파구 _ 283
오늘이 바로 그날 _ 287
초겨울 어름에서 _ 290
옷 수난기 _ 293
집들이 유감 _ 298
추워야 봄이 되지 _ 302
현재 나이 배송 중 _ 305
딱지 _ 308
땅 내를 맡다 _ 312
콩나물 사연 _ 316
가을 고추장 _ 320
장아찌 문화 _ 324
설날 아침의 단상 _ 327

네가 먼저 싹 틔우렴

차례 11

네가 먼저 싹 틔우렴

1부

앙스트 블뤼테
진주를 품다
흔들리는 가을
time car 일지
여주 강나루에서
가을 인터넷
꽃밭도 아닌 데서 꽃들의 이야기가
조락의 벽두에서
군더더기 유감론
낮은 음자리 높은 음자리
희주의 전성시대
파도타기 · 1
보물찾기
코로나19 후일담
맑은 물 사연

앙스트 블뤼테

 참 맑고 아름다운 곡이다. 경쾌한 바이올린 소리가 톡톡 벙그는 꽃망울 또는 산새들 날갯짓을 닮았다. 마지막 부분의 톡톡 피치카토 소리는 꽃 피고 새 우는 들판에 서 있는 듯 진짜 봄 같다. 들을수록 명랑한 느낌 때문에 '바이올린 소나타 5번 F장조' 라는 이름보다 '봄'으로 더 많이 알려졌다. 흐느끼는 듯 속삭이는 듯 음색이 알프스 가문비나무 바이올린의 연주를 듣는 것처럼 환상에 빠져들곤 했는데…….
 앙스트 블뤼테(Angst blüte)가 생각난다. 불멸의 음악가 '루트비히 판 베토벤'이 작곡한 특별 선율의 느낌이다. 앙스트는 공포와 불안을, 블뤼테는 만발 혹은 개화를 뜻한다. '불안 속에 피는 꽃'이다. 300년 전 알프스의 가문비나무 군락에서는 나이테가 촘촘해지는 기현상이 생겼다. 이탈리아의 스트라디바리 가문에서 그것을 베어 일명 스트라디바리 바이올린(최고 경매가 약 172억 원)을 만들었다. 아무리 넓은 연주회장에서도 무한 울려 퍼지는 천상의 악기로 정평이 나 있다.

앙스트 블뤼테는 식물학적 용어로, 생존의 위협을 느낄 경우 더 많은 열매를 달면서 유전자를 남긴다. 가까운 숲에서 실제로 목격한 일이었다. 들어가면 솔 내가 물씬 풍겼다. 하늘을 찌를 듯 아름드리나무와 잔솔나무, 선산을 지키는 굽은 나무도 있다. 볕 좋은 날이면 워드 작업을 하고 음악을 듣는 아지트였다. 번화가로 바뀌면서 한동안 발길을 끊었는데 오늘 모처럼 본 소나무 한 그루가 그렇게 푸르렀던 것.

물소리 새소리만 듣다가 자동차 매연에 시달렸으리. 그런데도 훨씬 푸르고 솔방울까지 다박다박하다. 극도의 불안 끝에 씨앗이나 많이 달아야지 했겠다. 빙하기 특유의 차가운 날씨에서 유일한 성장 요소는 언제 죽을지 모르는 공포심과 두려움이었기 때문에.

대나무도 번식이 힘들면 꽃을 피운 뒤 죽어버린다. 우리 집 야생난도 10년 만에 딱 한 번 피고는 말라 죽었다. 진짜 꽃 범벅이었는데 마지막으로 원 없이 피는 죽음의 꽃이었을까. 최악의 순간에 죽음의 신과 겨루면서 역발상적인 절정을 꿈꾼다. 공포와 두려움으로 뿌리를 내린 나무의 집념이 아름다운 선율로 재생된 것처럼.

멧새가 삐루루 울어쌓는다. 베토벤의 또 다른 교향곡 전원을 듣는다. 봄 소나타 이후 만들어진 곡이었다. 2악장에 나오는 꾀꼬리(플롯)와 뻐꾸기(클라리넷) 메추라기(오보에) 등의 노래가 어찌나 정겨운지 숲속에서 직접 듣는 듯하다. 목가적 분위기가 물씬한 음악에서 인간이 자연을 만났을 때 얼마나 아름다울 수 있는지를 보곤 한다.

작곡에 몰두하다 보니 청력이 약해졌다. 휴양 차 공기 좋은 시골 마을로 내려갔으나 호전되지는 않았다. 유명한 하일리겐슈타트 유서를 쓰고는 자살을 시도했다가 전원적인 풍경에 반했다. 신은, 소리를 빼앗아간 대신 새로운 음역을 만들어 주었다. 특별히 4악장에서는 더블베이스, 팀파니, 피콜로가, 바람과 천둥 번개 소리를 만들었다. 태풍이 낟알을 익히듯 전원생활을 해야 할 정도의 상황이 명곡 탄생의 계기가 되었으려나? 늘 보는 풍경도 죽음의 벽을 깨는 순간 새롭게 다가왔겠다.

그의 소리는 귀에도 악기에도 없었다. 보다 깊은 소리의 근원은 따로 있었는지 절망 속의 회로를 통과하면서 풍부해졌다. 시냇물 소리와 작은 새 노래를 풍경에 베껴 적는 방법이다. 청력이 온전했을 때 들은 소리의 재생이지만 진짜 새소리 물소리 바람 소리처럼 표현이 놀랍다. 숲속에 있으면 그냥 기쁘고 행복했겠지. 두 편의 명곡은 즉 알프스 가문비나무가 만든 스트라디바리 바이올린과 영감을 받아서 작곡한 열정의 아우름이었다.

아스트 블뤼테는 절망의 골짜기에 뜨는 무지개였을까. 그게 곧 죽음을 눈앞에 둔 소망의 표현이라면, 전원 교향곡은 소리의 부재 위기와 하일리겐게슈타트의 전원풍경이 모토가 되었다. 극도의 절망이 지친 영혼을 깨운다. 베토벤은 전하고 싶었던 거다. 자신의 앙스트 블뤼테는 전원 교향곡이었다면서. 최악의 순간은 위대한 출발선이라고 했으리. 음악가에게는 목숨과도 같은 청력의 상실에서도 소리로 예쁘게 다듬었으니.

한 그루 나무의 지혜가 무궁무진하다. 우리 마을 야산은 솔방울 주렁주렁한 소나무 숲이 되고 알프스 산골짜기 나무는 명품 악기의 소재로 태어났다. 가물 때는 뿌리를 키우고 햇살이 부족하면 가지를 틀었다. 잎이 떨어지고 시드는 동안 소망의 우듬지가 보였다. 삶과 죽음이 엇갈릴 때마다 본능 이상의 지혜를 키우면서 비장의 카드를 내밀었다. 죽음으로의 행진에서 모두를 잃었지만, 희대의 바이올린을 보면 잃은 것 이상의 수확이었다.

베토벤도 불안 속에서 살았다. 바이올린 소나타를 작곡할 즈음부터 소리는 자꾸 멀어졌다. 똑같은 명곡이라도 그때까지의 곡은 엄숙하고 웅장했었다. 영원히 듣지 못하게 될 공포 때문에 밝고 화사한 이미지로 바뀌었겠지. 인생 교향악에도 특별 작곡법은 있었다. 누구든지 전성기는 가장 힘들 때였다. 평범한 사람을 바꾸는 것으로 고난보다 더한 게 있으랴.

앙스트 블뤼테의 요람을 찾아가 본다. 지붕이 날아가고 창문은 부서지고 휴식은 깡그리 사라졌다. 애착이 없다 보니 깊은 밤 뜨는 별과 창가를 비추는 달이 더 친근해졌다. 따스한 들판이 생각나고 푸른 하늘의 새가 더 절박했으리. 눈먼 자에게는 고요한 밤이 차라리 휴식이었던 것처럼 소리가 차단된 그에게는 풍경이 오히려 편했다. 들리지는 않지만, 기억을 거슬러 가면 훨씬 다듬어진 소리로 재생되었을 테니.

절망의 낭떠러지 핀 앙스트 블뤼테는 위기일수록 내공이 깊어진다. 불안, 초조라고 하지만 고난의 스피커를 통과한 울림은 산 메아리처럼 해맑다. 정상 기온을 되찾으면서 세기말적인 악기도 더는 태어나지 않았으나 오히려 애틋한 심정으로 돌아보았으리. 바람 모지 산 중턱은 악몽이었지만 그때의 하늘은 더 푸르고 별도 예쁘게 반짝였다고 하면서.

오래전의 알프스 정경이 떠오른다. 뼛속까지 추운 날씨는 고산지대의 나무라도 견딜 수 있는 게 아니었다. 바람이 몰아칠 때마다 산은 휘파람 소리를 내면서 울부짖었다. 생존의 위협을 느낀 나무는 성장을 최대한 늦추면서 하늘을 키웠다. 고난의 언덕에서 잔뜩 웅크린 채 바람이 지나가기를 기다려온 바람 나무 일대기였다. 어둠만이 하늘의 별을 새기듯 고난으로만 인생을 말할 수 있다면서.

끝내는 밀도가 일정해지면서 특별한 나무로 자랐다. 수많은 나무의 눈물이 고난의 산맥에 물결치면서 절묘한 소리 바탕으로 남았다. 죽음의 신과 겨룰 동안 눈물이 아니면 켤 수도 들을 수도 없는 멜로디를 키웠다. 온종일 듣다 보면 꿈속에서도 들리던 그 선율. 얼마나 혹독한 바람이면 고난의 바이올린에서 눈물의 바이올린으로까지 승화되었다. 앙스트 블뤼테의 회전축은 불안이고 뿌리심은 고난이라고나 하듯.

해거름이 되었다. 지는 해가 어찌나 강렬한지 수많은 차량이 뽀얗게 보인다. 솔숲에서 나와 건널목까지 내려갔다. 눈도 뜨기 힘든 빛 때문에 길은 돌아갔지만, 마지막 타오르는 촛불의 회광반조回光返照가 참으로 감동이다. 나무는 물론 서산마루 지는 해까지도 눈 부신 환상을 꿈꾼다. 소망은 끊기고 행복의 전원이 차단될 때도 내일을 꿈꿔야 하리. 앙스트 블뤼테는 절망의 섬을 비추는 유일한 등불이었으니까.

앙스트 블뤼테의 꼭짓점에는 고난의 별이 빛나고 있었다. 길이 험하고 산이 높을수록 가슴 뛰는 그런 날들이겠지? 힘들어도 꽃을 피우는 기회가 된다. 뜨거운 가마에 들어간 그릇은 빛바래지 않는다. 영광은 상처의 흔적이다. 떠오르는 태양을 막을 밤은 없고 희망을 뒤집을 절망 또한 없다. 황금이 불로 정제되듯 고난은 생각하게 만들고 지혜롭게 만든다.

가끔 "나는 지금 불안하다"는 탄식이 들려온다. 위기를 느끼지만 절망 속에서 창출되는 최고의 절정을 믿는다. 좋아하는 명곡 봄과 전원도 불안 속에서 태어났다. 고난의 언덕에 핀 꽃보다 아름다운 것이 있을까. 힘들었던 일이 가장 달콤한 추억이 된다. 한 송이 들국화도 천둥, 번개의 공포 속에서 꽃망울을 새기고 하늘의 새도 추락의 공포 때문에 짠하게 운다. 지는 해가 눈 부신 것도 석양을 통해서 보았다. 고난을 뒤집는 대로 결정타를 날릴 앙스트 블뤼테의 소망이 이 봄에 한껏 설렌다.

진주를 품다

 희주의 눈에 진주가 반짝인다. 웃을 때마다 초롱초롱 까만 진주알. 눈앞의 세상은 사라지고 두 개의 진주만 보인다. 예쁘다. 반짝반짝 눈물이 아롱거린다. 반달 같은 눈썹 밑으로 푸르스름한 눈자위가 물결로 찰싹인다. 진주가 있었다고? 더욱 두 개씩이나?
 빛나는 그것은 내게도 있었다. 눈 화장을 하면서 펄(pearl) 샤도우를 착착 펴 바른다. 속눈썹 밑으로 눈동자가 간단없이 떨린다. 눈감으면 해초 사이로 진주조개의 눈물이 반짝인다. 퇴색하기는 했어도 진주라고 부르게 될 줄이야…….
 머나먼 바닷가에 진주조개 한 마리가 있었다. 어느 날 이물이 들어갔다. 조개의 속살이 얼마나 연한데 하필 모래가 들어갔다. 당황한 조개는 니카라고 하는 체액을 내서 상처를 감싸기 시작한다. 고통스럽기는 하지만 방치해 두면 곪아서 죽어버린다. 파도가 들락거릴 때마다 쓰리고 아팠을 것이다. 눈물을 참는 대로 한 겹 두 겹 엉기고 진주로 바뀌면서 아프지 않게 될 때까지 세월도 많이 갔다.

 담장의 토란잎에도 스무 캐럿 쯤 물방울 진주가 맺혔다. 새파란 양산 속에 어쩜 그렇게 폭파고 들어갔는지, 여남은 개 넓적한 잎이 딱 하나씩 머금었다. 아침에 장대비가 쏟아졌다. 창문이 덜컹대면서 빗줄기가 수백 수천 번은 때렸다. 비만 오면 진주 파티는 흠씬 두들겨 맞은 토란잎의 아픔이고 소망이다. 빗방울이 떨어지는 대로 동글동글 맺히는 게 아니었다. 진주의 눈물을 분석해 보면 오래 참음과 탄식이었던 것처럼.

 혹처럼 붙어 있던 모래알이 마침내 진주가 되었다. 고난의 진주라고 이름 붙이면 되겠다. 영롱한 빛깔은 화려체보다 눈부신 인고의 결정체이다. 힘들다고 거부했으면 진주는커녕 딱딱한 덩어리로 남았다. 모양도 크기도 다양하지만, 얼마나 두꺼운 층을 만드느냐로 가치가 결정된다. 직경 0.5mm 진주를 위해서는 1,250개 진주층이 필요하다. 진주는 조개의 눈물일 수밖에 없구나.

 밤이 깊었다. 오늘도 워드 작업에 지쳤다. 무심코 창문을 열었다. 별이 잔뜩 쏟아져 나왔다. 사나흘 동안 뜨지 않더니 모처럼 날을 받은 듯 진주별을 꺼내고 있다. 하늘은 깜깜한 밤바다였고 수많은 별은 밤하늘이 머금은 진주알이다. 어떻게 이물이 들어갔나 모르지.

 밤마다 지붕까지 내려온 하늘은 어둠에 뒤덮인다. 어릴 때부터 별을 잔뜩 품은 것으로 생각했으나 깜깜나라에서 얼마나 스트레스였을까. 낮에는 시리도록 푸른 하늘이 온통 깜깜 바다였으나 외로움을 꺼내서 어둠을 덮어나갔다. 내가 좋아하는 진주별의 배경은, 밤새의 눈물이 아롱지던 푸른 하늘 은

하수였다.

　달이 뜨기는 해도 초하루 그믐께는 한 치 앞도 보이지 않는다. 가끔은 머금었던 진주알을 조각달 쪽배에 실어 보낸다. 너른 바다 밤 배는 외딴집 창가에서 굴뚝 언저리에서 진주별을 잔뜩 부려놓았다. 우물에 잠겨도 젖지 않고 탱자 울 넘어가도 다치지 않더라니 새지 않게 무사히 쏟아냈다.

　조개가 이물을 감싸 안듯이 외로움 때문에 달빛 자아낸 게지. 바위틈이나 산호층에도 진주조개는 있지만, 밤하늘의 그것은 잠수할 필요도 없고 수많은 별이 곧 진주였다. 매일 밤 토해냈어도 쓸쓸해 보이지만 별을 좋아하는 나로서는 다행이었다. 진주가 조개의 눈물이면 진주별은 밤하늘의 눈물이었을 테니.

　눈 화장을 할 때도 그래서 더 이끌렸으리. 어릴 때는 나도 희주처럼 반짝였을 테지만 눈은 마음의 창이다. 진주하면 흰색과 무지갯빛 등 여러 가지이다. 특별히 얼마나 맑고 투명한지로 가치가 결정된다. 오랜 세월 빛바래 버렸지만, 눈물의 보호막으로 감싸 안으면서 원하는 광택으로 태어날 수도 있으려니.

　진주의 소망과 꿈을 뒤집으면 오직 참음이었으니까. 결혼 30년을 기념하는 진주혼식도 그에 연유했으리. 25주년 은혼식과 50주년 금혼식 60주년 금강혼식도 있으나 진주 선물을 주고받는 진주혼식이 훨씬 친근하다. 결혼 자체가 이물 같은 존재로 참고 산다. 딱히 결혼문제가 아니어도 고통 속에서 저마다 삶의 진주를 만든다. 진주는 조개의 눈물이고 다르게는 얼어붙은 눈물이었으니까.

빛깔도 이름도 가냘프지만 딱딱하면서도 깨지지 않고 부드러우면서도 강한 보석으로 태어났다. 몰아치는 파도 때문에 눈물은 끝이 없었지. 아픔도 소망이다. 이물이 있고 파도가 있고 조개의 눈물이 마르지 않는 한 단단해지고 강해지면서 계속 태어나겠지.

힘들어도 품어 안을 때라야 진주가 된다. 인내의 산은 높고 인내의 골짜기는 깊었다. 바다가 그렇게 물결치고 이물질이 그렇게나 괴롭혔건만 묵묵히 참았으리. 참는 것도 참는 거지만 미워도 사랑해야 하는 애증의 결정체였다. 괜찮을 거라고 다짐했건만 끝내 눈물범벅일 때도, 더는 울지 않고 더는 슬퍼하지 않을 때 비로소 눈물의 신화를 낳는다. 삼켜둔 눈물이면 녹고 말겠지만 얼어붙은 뒤에는 눈물의 조각품으로 남는 것처럼.

토란잎의 물방울 진주도 한나절이나 무사했다. 잎을 툭 건드려 보았다. 자늑자늑 움직이면서도 손을 떼면 딱 그 자리에 가서 맺혔다. 3시간을 퍼붓더니 먼지와 벌레 똥 모두를 씻어냈을까. 불순물이 제거된 이파리에 박자나 맞추듯 토록토록 떨어지면서 비가 그치고 볕이 들어도 흩어지지 않는 물방울 진주로 맺혔다.

힘들 때는 진주조개 생각하리라. 어려울수록 아름다운 보석을 만드는 중이었지 하면서. 인내가 절망의 창에 뜨는 별이라면 큰 인내가 큰 사람을 만든다. 진주는 영혼의 보석이며 순간의 번쩍임이 아닌 오래 참음 빛깔로 세상을 비추었다. 말라 버린 줄 알았던 눈물이 세월을 거슬러 가서 깊은 골짜기를 만든 것처럼.

내 인생의 진주도 얼마나 보석처럼 빛남보다는 얼마나 고귀한 빛남인지를 봐야겠다. 살다 보니 행복과 불행은 한 지붕 밑이다. 슬픔도 기쁨도 문간방 건넌방 모여 있었다. 사는 것 자체가 고통이지만, 눈물이 없는데 진주가 어찌 생기랴. 질척한 늪이 없고 바람이 없는데 갈대가 어찌 무성하랴.

무엇보다 진주는 용광로를 거치지 않는다. 보석으로 태어나기 전에 이미 뜨거운 아픔을 겪었다. 광맥을 찾을 필요 없이 바닷속에 들어가서 따는 것도 낭만이지만 한참 보고 있으면 그렁그렁 눈물범벅이다. 상처에 닿을 때마다 아프기도 했겠지만, 모든 조개가 진주를 만들지는 못할 테니 축복이라고도 했으리.

희주의 눈 속에 내가 있고 내 눈 속에 희주가 있는 한 진주는 수없이 태어나리. 눈물보다 진한 아픔이라야 투명도가 높아질 거라는 얘기까지 베껴 두었다. 빛깔은 오래 참음 고유의 색상이다. 이물을 진주로 바꾼 일대기를 보면 인생도 참느냐 못 참느냐의 결전이다.

기다리는 것이다. 밤 깊었으니 아침이 되겠구나. 가시가 무성하니 장미가 피겠구나. 오래 참았으니 진주를 볼 수 있겠구나 하면서. 바다에는 진주가 있고 하늘에는 진주를 닮은 별이 있고 우리 마음속에는 진주조개 진주의 오래 참음이 있다. 수많은 빗줄기를 맞으면서 딱 하나 진주알 새겨놓듯이 진주의 순도를 높인 것은 100% 인내심이었다. 누구나 각자의 모래알이 있다. 왜 나만 이렇게 힘들까. 왜 내게만 이런 일이 생길까.

밤하늘이 새삼 정겹다. 수많은 진주가 명멸하면서 점점 또렷해진다. 별들의 꿈이 새록새록 피어나는 중이라고 하면 되겠다. 밤이 아니면 고단한 영혼은 잠들지 못할 거라고, 그대 지금까지 쏟은 눈물도 반짝이는 진주 되어 돌아오리라. 밤마다 외로움 머금어서 진주를 새기고 수많은 별로 쏟아질 테니 오늘은 나도 한 눈 뜨고 꿈꾸는 밤이다.

흔들리는 가을

 창문을 열었다. 덧문을 치우자마자 윙윙, 소리와 함께 떡갈나무 숲이 흔들리고 언덕이 울부짖는다. 오늘은 나도 가을이 파 놓은 하늘 우물에 타래박을 던진다. 우물도 깊었지만 그리움의 타래박 줄도 무한정 내려갔다. 누군가의 외로움도 하늘 강 스며든다. 바람 부는 폭풍의 언덕에서 고단할 때마다 바라보았을 테니 드높은 창공에서 말 없는 흔들림이다.
 물 마른 천변에도 갈대가 흔들린다. 빈 줄기에 바람을 채우려는 듯 속울음을 참는다. 하늘은 물론 지상에서의 흔들림이다. 쓰르라미 노래에 덤불까지 물든다. 초록이 헐거워지고 단풍이 들었으리. 하늘이 우물처럼 깊어질 때는 초록초록 잎새가 가을을 담기 시작했다. 단풍이 꽃이라면 가을은 제2의 봄이다.
 흔들림이라는 단어를 좋아한다. 무심코 뇌어보면 바람이 지나간다. 태풍에 꺾일 정도는 말고 억새나 스카프가 나부낄 정도가 좋았다. 불규칙적일 때는 혼란스러워도 음악이니 왈츠를 보면 리듬을 갖춘 흔들림이었다. 오늘처럼 폭풍의 언덕도 멋있지만, 적당히 기분 좋고 적당히 리드미컬 느낌은 환상이다. 상반되는 말이 없는 것도 특별하다. 기쁨의 반대는 슬픔이다. 그에 비해 멈춤도 정지도 아니지만, 그 자체가 살아 있음이다.

가을의 시작은 흔들림이었다. 흔들리면서 생각하고 생각하면서 기도할 동안 무릎까지 차올랐다. 들판의 벼 이삭도 그래 생각하고 기도하는 모습이었던 게지. 푸르스름한 달개비도 손을 맞잡고 생각에 잠긴다. 바람에 눕기도 하고 샛바람과 마파람 하늬바람까지 쟁여두면서 단풍 고을까지 달려왔다.

가을은 생각하는 계절이라고. 땅에서는 결실이 풍요롭고 하늘에서는 깃털보다 가벼운 구름이 떠다닌다. 드넓은 벌판에는 물들고 익어가는 빛깔의 만남이 있고 하늘은 쪽빛 물결로 넘쳐났다. 물들고 익으면서 숙이는 축제의 장이었다.

서늘하고 정갈한 가을 느낌도 거둬들인다는 방언 가실에서 나왔다. 풍작을 기원하면서 가실 가실하다 보니 가을이 되었다지. 추수는 또 다른 말로 가을걷이라고 한다. 태풍이 할퀴고 간 하늘에서 비바람에 익는 열매를 생각했다. 가을이 태풍을 견딘 자들의 몫이라는 것도 그만치 흔들렸다는 뜻이니까. 곡식 한 톨도 거저 된 게 없다면 익힘은 흔들림의 처방에서 나왔다. 태풍이 지나갈 때도 눈 감고 귀 막은 채 버티었다. 물 한 모금 먹지 못한 갈증과 뇌우를 견디면서 가을로 태어났다. 가을에는 그래서 누구나 기도하는 사람인지도 몰라. 비바람이 지나갈 동안의 기다림은 소망을 쌓는 벽돌이었기 때문에.

가을은 흔들리면서 익는 게 얼마나 위대한지를 가르쳐 준다. 알맞은 수분과 햇볕만 원하는 농부에게는 짐짓 까다롭게 굴었다. 힘들이지 않고 거두려는 사람과 지름길만 찾는 사람 역시 두남두지 않았다. 그들에게는 결실이 없다. 있다 한들 쭉정이 치레다. 단단한 알곡으로 바꾸는 것은 모진 폭양과 태풍과 비바람의 말 없는 흔들림이다.

　곡식이든 낙엽이든 흔들린 자리만큼 맺히고 흔들린 자리만큼 영근다. 흔들리고 나면 뿌리가 강해지고 가을도 풍성해졌다. 익힘과 기도를 표방하는, 가을 등기부에는 흔들림이 적혀 있겠지? 그것은 즉 가을 소나타의 서곡에 아름드리나무의 운명이었으므로.

　흔들림은 생각을 낳고 생각은 기도로 이어진다. 그것은 즉 가을에 마시는 커피 한잔처럼 바이올렛 톤 설렘이다. 꽃은 떨어지고 잎은 마르면서도 들깨 알이며 콩꼬투리가 익는 대로 출렁이던 가을 풍경화. 장미꽃도 바람에 찢기면서 향기를 내뿜는다. 우리 삶의 진행 방식도 흔들림 모드였을까.

　흔들림의 속내를 알지 못하고는 가을을 말할 수 없는 것처럼 인생 또한 곡절 속에서도 충분히 아름답다. 그렇지 않으면 생각하고 기도할 줄도 모르는 초라한 삶으로 끝날 것이다. 항해하는 선박도 표류할 동안 정확한 항로를 찾는다. 초고층 아파트 역시 흔들림 공법으로 짓는다. 나침반도 가끔은 흔들리듯 흔들림은 뿌리에서 나온다. 흔들리지 않고서는 큰 나무와 큰 소망도 자라지 못한다.

　길섶의 코스모스도 흔들리면서 기다려왔다. 누군가 "너는 코스모스야. 아직 봄이거든? 천천히 기다리면 가을에 가장 예쁘게 필 거야."라고 했으리. 천둥에 놀라고 비바람에 떨면서 꽃망울을 새겨온 일대기가 예쁘다. 건들마에 흔들리던 고추잠자리도 "나는 고추잠자리야. 아직 여름이잖아. 얼마 후 가을이면 아주 예쁘게 날 수 있어"라고 기다린다.

 꽃이라면 바람에 흔들려 피어야 하리. 한 그루 나무라면 또 바람 모지 언덕에서 그늘을 키워야겠지? 그리고 생각하는 갈대라면 늦가을 어느 때 고향을 찾아가는 철새를 배웅하면서 외로움을 참아야 하리.

 멀리 산국화 언덕이 눈썹 끝에 닿을 듯하다. 낙엽조차도 고즈넉한 가을 느낌이다. 길섶의 코스모스도 흔들리면서 기다려왔다. 누군가 "너는 코스모스야. 아직 봄이거든? 천천히 기다리면 가을에 가장 예쁘게 필 거야."라고 했으리. 천둥에 놀라고 비바람에 떨면서 꽃망울을 새겨온 일대기가 예쁘다. 건들마에 흔들리던 고추잠자리도 "나는 고추잠자리야. 아직 여름이잖아. 얼마 후 가을이면 아주 예쁘게 날 수 있어"라고 기다릴 테니.

 바람이 지나간다. 아득히 새 한 마리가 우렁이 속처럼 파란 가을 호수에, 조약돌을 던진 듯 하늘 깊이 가라앉는다. 하늘이 또 한 번 흔들리면서 구름이 하얀 타래를 풀어놓는다. 뒤미처 또 다른 새가 하얀 돛배로 떠 간다.

 인생도 흔들림의 연속이나 예까지 오는 동안 수없이 흔들렸을 가을 어름에서 낙엽 때문에 가을이 좋았다는 추억 하나 붙들어야겠다. 외롭지 않은 사람이 어디 있으랴만, 단풍과 익힘을 준비하면서 위대한 계절이었다는 기도가 나왔으리. 인생 또한 흔들리면서 푸른 꿈을 새기는 과정일 테니, 흔들리지 않으면 더는 살 이유가 없다. 천 번은 흔들리고 방황하면서 어른이 된다. 나무도 천 번은 흔들려야 흔들리지 않는다.

 가을이, 고독을 자처하면서도 외롭지 않은 이유다. 태풍이 가랑잎을 쓸어도 그래서 가을이다. 거두고 나면 텅 빈 들판이어도, 서설이 흩날리는 늦가을 풍경은 한 폭 낭만이다. 흔들려도 끝내는 흔들리지 않고 아무리 넘어져도 끝내는 일어나는 게 그 묘리다. 고독한 사람들의 특권인 만큼 허구한 날 곡절이나 살아 있는 것 치고 흔들리지 않는 게 있을까.
 태풍이 아니면 곡식도 쭉정이가 된다. 내 인생의 나무 한 그루 가꿀 동안 사연도 흔들림과 그리움 한 권이다. 그 본질은 흔들리지 않고는 견딜 수 없는 무엇이었을까. 흔들리지 않으려고 폭풍의 언덕에서 잠깐 가지를 내맡기는 나무가 그럴 때마다 연륜이 생기듯 우리 또한 인생의 버팀을 위해 흔들리면서 열 번은 굳게 설 수 있는 의지를 새긴다. 푸른 가지를 품고 있으면 언젠가는 새들이 와서 우짖는 것처럼. 우물보다 깊은 생각과 엄숙한 흔들림의 철학을 인생 노트에 기록해 본다. 가을이 물드는 숲속 다님길에서…….

time car 일지

  원통산 밑으로 가을이 울먹인다. 억새꽃 피는 둔덕에서 보니 산자락 단풍이 연지를 찍은 듯하다. 솔바람은 끝없이 들락대고 저물녘 철새는 땅 그림자를 부려놓는다. 나뭇가지 새들은 합창인지 뭔지 야단스럽고 문득 빠르게 돌아가던 40년 전 슬라이드.

  가끔 그렇게 추억의 여행을 떠난다. 필름을 돌리자 초가집이 나왔다. 마당으로는 자배기만 한 가을이 들었다. 헛간을 돌아가면 쪽마루가 보이고 도드미에는 콩, 팥꼬투리가 소복하다. 잘 여문 동부 꼬투리가 있으면 저녁에는 동부개떡을 안쳤다. 여물지 못한 두렁콩도 보이고 고급스럽게 송편을 찌다 보면 무릎께 차오르던 늦가을 풍경.

  둥구미에는 도토리까지 합세를 했다. 보나 마나 밭일 틈틈이 어머니가 따 모으신 거다. 잠깐 밀어뒀다가 앙금 내서 도토리 전을 부치다 보면 김장철이 다가온다. 계절도 그림을 그린다. 가을은 언제나 애벌 칠한 스케치북 바탕에 기억을 덧칠하곤 했다. time car로 시공간 가로지를 동안의 정물화이다.

상상의 나래를 펼치다 보면 그리운 시절로 돌아가 있다. 가을이 깊어가면 혼자 괜히 슬프고 눈물 나고 그랬다. 단풍 물도 어지간히 빠진 가을 말미에는 하늘 높이 날아가는 기러기가 보였다. 어딘지 모르지만, 고향을 찾아가는 모습에 괜히 울컥했었다. 우리도 그렇게 떠날 날이 있을 것 같아 오랫동안 짠했다.

가끔은 아카시아 길도 나온다. 오늘처럼 스케치북을 뒤적이니 갈래머리 층층 땋은 여고생이 있었다. 네 잎 클로버를 찾다가 무료해지면 아카시아 꽃잎으로 화환을 엮는다. 해거름 노을 지면 생각도 많았지. 하늘도 저녁이면 불 지핀다고, 서쪽 하늘 노구솥에 내일을 지필 동안 또 다른 하늘은 눈시울 적시며 불길 잡는다고 했는데.

추억을 스크랩하는 날은 설렘도 많았다. 지금은 떠나고 없는 사람과 보고 싶은 사람도 곁에 둘 수 있다. 비슷한 여행 기구 타임머신은 과거로 향해 가면 태어나기 전의 무無로 끝날 수 있고, 미래 또한 사망 예측 시점까지 갈 수 있다. 약간의 모험도 따르는 도박성이다. 타임머신에서 승객일 때와는 달리 자가 운전이라 위험은 줄어든다.

운전에는 관심이 없었다. 기실은 면허증도 따지 못했다. 접촉사고라도 날 경우 보험 관련 문제 등은 생각만 해도 지끈거린다. 남달리 예민한 기질인데 운전대 아닌 운전대를 잡게 되었다. time car 일지를 쓰게 된 배경이다. 자동차는 많지만 운전자는 극히 소수일 거라고. 자동차는 용도에 따라 여러 대를 굴릴 수 있지만 이럴 때는 전혀 무용지물일 건데.

원하기만 하면 어디든 데려다주는 특별 자동차. 어느새 60 중반인데도 변함없이 책을 볼 수 있고 time car 제목으로 글을 쓰게 된 것도 그 덕이다. 엑셀레이터는 물론 브레이크도 없다. 전용도로이기도 했지만 늘 같은 속도로 간다. U턴도 후진도 가능한 보통 운전과는 달리 전진 기능뿐이지만 상행선 하행선도 없는 외길이다. 역주행도 추돌사고도 없으니 무사고 확률 100% 보장한다.

 일반 도로처럼 신호등과 카메라도 없지만, 갓길마다 철철 꽃이 핀다. 초록이 움틀 즈음 산새들 노래는 숲속 교향악이다. 가끔은 먹구름도 끼지만 음소거를 해도 시냇물과 산새들 합창 솔바람은 특별한 감동이다. 현재 인구 70억에 여태 살다 간 사람들까지 보면 천문학적인데 뚜렷이 탈도 생기지 않는 모종의 행렬.

 진짜라면 거미줄 같은 도로망을 구축해야겠지. 어딜 가든 주차공간 확보에 제각기 세차와 정비 점검 등 번거롭지만 time car는 이하 모두 생략이다. 일정한 속도로 나갈 테니 속도위반에 신경 쓸 것도 아니다. 가격만 봐도 일반 자동차는 수십억까지 간다. 차가 좋으면 소유자의 위상까지 높아진다는 의식구조가 팽배해 있다. 무리한 지출로 타격을 받기도 하지만 이것은 동시다발적으로 주어진다. 누군가는 황금처럼 쓰고 누군가는 물처럼 흘려버리는 게 특별하기는 했지만.

 차도 아닌 차가 길도 아닌 길에서 완전자동시스템이다. 시간으로 가기 때문에 오염 문제도 없다. 특허를 내거나 매입할 것도 없이 일률적인 소유가 가능했다. 시간은 금이라고, 한번 가면 다시는 오지 못한다고 귀하게 여기지만 그러면서도 그냥 소유할 수 있다. 길가의 돌처럼 흔해도 죽음을 앞두거나 절박한 순간에는 1분 1초도 사기 힘들다. 시유 적절 이용자는 나뿐일 게다. 제아무리 베테랑도 금시초문일 테니.

 무엇보다 일방통행에 나만의 전용도로라는 걸 말하고 싶다. 일체의 교통시설은 물론 모종의 사건도 없이 지루해서 가끔 우여곡절이다. 가혹한 운명일수록 묘기를 펼치게 되는 시간의 곡예사였다. 어릴 때는 모르겠더니 가장 푸른 하늘은 태풍 속에 들었다. 풀밭의 이슬도 폭우 끝에 빛난다. 아름다운 것은 최악의 상황 끝이다.

 BMW니 벤츠를 탈 때도 몰랐던 감동이다. 수십억을 호가한다는 람보르기니와 페라리 역시 도로에서뿐이다. 자가용 기機도 땅에서는 무의미한데 나의 전용 car는 하늘까지다. 밤이면 별들의 꿈까지 태우고 간다. 일반자동차는 용처에 따라 별도로 구입하게 되지만 밤이면 별들의 소망까지 태우고 가는 특별 수송기관이다. 혹 시간의 줄을 놓칠 때도 정신만 차리면 하늘이 스스로 돕는 자를 돕는 것처럼 일어난다. 연륜과 의지를 쌓을 동안만치나 희비애락도 제각기 소설 한 권은 쓸법하다.

 자동차 운전도 핸들만 잡으면 똑같이 예민해진다. 갑자기 끼어들면서 사고 직전일 때마다 번번이 놀란다. 우리도 운명에 민감했다. 녹록지 않은 세상이지만 구르는 돌은 이끼가 슬지 않는다. 다 똑같은데 그것만은 공통점이다. 전성기는 어렵고 힘든 그때라고나 하듯. 사고가 발생한들 변명도 구실도 통하지 않고 오로지 자기책임이라는 것만 주의하면 함께 가는 동반자로는 최고다. time car 사전에도 불가능은 없었으므로.

 상상하는 순간 떠오른 것은 북극의 오로라이다. 노르웨이나 핀란드의 오로라도 예쁘지만, time car라면 남. 북극의 오로라도 볼 수 있겠다. 눈을 감는 순간 빨갛고 노랗게 반짝이는 빛깔이 커튼처럼 드리워졌다. 상식적으로는 불가능한데, 그리 땅이고 하늘이고 거칠 게 없으니 달나라 별나라도 이웃집처럼 가능하다. 무지개 언덕에서 메아리 옮겨 적을 때는 숲속 요정이 되기도 했다. 미래는 물론 과거를 추월하는 역주행도 가능했다. 보통은 사고로 이어지는데 밤하늘 별과 오로라를 볼 수 있다니. 상상이기는 했지만…….

어느 날 친구가 찾아왔다. 모처럼 함께 저녁을 먹었다. 적조했던 심회를 풀고 나니 한밤중이 되었다. 친구를 배웅하고 30분 후 잘 들어갔는지 전화를 걸었다. 아직도 운전 중이란다. 도착하고도 남을 시간이다. 역주행 끝에 되돌아오면서 늦었노라고 달뜬 목소리. "역주행이라니? 반대편 차선으로 들어갔었던 거야?"라고 물으면서 나도 모르게 화들짝 놀랐었는데.

끔찍했지만 그랬단다. 무심코 보니 맞은편 자동차와 나란히 가고 있더라나? 심장이 쿵 멎는 줄 알았는데 10분을 가는 동안 차 한 대가 없었다니 하늘이 도왔다. 정면충돌 역주행 참사는 뉴스에서나 봤다. time car라면 걱정할 일도 아니고 발생한들 지난 일 돌아보면서 오히려 추억이다.

특별히 time car의 속내를 접목하면서 빠르다고만 느리다고만 할 수 없는 시간의 변수를 본다. 봄이든 겨울이든 요만한 오차도 없는 시간이지만, time car라면 조율이 가능하다. 꽝꽝 얼음골이지만 겨울이면 봄은 멀지 않다는 소망 역시 게서 나온다. 힘들 때마다 아득히 추억을 손바닥에 올려놓거나 소망을 생각하면서 용기를 얻는 것도 그 축복이다. 자칫 서두를 게 걱정이나 시간은 또 유수라고 했다. 겨울에는 얼기도 하고 강으로 바다로 흘러들수록 천천히 가는 속성을 대입하면 딱히 문제는 없으리.

 오늘 모처럼 재산 목록 1호의 비밀 방을 열었다. time car일지를 쓰는 한 꿈의 포부 전선도 탈은 없으리. 추억에 잠길 동안은 부러울 게 없고 걱정 아웃이다. 가을이 오는 둔덕에서 새소리 바람 소리 들으며 받아쓴 교훈이다. 소중한 사람도 끝내는 떠나지만 떼려야 뗄 수 없는 관계가 천금보다 귀하다. 1분 1초도 아껴야겠지, 다짐해 본다. 우리는 지체할지언정 time car는 그럴 리 없으리란 후렴까지 덧붙이면서…….

여주 강나루에서

"이거 완전 다이아몬드로군요?"

 캠핑 장 갓길에 보도블록을 깔았다. 이제 막 끝내고 모래를 뿌렸는지 휙휙, 수많은 다이아몬드로 반짝이는 걸 보고 내가 그렇게 물었던 거다. 동무는 "뭐가요? 뭐가 다이아몬드 같아요?"라고 되묻는다. 진짜 다이아몬드처럼 화려했는데 뭘 그 정도에 호들갑이냐는 투다. 큰길에서 오솔길까지 황금빛 카펫을 즈려밟으니 다이아몬드 체험이 따로 없다.

 가랑비 그친 언덕에 햇볕이 쏟아진다. 작열하는 태양이 빛을 산란하면 금모래 은모래가 물결처럼 띠처럼 출렁였으리. 여강나루 태양은 숨바꼭질 바쁘고 백사장은 보석의 파편 가득한 다이아몬드 뻘로 바뀌었을 텐데 오래전 4대강 건설로 깡그리 파묻혔던 거다. 가슴이 철렁 내려앉는다. 소중한 것을 놓친 듯 속상했으나 그래서 더욱 환상이다. 금모래 은모래가 물결치는 느낌이었으니까.

길섶의 달맞이꽃이 웃음을 머금었다. 그 속에서 금모래 은모래가 콕콕 다이아몬드를 박아놓은 듯하다. 누가 여주 강 아니랄까 봐 볼수록 신비로웠던 그 느낌 뭐라고 해야 하나? 천릿길 남한강에서 빛의 축제가 놀랍기만 한데 지금은 아무것도 아니라고 했다. 금모래 은모래는 닉네임부터가 시적인데 여주강 백사장이 통째로 반짝일 때가 있었다니.

하필 왜 그 노래가 떠올랐는지 몰라. 김소월의 시에 곡을 붙인 '엄마야 누나야' 부르던 그 노래. 풍경이 하 예뻐 강변 살자 했겠지. 강변에서 엄마와 누나와 뒷문 밖 갈잎의 노래 듣고 싶다던 선율도 물결에 휩쓸렸다. 단출한 살림에도 금모래 은모래 반짝이는 한 행복했으리. 나는 얘기만 듣고도 뭉클한데 토박이들은 기억의 한 모퉁이가 떨어져 나갔을 테지?

알았으면 잰걸음에 왔을 것이다. 도자기 고을이라 꽃병을 산다고 몇 번 오기는 했지만 금모래 은모래는 까맣게 몰랐다. 특별히 금모래는 노을이 뜰 때만 반짝일 테지? 은모래는 볕 좋을 때는 어디서나 볼 수 있다. 여주강 정도는 아니어도 환상적인데 금모래는 노을이 질 때만 빛났을 거다.

강을 끼고 있는 마을은 왠지 끌린다더니 여주 강변의 집들이 꿈속처럼 예쁘다. 노을은 강물을 끓이고 저녁별은 어둠을 비추었다. 똑같은 남한강 기슭의 우리 마을도 해거름이면 끼룩끼룩 물새가 울었다. 초록초록 나무까지도 붉게 물든다. 산새알처럼 물새알처럼 예쁘장했던 초가지붕이 아련 생각나는데, 다릿재 골짝에서 새앙재 가다 보면 저녁밥 짓는 연기가 피어오른다.

볼수록 비슷한 강줄기에 노을까지 예쁜데 금모래 은모래는 없었다. 상류라서 너럭바위가 많았던 거다. 큰물이 지면 골짜기에서 떠내려온 돌이 여기저기 널렸다. 구멍이 뚫리거나 반달 모양으로 생긴 돌도 있다. 여주강 내려올 동안 자잘하게 부서지면서 금모래 은모래 되었을까. 수없이 깎이면서 명멸하는 다이아몬드처럼 그렇게.

강가에만 나가도 푸른 하늘에 바람까지 시원했으나 장마가 지면 나룻배도 띄우지 못했다. 며칠씩 퍼붓고 나면 느티나무 골까지 찰랑인다. 은하수처럼 드러난 물줄기가 어릴 때도 참 신기했다. 물난리가 난 줄도 모르고. 당연히 나룻배도 띄우지 못했다. 물이 빠질 동안 사람들은 십 리가 넘는 길을 돌아서 읍내를 다녔다. 여주강도 똑같이 범람했을 테니 둑을 쌓고 대비했을 법하다. 야외 캠핑장이 생기고 관광명소가 되었다. 가뭄이 들고 큰물이 져도 걱정은 덜었으나 금모래 은모래만큼은 무사하기를 빌었을 건데.

저기 모래알 중에는 아득히 고향에서 본 조약돌 파편도 있었을 거다. 고향의 강이 산굽이 물굽이 돌아 여강 나루까지 흘러오면서 금모래 은모래가 참 신기했는데 그럴 수가. 인근의 누군가도 엄마야 누나야 주인공처럼 물결 소리 잦아들 때마다 꿈속에 나타났을 테니 나까지 짠했다. 깡그리 묻히고도 남은 모래가 저리 반짝이는데 잃어버린 기억은 어디 가서 찾는담.

밤이면 이슥토록 별들의 축제에 고달픈 하루도 잊었으려나? 갑자기 추억에 젖는데 홰를 치며 날아드는 백로 한 마리. 그 뒤로 날개를 접는 또 다른 새들이 한 폭 절경이다. 해거름이면 강변은 금빛 베일로 덮이고 울어 예는 물새들 깃도 서쪽 하늘 걸렸다. 촉촉 젖는 날갯짓과 노을 속 잦아들던 태양도 우연히 서산마루였으리.

똑같은 풍경에 금모래 은모래만 사라진 셈이다. 그런데도 괜히 짠한 이것도 그리움이었을까. 어주 강 물새도 알음알음 고향을 잃어버린 것은 아닌지. 언제부턴가 자꾸 줄어든다는 말을 들었다. 갈 데가 마땅찮았으리. 추억만 해도 절실하지 않고 별이니 노을도 찬란하지 않다. 고단한 누군가의 꿈과 물새의 둥지를 찾아주기도 전에 떼죽음을 당한 물고기까지 떠내려온단다. 어디쯤 가야 끝이 날는지.

파묻히기 전에 봤더라면 얼마나 좋았을까 싶지만 그래서 미완의 추억 하나 생겼다. 태양이 꽃을 물들인다면 본 적도 없는 여주 강도 인생 여울 촉촉 적셔 주리라. 나는 뭐 여주 태생도 아니고 전설 같은 금모래 은모래는 사라졌지만, 추억의 강은 매일 밤 꿈의 반경을 휘돌아 흐르겠지? 어디선가 사르르 사르르 가랑비 소리와 함께.

여주는 그렇게 제2의 고향으로 태어났다. 아득히 세월의 끝자락에 서 있으니 어린 시절로 돌아간 듯 행복하다. 추억이 없는 인생은 뿌리 없는 나무처럼 시든다. 내 고향의 강이든 여주 강이든 발원지는 추억이었던 것을.

조약돌 굴러다니던 고향의 강변도 목가적인 풍경은 오래전에 사라졌다. 해거름이면 물새가 떼지어 날아들더니 어느 날 아파트가 들어섰다. 노을이 져도 풍경은 간 곳 없이 아파트와 도로만 썰렁하게 비친다. 물이 아름다운 동네였다. 강물도 무척이나 슬펐을 거다. 살 동안 멀어진 것도 그런 식이었을까. 바쁘다 보면 놓쳐버리거나 이런저런 연유로 파묻히기도 하지만 진짜 소중한 것은 거기 들었을 텐데.

문득 찰싹이는 물소리가 정겹다. 금모래 은모래 얘기를 듣지 않았으면 뭉클한 사연도 담지 못했다. 나 혼자 꾸미고 편집하는 환상의 영역 때문인지 더 애틋하다. 아쉬움을 동반할 때라야 최고 아름다운 기억으로 남듯이 굽이치는 물결이 애환을 담고 사연을 전하면서 풍경으로 낭만으로 바뀌었을 추억의 여강 나루.

 전설 같은 강줄기는 물론 태곳적부터 산자락도 땅 그늘에 덮인다. 강물은 천 년 내리흐르고 아름드리 소나무는 여강 사람들이 그렇게나 좋아했던 금모래 은모래가 파묻히는 것도 보았겠지. 내 고향 조약돌과 여강 나루 모래는 사라졌어도 세월 강에서 삐걱대는 소리 듣다 보면 행복의 무지개가 뜬다. 잃어버린 꿈도 그렇게 피어나리라. 파릇이 강변에서 초록 물줄기로 떠오르던 감동적 스케치였으니까.

가을 인터넷

 시리도록 푸른 하늘이 화면을 꽉 메운다. 구월도 스무날 호숫가에서 가을 인터넷 중이다. 눈을 드니 새파랗게 고인 물이 공중에 뜬 바다를 보는 것 같다. 누가 하늘 높이 매달았을까? 눈감으면 뭉글뭉글 피어나는 구름 돛배 한 척에, 크고 작은 섬이 봉우리로 떠올랐다. 바람이 불 때마다 하늘 크기만 한 물동이에서 가을이 왈칵 쏟아지나 했더니…….
 메일이 왔다. 노트북을 열었다. 푸른 하늘 바다가 압축파일로 뛰어들었다. 이맘때면 막무가내 스팸일 수 있다. 정체불명 수신인만 봐도 수상쩍은데 가을이라 걱정은 덜었다. 오죽해서 하늘에 바다까지 생겼다. 볼륨만 키워도 들릴 것 같은 쪽빛 푸른 물소리.
 가을이면 그렇게 대용량 파일을 받는다. 클릭하지 않아도 자동 압축파일로 뜬다. 오늘도 예의 창창한 하늘 뒤로 벼가 익는 들판이 보였다. 바람만 불어도 금물결이 아득 아득 출렁일 듯하다. 하늘은 물론 금빛 바다가 딱 봐도 대용량인데 어떻게 통짜로 전송되었는지 몰라. 볼수록 쪽빛 하늘 바다에 황금

물결 들판이더니 압축파일로 만들었겠지.

 봄 파일은 새싹과 꽃이 주를 이룬다. 추가해 봤자 산새들 음악이다. 겨울은 백설의 원시림과 눈보라 치는 풍경이 많다. 여름은 녹음과 소나기와 먹구름뿐이지만 가을 익힘은 전송 완료 멘트를 확인하지 않으면 실패가 될 만치 버겁다. 부피는 줄었어도 수반되는 햇볕과 먹구름과 땀 흘리는 정성까지 용량은 상상을 초월하기 때문에.

 짚이는 거라면 딱 하나 갈바람이다. 서늘해지면서 가을 자체가 압축파일 전환이다. 들녘의 잡초도 가을이 되면서 태반은 줄었다. 둑 너머 고래실논도 절반은 허룩하다. 산모퉁이 초록도 야금야금 줄어서 한눈에 보인다. 결실은 마침내 광을 채우고 단풍 낙엽은 추억의 곳간으로 들어갔던 게지. 과일은 농익어서 떨어지고 동부니, 팥꼬투리도 고스러진다. 익는 대로 전송을 했기 망정이지 번번이 실패했을 거다.

 도서관 뜰의 과꽃도 함빡 핀 속내를 터뜨렸다. 올해도 가을이 왔다. 풀고 보니 여름내 천둥 번개와 매지구름까지다. 들꽃도 어떤 것은 단추만 하고 더 작은 것은 붓펜으로 콕 찍어두었다. 가을에는 들꽃 하나도 선불리 피지 않았다. 꽃망울 달 즈음에는 극성떠는 벌레가 보였다. 구멍 뚫린 것을 파고 새 길 동안 목록은 빠짐없이 들었다. 누가 봐도 압축파일 전송이다. 꽃은 한 송이였건만 1년 내 사연 모두 적혔을 테니.

 서늘해지면 씨앗으로 영글려나? 새까맣고 자그마해도 압축파일로 손색이 없다. 봄이면 다시 싹을 틔우고 초록 일구었으니. 클릭과 동시에 하늘하늘 꽃잎과 작은 새들까지 예쁘다. 나비 한 마리 따라갈 동안에는 구름 속의 태양도 보았다. 그냥 두면 영원히 구름이지만 빛나는 태양은 압축을 풀었을 때다. 꽃도 사연으로 물들 때가 예쁘다. 꽃망울 달 즈음에는 소쩍새 울더니 필 때는 천둥까지 가세했다.

쌀 한 톨의 압축을 풀면 봄내 여름내 천둥 번개가 들었다. 가을의 최고 서정은, 비바람이 아니면 쭉정이가 될 거라는 메시지였다. 압축을 풀기도 하지만 들추는 대로 바스락 소리까지 예민한 가을의 속내가 그려진다. 이 가을 압축파일도 저장을 위해 줄일 동안 본의 아니게 찌그러지기도 했다. 일 년간의 수확을 압축으로 담자니 곡절도 많았다. 마흔아홉 번 가을을 보내면서 알게 된 사실이다.

우리들 꿈과 소망도 용량 초과라서 가끔은 압축파일로 들어온다. 가시덤불도 가시라는 압축을 해제하면 황무지의 꽃과 옹달샘도 보인다. 잘려 나간 그루터기도 클릭만 하면 새싹과 그늘까지 푸르다. 행복의 패스워드가 불행이면 행복은 불행의 압축파일에 들었다. 무덤 같은 절망도 하늘보다 높은 소망으로 바뀐다. 압축의 진수를 알게 되면 어려울 때도 모든 것은 지나가리라고 웃을 만한 내성이 생긴다. 언젠가는 "힘들었어. 하지만 잘 견디었어."라고 돌아볼 날 올 테니.

인생도 꽁꽁 숨겨둔 알집이다. 내 인생의 압축파일을 점검하면 자갈밭에서 손톱만치 틔운 새싹과 덤불 속에 둥지 틀어 있는 작은 새가 보였다. 돌밭에서 덤불에서 언뜻 보기에는 절망이고 어둠이지만 나만의 경지를 찾아서 고유의 압축파일로 만드는 거다. 풀기만 하면 2,000m 남짓의 명주실 뽑아내는 누에고치 마냥 그렇게.

아름다운 말이 향기로운 인품을 형성하듯 올바른 가치관이 올바른 인생을 만든다. 경건한 정신세계를 추구해 왔다면 꽃보다 아름다운 인생의 압축파일로 만들어질 것이다. 애써 풀지 않아도 자연스럽게 나오는 온화한 표정과 말씨에 경건한 삶이 집약되었다면 그런대로 성공적인 삶이 되지 않을까.
　힘들어도 행복으로 연결하자니 고충도 없지는 않았다. 하고 싶은 말도 눌러 참고, 터트리고 싶은 화도 삭일 때라야 압축이 된다. 어둠만이 별을 밝힌다. 압축의 고뇌를 통해서만 나오게 될 반전을 생각해야 하리. 공기가 들어가면 압축이 되지 않는 것처럼 우리 언제나 쓸데없는 불평과 오만 때문에 힘들었다. 압축이란, 최대한 물기를 뺄 동안의 익힘처럼 불필요한 것들의 제거작업이기 때문에.
　딱히 말하지 않아도 표정과 눈짓으로 나타낼 수 있다면 압축의 묘리라 할 게다. 거침없이 내뱉는 것은 지식이지만 말을 아끼고 묵묵히 들을 수 있는 것은 지혜의 특권이다. 가장 좋은 음료는 혀끝까지 나온 말을 삼켜버리는 거라고 했다. 지금 나의 말 한마디와 분위기야말로 내 인생의 전부를 드러낸다. 오늘은 어제 살아온 날들의 결실이고 내일은 오늘 살아온 날들의 열매라고 했던 것처럼. 나쁘게는 또 불똥 하나가 만 마지기 볏단을 너끈히 불사르듯 짧은 말 한마디가 평생 쌓은 덕을 무너뜨린다. 의미심장한 압축도 두려울 때가 있구나.
　문득 아슴아슴 다가오는 단풍 여울이 곱다. 언제 저렇게 물들었는지 늦가을의 최대한 압축이라고 생각해 본다. 어느 날 폭포수처럼 쏟아지는 발원지 따라가면 초록 물 긷는 중이었다. 단풍 계곡이 정강이께 차오르면 나도 A4

크기 노트북에 천하의 가을을 담는다. 압축은 그리움이었던 것일까. 까닭 모르게 고즈넉했던 그 느낌 뭐라고 해야 할는지.

익힘을 기점으로 천둥 번개와 단풍 낙엽 파일을 준비하는 가을이 어기차다. 그것까지는 또 괜찮았다. 들판 가득 결실이 집집마다 광을 채울 동안은 넘치도록 풍성했다. 썰물처럼 빠져나간 뒤에는 얼마나 쓸쓸했던가. 철새가 날아가고 낙엽까지 흩날리면 바람이 드는 것처럼 허전하다. 그 때문이었을까. 가끔 추억의 곳간에서 압축파일 꺼내며 향수에 젖곤 했던 그것은.

마지막으로 계절은 또 한 번 비장의 압축 카드를 내밀었다. 바람 모지 언덕의 겨울나무도 꽃눈만 싸안은 채 봄의 초록과 꽃을 준비했다. 잎 하나 없이 겨우내 떨고 있을지언정 움트는 봄을 느끼게 되면 압축의 정수가 나온다. 벌판을 갈 때도 어디선가 퐁퐁 샘물을 기억하고 비알에서도 물망초를 생각하는 자체가 기쁨이라면 압축파일의 최고 행복일 텐데.

그렇게 엮은 행복의 집은 반석 위에 지은 것처럼 최고의 강도를 자랑한다. 알집이라고 하는 모양새 역시 동글동글 암팡지고 다부져서 던지고 깨뜨려도 깔축없어 보인다. 슬프고 힘들 때는 압축 문제라고나 하듯 백배 천배로 확산할 그 무엇이었다. 1파운드의 소망이 1톤의 행운을 가져온다. 작지만 대용량으로 바뀌는 압축파일이다. 단풍 낙엽은 물론 봄꽃과 초록까지 준비하면서 4관왕의 계절을 새긴 늦가을 파일처럼.

좁쌀 한 줌 삶을 때도 끓는 냄비 속에서 하늘과 땅이 들썩인다. 그것을 보고 무한의 우주를 상상할 수 있으면 압축 풀기는 성공이다. 세상에는 금방 풀 수 있는 압축도 있지만, 세월과 함께 풀리는 경우도 있다. 먹구름 같은 날들일수록 찬란한 태양을 봐야 하지 않을까. 딱딱한 씨앗에서도 압축된 새싹과 꽃잎 혹은 나비를 보는 것이다. 희망은 눈을 감지 않은 채 꾸는 꿈이었던 것.

 밤이 되었다. 칠흑 같은 어둠도 압축파일이다. 깜깜해지니까 하늘도 지붕에 닿을 듯 야트막하고 보자기로 덮어도 되겠다. 무심코 클릭하니 아! 거기 반짝이는 별과 내일이 들었다. 어떻게 압축파일 효과를 파악했는지 몰라? 오늘이 어제 죽은 누군가의 간절한 내일이었다면 우리들 꿈과 이상도 수많은 내일로 압축되었다. 천금보다 값지다. 알집의 관건은 압축해제였으니까. 그냥 두면 새까만 씨앗이고 암흑일 뿐이었으니까.

꽃밭도 아닌 데서 꽃들의 이야기가

- 이슬꽃

 실비 뿌린 하늘이 명주발처럼 곱다. 불빛 새는 창가에 베틀 하나 올리면 수천만 명주 올이라도 자아낼 것 같다. 꽃잎 버는 뜨락에 물방아 돌리면 수많은 꽃 이야기 여울질 것 같다. 빗줄기가 그려 둔 오선지에 음표가 새겨지면서 나긋나긋 다가오는 실여울 꽃비…….
 밖으로 나왔다. 꽃밭에 이슬이 방울방울 하다. 꽃도 아니면서 꽃보다 먼저 핀다. 바람이 불면 꽃잎 속 하늘이 튕겨져 나갔다. 구슬이 쏟아지는 듯 뜰이 환하다. 거미줄마다 폭폭 아로새긴 진주는 새들이 토해 놓은 구슬처럼 혹은 별들의 꿈같이 예쁘다.
 누가 둥글렸는지 제각각 모양이다. 실 자락 하나 없으니 꿰어진 것도 맺혀진 것도 아니다. 잔디밭 속잎을 틔우고 덜 벙근 꽃잎을 매만지던 보슬비가 창문을 두드리면서 잠든 아기를 깨우기도 한다. 그럴 때의 하늘은 꽃잎이 날리는 듯했고 나비잠에서 깬 아기도 기척을 아는지 생글생글 웃기만 한다.

눈 감으면 안개빛 호수가 펼쳐진다. 이른 봄 처음 돋는 새싹이 연하듯 가느다란 빗줄기는 세울 고운 리듬이었다. 날실만 드리운 채 하늘과 땅을 재면서 흩뿌린다. 봄비는 그래서 이름도 많다. 보슬비가 얼굴 간질이던 날은 뜨락의 꽃망울도 살짝 벌어졌다. 이슬비가, 있으라고 하면서 결 사뿐 늘이면 작은 새는 덩달아 구슬 물어 올렸다. 잔디밭 사이사이를 어떻게 들어가야 할지, 물 오른 새싹이 다칠까, 꽃송이 잘못 터뜨려질까 살짝살짝 다녀갔다. 하늘하늘 날리는 것처럼, 사르르 사르르 속삭이는 것처럼.

비가 내려도 우산이 필요치 않은, 우산은커녕 비를 맞으면서 걷고 싶을 만치 아련한 정경이다. 한 번 날릴 때마다 새싹 돋는 이슬비, 흩뿌리면서 푸르러지는 실비와 꽃잎 새기는 보슬비 또한 각자의 역할로 부여받은 이름이다. 봄비는 언제나 웃는 꽃처럼 혹은 춤추는 나비처럼 살포시 뿌려대곤 했으니까.

차근차근 지난해 다녀간 순서대로 오곤 했었다. 뜨락에서 잔디밭, 그리고 숲속의 비둘기 날개를 쬐끔 적시며 조용조용 뜰 전체를 순례한다. 소낙비 뿌려대는 산돌림처럼 곳곳에 봄을 산란해 놓는 이슬비. 그렇게 풀뿌리 나무뿌리 적시던 빗줄기가 얼마 후에는 또 다른 봄의 선율로 울려 퍼질 테니 자못 설렌다.

꽃밭 모서리 빨랫줄도 이슬 잔뜩 머금었다. 서 말 가웃 구슬도 꿰어야 보배라는 듯 가닥가닥 맺혔다. 무겁기는커녕 섬세한 줄이 퉁겨질 듯 가든하다. 해가 나면 무지개가 번뜩이고 구슬로 반짝인다. 거미줄이 구슬을 꿴 것인지

거미줄에 구슬로 맺혔는지 생각하다 보면 볕이 들고 구슬도 사라졌다. 꽃밭에서는 꽃보다 먼저 피더니, 거미줄에서는 보석으로 새겨지자마자 달아난다. 장신구에는 관심이 없다. 꽃이면서도 보석처럼 빛나는 이슬 때문이다. 갓 돋은 싹에 맺힌 물방울은 자잘한 비취 모양이고 마고자 단추마냥 큰 물방울은 수천 카레트 다이아몬드. 아무리 정교해도 햇살의 방향과 잎이나 꽃 색깔로 효과가 달라지지는 않을 테니, 비 오는 날의 구슬 촘촘한 꽃밭은 나만의 보석함이다. 누군가는 세트로 장만한다지만 변변한 보석 한 개도 없는 나는 그렇게나마 호사스럽다.

- 인꽃

우리 집에도 뜻밖에 피어난 꽃 한 송이가 있다. 지난해 여름 그날도 꽃밭에 이슬이 잔뜩 맺혔다. 그리고 저녁에 희주가 태어났다. 두 달이 되자 방글방글 웃는다. 갓 피어난 꽃처럼. 얼마나 반했는지 인화초가 그래서 나왔구나 싶다. 꽃도 아니면서 멀쩡한 꽃이 까르르 웃는다. 나중에는 말까지 구사하는 해어화로 자랄 테니 참으로 귀한 꽃이다.

엊그제 모임에 갔었다. 아들네 집에 밑반찬을 주려고 일찍 출발했다. 아들만 나올 줄 알았더니 퇴근하는 길이라며 희주를 안고 나왔다. 예의 또 방글방글 웃는다. 시간이 금방 지나갔다. 버스가 부릉거리며 신호를 보내왔다. 모임에 가서도 자꾸만 생각났다. 보고 싶은 사람은 눈에 밟힌다더니 정말 그랬다. 손자를 귀애하던 사촌 형님이 떠올랐다. 자식보다 예쁘다고 하니 참 이상했다. 그런 내게 형님은 동서는 더할 테니 두고 보라고 하셨다. 그럴 리가 없다고 나는 절대 아닐 거라고 했는데 한 수 더 뜨고 있다.

우리 애들 클 때도 이 정도는 아니었다. 훔칠 수 있으면 훔치고 싶다고까지 한 이웃집 언니가 떠오른다. 터미널에서 한 여자가 아기를 맡겼다는데, 포동포동한 얼굴과 발그레한 뺨을 보는 순간 줄행랑을 치고 싶었다지. 종이 한 장 연필 한 도막 넘본 일이 없는데 얼결에 소름이 끼쳤단다. 낳는 건 고사하고 임신 한번을 원으로 삼다가 임신복을 사서 입어보기까지 했다나?

솔로몬의 재판에서 제 아기라고 우기는 여자처럼 엄청난 일을 저지를 뻔했다. 가장 예쁜 꽃이 '인화초'라면 덥석 맡길 게 아니다. 자식을 두고도 그럴진대 없는 여자들은 오죽할까. 외식을 하던 날 주인아줌마가 주방으로 데려갈 때도 귀애하는 것은 알지만 불안한 마음에 가서 받아 왔다. 아들은 어디서나 사람들이 쓰담쓰담 예뻐한다고 했지만 나는 또 그게 괜히 걱정스러웠다. 보기만 해도 훔치고 싶게 예쁘장하다고 착각이다. 제 눈에 안경이 손녀에게 적용될 줄은, 인화초는 알고 있었지만 내 얘기가 될 줄은 뜻밖이었다.

- 서리꽃

겨울에도 꽃은 핀다. 불쑥 추워지던 동짓달 아침 난데없는 서리꽃이 피었다. 바람이 불 때는 향기가 묻어날 듯했다. 수많은 꽃송이가 비슷한 모양이고 천지가 꽃밭이다. 빈자리마다 순백의 꽃망울이 가득한데 햇살이 닿는 자리부터 달팽이관 형태로 안개 걷히듯 사라졌다.

이쯤 되면 서리꽃이라고 짐작할 테지. 며칠 전 겨울비가 내려 많은 사람이 미끄러지고 다칠 정도로 빙판이고 추웠는데 세상에도 기이한 꽃이 피었다. 겨울에 꽃이 있을 리 없다. 집에서 온실에서 관상용으로는 키우지만, 밖에서는 무엇 하나 피지 못하는데 오늘 허공에 걸쳐진 새하얀 꽃 터널을 보니 꽃이나 완상하듯 즐겁다.

하지만 시간이 너무 짧다. 햇살이 퍼지면서 겨울나무 가지에 피어 있던 꽃의 낙화는 아주 잠깐이었다. 비바람에 지는 낙화도 아니고 꽃은 햇살이 퍼지면서 피는데 열흘은커녕 한나절 붉은 꽃 없다고 실망했지만 그래 더 고운 걸 어쩌랴. 햇볕에 지는 나팔꽃도 다음날에는 피지만 이들은 흔적이 없다. 빨리 지면서 아름다운 거라면 그런 걸까 싶고, 누군가 허공의 수많은 꽃을 빨래 걷듯이 한다면 다시 내 걸 수 있겠다.

피는 것도 엉뚱하게 겨울이다. 생화도 조화도 아닌 채 만발하기 때문에 여느 꽃보다 훨씬 예쁘다. 꽁꽁 언 손에 입김을 넣어 가며 가꾼 눈 속의 초상이 그려진다. 생화로 보기에는 속히 떨어지고 조화일 수도 없다. 가냘픈 꽃잎은 닿기만 해도 떨어졌기 때문에. 겨울에 난데없는 꽃이 피더니, 지금은 뽀얗게 빛나는 여울이다.

올겨울은 서리꽃 때문에 춥지 않을 것 같다. 세상도 꽃밭은 아니기에 가시밭이든 자갈밭이든 피워야 했다. 잎이 돋은 후에도 피지만 눈꽃처럼 서리꽃처럼 모험이나 치르듯 피우고는 짐짓 뽐낸다. 벌 나비가 없어 속상하지만, 꽃밭도 아닌 데서 핀다. 내 삶의 스케치북 또한 후줄근해질지언정 개의치 않을 것이다. 녹고 나면 더러워져도 다시금 쌓이면서 깨끗해지듯 운명으로 표백될 바탕화면이었다.

조락의 벽두에서

- 물 뺄 동안에

 지붕난간으로 뽀얗게 잘 마른 호박고지가 정갈하다. 오늘 아침 서너 통을 켜서 난간이 빽빽하도록 널었다. 저녁이 되자 꾸덕꾸덕 마른 게 한 방구리 남짓으로 줄었다. 이 정도로 사흘만 볕이 좋으면 진종일 까놓은 도라지도 봉투 한 장에 다 들어간다. 토란대 베어다가 대충 저며 널어도 하루 이틀이면 절반 부피밖에 되지 않는다.
 말릴 때마다 칙칙해지기 쉬운 고구마 줄기도 이맘때는 90% 성공이다. 배배 틀어지도록 마르면 질겨서 먹기가 나쁘다. 지분지분 마르면 군내가 나고 물컹거리는데 물기만 살짝 걷어내는 가을바람 때문에 서서히 마르면서 부드러워진다. 물 뺄 동안의 변화치고는 놀라운 현상이다. 가을은 늘 그렇게 얌전한 계절이었다.
 둔덕의 잡초도 한껏 조신해 보인다. 여름내 뻣뻣한 게 왈패 같더니 오늘만큼은 씨앗을 단 채 숙이고 있다. 하다못해 잡초까지도 얌전하게 만드는 이미지가 새삼스럽다. 나무도 무성했던 녹음은 간데없이 온통 물기를 내린 채 익힘을 준비하곤 했었지. 물기란 물기는 모두 마르고 눈앞이 탁 트일 만치 시원해지면서 빈자리를 만들었던 것.

 그래서 가을인 걸까. 곡식이든 푸성귀든 온통 말리는 게 일이었다. 어릴 적 마당에 서 있으면 콩멍석이야 깻단에 발 디딜 틈이 없었다. 갈수록 벌어져 가르맛길이 생기고 개미와 땅강아지가 오글오글 헤집고 다녔다. 여름내 벌창하던 냇물도 참빗질이나 한 듯 비좁아 보였다. 따끈한 갈볕에 줄어들기도 하겠지만 느낌이 그랬다. 둔덕에도 억새니, 갈대니 잔뜩 우거졌는데 바람만 불면 머리카락을 헤집은 듯 훤히 드러나곤 했다.

 가을이면 나도 옷 입을 때마다 할랑한 느낌이었다. 살이 빠지고 품이 준 것 같아도 기본 치수는 똑같다. 단지 가슴이며 어깨가 허룩한 느낌인데 얼핏 키도 작아 보여서 속상할 때가 있다. 하지만 새들새들해지는 그게 겨울나기 조건이라고 생각했다. 애호박은 겨울을 나지 못해도 켜서 말린 고지는 묵나물이 된다. 천변의 갈대 역시 물을 내리지 않으면 살풍경하게 보인다. 다행히도 물을 내리면서 유유자적 흔들리곤 했으니 볼수록 풍경이다.

 나 역시 앙상한 체질이라 까칠해 보인 것뿐이다. 그나마도 일시적인 게, 가으내 말려 둔 푸성귀도 삶거나 불린 뒤 보면 처음 분량이 나온다. 곡식도 마르면서 옹골찬 낟알이 된다. 타작할 때는 농부들도 우정 늦추는 걸 보았다. 오죽해서 가을일은 게으른 사람이 더 잘한다고까지 칭찬이다. 부지런한 건 좋지만 익힘은 바싹 말리는 게 비결이라고 강조했다.

딱히 흐리거나 비가 내리지 않는 이상 차일피일하면서 더 바싹 마른다. 그래서 줄어들지언정 밥을 안치면 햅쌀보다 곱으로 늘어난다. 햅쌀은 햅쌀대로 맛있지만, 겨우내 먹을 저장용 쌀은 바싹 말려야 좋다. 새들새들해지고 꾸덕꾸덕해지면서 치명타가 될 삶의 동파를 막는 거다. 부피는 줄었어도 엑기스로 바뀐 만큼 유익한 걸 배웠다. 어지간한 풋내는 앞으로 더 익으면 된다고 우정 덮어주는 구월의 문턱에서.

 저물어가는 시월, 단풍이 드는 것도 물 빼는 동안이었다. 나무가 자체 내의 수분을 내리면서 고유의 색깔이 드러난다. 찬 이슬 맞은 단풍에 꽃까지 피어난 듯 금상첨화다. 꽃도 이슬비가 내리면 진주를 아로새긴 듯 예쁘다. 단풍에 올라앉은 이슬도 비단 위에 꽃이라고 하면 좋겠다. 볼수록 경이롭다.
 어느 때 보면 불붙는 산이었다. 혹은 불 못이 쏟아지는 것 같다. 데기나 한 것처럼 검붉은 자리를 보면 얼마나 많은 초록이 타오르고 얼마나 많은 가랑비가 흩뿌렸는지 알겠다. 그렇지 않고서야 가을비가 그친 뒤, 꾸역꾸역 연기 피는 풍경이 재현될 리가 없지. 꽃보다 고운 게 단풍이지만, 물기가 남아 있으면 필경 얼어 죽는다.
 우리도 아름다운 말년을 위해 그런 날이 올 거라면 전성기는 가진 것 모두 내려놓을 때다. 천하의 가을은 단풍으로 결정되고 그 단풍은 물기를 얼마나 덜어내느냐로 결정되는 것처럼 그렇게. 딱히 겨울이 아니어도 단풍이 고우려면 방법은 딱 하나 아낌없이 내려놓는 거다. 남은 물기로 단풍의 농도가 결정되듯 우리 또한 욕심과 명예 때문에 내려놓지 못한 게 있으면 지금도 늦지 않다.

 단풍이 폭포처럼 쏟아져 내려가는 진원지를 찾아가 본다. 단풍의 미덕과 비움의 미덕은 바늘과 실처럼 나란히 간다. 나무가 자랄 동안은 지루할 만치 걸리는데 물기를 내려놓는 훈련 역시 만만치 않다. 이파리와 가지를 늘리는 것은 의지와 열정으로 되지만 막무가내 물드는 단풍 내력은 자기성찰이 아니면 불가능하다.

 노을을 보는 느낌이다. 눈감으면 마구 마구잡이로 달려오던 꽃노을. 갑자기 서쪽 하늘 꽃 사태에 놀라곤 했었지. 산 첩첩 골짝마다 흥건할 때는 노을강이다. 해가 설핏해지면 철썩철썩 물보라가 기슭을 헤집는다. 눈을 들면 물방울 튄다고 꽃대님 채우던 산자락이 보인다. 이제는 나도 찬란한 노을 단풍으로 물들고 싶다. 물 내리면서 처절하게 고운 그 속내처럼.

 물기를 빼는 것도 모자라 서리까지 맞으면서 새뜻해지는 단풍의 한살이가 오늘따라 친근한 느낌이다. 늦가을 초목은 서리에 대부분 죽고 마는데 오히려 돋보인다. 초록에 겨워 단풍이 되고 단풍에 겨워 낙엽이 된들 슬퍼할 것은 없다. 그보다 나는 과연 얼마나 활활 타는 인생인지를 돌아볼 수 있으면 꽃보다 고운 단풍 메시지로 충분하지 않을까.

 단풍이 드는 게 까닭이 있듯이 뭔가 주춤한다면 소망을 이루게 될 조짐이다. 가혹한 운명도 우리를 보다 인간적이게 했다. 서리가 내려도 해가 뜨면 저절로 말라 선명해지듯 때가 되면 해결되는 삶인데 그 새를 참지 못하고 동동거린다. 가물 때 꽃이 예쁘듯 여건조차 그리 바뀌는 거라면 시련도 문제 삼을 건 아니다.

우리도 가진 걸 내려놓는 그때부터 나름 전성기에 초록의 영광을 누린다. 꽃 같은 단풍이라고 탄식하기보다는 물들 수밖에 없는 배경을 봐야겠다. 박고지 호박고지도 물 뺄 동안에 저장용 채소가 된다. 악조건도 기회로 바꿀 수 있는 그거야말로 최고의 반전이라고 생각을 굳혀본다. 서리 단풍 준비하는 계절의 들머리에서.

군더더기 유감론

 군더더기를 싫어한다. 자질구레 많은 것도 질색이다. 옷도 마음에 드는 몇 가지만 갖춰 입는다. 필요치 않은 게 있으면 마음까지 어수선하다. 지금 당장 이사를 할지언정 별도로 정리할 것 없이 현재 소유한 것만 가지고 나가도 충분하겠지 싶다.

 한 짚신 장수가 있었다. 아버지와 함께 짚신을 삼아서 생계를 꾸려가던 중 하루는 아버지의 짚신이 더 비싸게 팔리는 걸 보았다. 자기가 만든 짚신이 더 탄탄할 것 같은데 사람들은 늙고 병든 아버지의 짚신을 선호했다. 비결을 여쭈어 봤지만, 아버지는 "애야, 그것은 가르쳐 줄 수 있는 게 아니란다"라고 할 뿐이다. 이후 아버지는 병으로 앓아누웠다. 임종을 앞두고 그는 짚신을 삼은 뒤 지푸라기를 떼어내라고 일러주었다.
 아들은 얼마나 황당했을까. 뭔가 대단한 걸 생각했더니 한낱 지푸라기 때문이었다고? 진즉에 말해줬으면 부자가 똑같이 한 푼씩 더 받았겠지만, 유언으로 일러 줄 수밖에 없었던 심정도 그려진다. 궁금해하는 걸 보고도 스스로 깨우치기를 바라고 차일피일 미루었으리. 금방 가르쳐 줄 경우 한 푼 더 받을 수 있다고만 할 뿐 마무리의 중요성은 모를 테니까.

 아들 역시 아버지와 짚신을 삼으면서 보기도 했으련만 설마 그 때문이랴 했겠지. 이후 짚신을 삼을 때마다 그 뜻을 헤아렸을 거다. 짚신을 삼는 것보다 중요한 것은 쓸모없는 지푸라기를 떼어내는 일이었다고. 짚신뿐만 아니라 살 동안의 군더더기까지 생각하고 스스로 격을 높이기도 했다면 짚신 철학의 정수라 할 게다.

 우리도 군더더기에 묻혀 산다. 나 같은 경우 불필요한 물건은 별반 없는데 글을 쓸 때가 문제다. 글 쓰는 것도 군더더기와의 싸움이다. 지금도 군더더기 문장을 지우는 동안 열 번도 더 망설였다. 글쓰기보다 군더더기 작업이 더 어렵다. 좋은 문장은 얼마나 미사여구 문장보다는 얼마나 많은 군더더기를 제거하느냐의 문제였던 것.

 그래도 여전히 망설일 때가 있지만 짚신 장수 아들 또한 적지 아니 오래 걸렸다. 장에 가기 전날 똑같이 삼았는데 한 푼씩이나 차이 나는 걸 보면 심각한 문제다. 아버지의 유언을 듣고도 생각처럼 되지는 않았을 거다. 처음에는 절반쯤 다음에는 3분지 2정도, 그러다가 모든 지푸라기를 떼어내게 되면서 비로소 깨달았겠지?

 얼핏 보면, 자기만의 노하우는 부자지간에도 나눌 수 없다는 뜻으로 들린다. 아버지나 아들이나 지푸라기를 떼기 전에는 똑같은 짚신이었기 때문에. 떼어내다 보면 그만큼 손이 한 번 더 가고 그만큼 결이 부드러워진다. 우리도 군더더기를 치우면서 격이 올라간다. 마지막 지푸라기를 떼어내면서 최고급 신발로 급상승했던 아버지의 짚신처럼.
 짚신 장수의 아들 또한 그 당장 실천에 옮겼다. 아버지의 유언대로 마무리한 결과 똑같이 비싼 값에 팔릴 때마다 감회가 새로웠으리. 아버지와 아들의 짚신은 한 푼 차이였으나 군더더기 안목으로 보는 삶은 하늘과 땅 차이다. 불필요한 고집에 자만심은 목표도 뭣도 아닌 채 번거롭기만 하다. 버린 만큼 가볍고 버린 만큼 개운해진다.

 재물이든 명예든 모처럼 이루고도 지푸라기 때문에 손해라면 군더더기 탓이다. 한 켤레 짚신조차 그로써 상품 가치가 달라진다. 떼어내기만 하면 콩 심은 데서는 콩을 생각하는 멋진 사람으로 바뀐다. 괜한 미련과 집착 등 없어도 될 것이 판을 친다. 먹지 않아도 되는 군것질과 쓸데없는 군말 군소리는 구시렁거린다. 덧버선과 덧바지처럼 따스해지는 건 있다. 방바닥이 갈라졌을 때처럼 흙을 덧바르는 덧새벽도 있지만, 궁극적으로는 노른자위 핵심을 추구한다. 군더더기를 치우면 모든 게 깔끔하다.
 새삼스럽게 짚신 철학이 소중하다. 불필요한 과욕과 탐심을 멀리하다 보니 푸른 하늘의 구름처럼 한갓지고 여유롭다. 사는 것도 군더더기 없애는 훈련이었을까. 없애기만 하면 핵심이 보이는데 쓸데없이 끌어안고 살면서 더 힘들었다. 긴하지도 않고 쓸모없는 경우 그것을 가지고 주저해 왔다. 한낱 버리는 일이 왜 그렇게 어려운지.

곁가지 때문에 햇볕이 차단되고 곁가지 때문에 거름이 낭비된다. 조금 조금씩 정리하고 버려야 군더더기 없는 인생일 텐데 원줄기는 물론 집착해 온 곁가지도 상한다. 곁에 두면 쓰레기지만 버리는 순간 꿈으로 희망으로 빛난다. 모든 오리지널과 진짜배기는 군더더기를 치울 때 완성된다. 짚신조차도 너덜너덜 지푸라기는 부담인데 항차 우리들 인생이다. 얻는 만큼 잃는 게 있다면 버린 만큼 얻는 게 있다. 오늘은 무엇을 버려야 할지 고민해 봐야겠다. 군더더기가 붙어 있고서는 곁다리 인생으로 끝날 것을 숙지하면서.

낮은음자리 높은음자리

모처럼 먹은 올갱이 해장국은 맛이 특이했다. 된장국에 든 한 줌 올갱이와 시래기도 맛깔스럽다. 쌀랑한 날씨에 따스한 국이 한결 구수하다.

논이나 하천에 사는 민물고둥을 내가 사는 충청도에서는 올갱이라고 불렀다. 5월 중순경이면 서울로 유학 간 오빠가 내려오고 엄마는 우리 딸들을 강으로 보내 잡아 오게 하셨다. 동구를 지나 강줄기가 보이면 그때부터 달음박질이다. 바지를 걷고 들어가 다닥다닥한 것은 훑어 내고 듬성한 것을 집어내다 보면 정강이가 시린 줄도 몰랐다.

주전자 가득 채우다 보면 해거름이고 우리는 그제야 땅거미 지는 강가를 걸어 집으로 돌아왔다. 어머니는 벌써 된장을 풀어 끓이고 계셨다. 그다음 우리가 잡은 올갱이를 자배기에 쏟아 씻기 시작하는데 얼마 후 보면 약속이나 한 듯 혀를 빼물었다. 깨끗이 씻어 담글 동안 혀를 빼물고 동정을 살필 때 끓는 물에 집어넣어야 쏙쏙 잘 빠지는데 급하게 넣다 보면 자라목처럼 들어가기 일쑤다.

어머니가 조래미로 건져 놓으면 우리는 바늘로 까먹었다. 하나씩 꺼낼 동안 아욱을 넣고 달인 뒤 고명으로 얹어 먹는데 묘한 건 녀석들 생김이다. 기름한 건 누가 봐도 높은음자리다. 가끔 통통하니 몸체가 짧은 녀석들이 나오고 우리는 배틀 올갱이라고 불렀다. 그것이 천연 낮은음자리였다. 노래를 부르기 위해서는 소리를 끌어내야 한다고 하듯 혀가 쑥 나와 있다. 똥구멍까지 빠질 것 같지만 잘되지 않았다.

 교회에서 합창할 때는 파트 별로 부른다. 낮은음을 할 사람이 부족하다고 해서 얼결에 맡은 적이 있는데, 멀쩡히 잘 부르다가도 어느 순간 높은음을 따라가는 바람에 포기했었다. 똑같이 삶아내도 높은음자리 기름한 녀석들은 잘 빠지는데 낮은음 같은 배틀 올갱이는 번번이 속을 썩였다.

 바람에 일렁이던 물살은 천연 악보였지. 바위에 질펀히 앉아 혀를 내미는 게 발성 연습을 하는 모습 그대로였다. 바리톤과 알토 음을 내기가 어려운 것처럼 끌어올리는 시점을 파악하지 못해서 노래가 어려워진다. 낮은음은 물론 높은 음까지 어울려야 되는 것 때문에 올갱이조차 두 가지 유형이었나 보다.

 특별히 바이올린 연주에서 나가는 아슬아슬한 고음은 나도 모르게 빨려드는 느낌이지만 낮은음이 받쳐줄 때 특유의 묘리가 나온다. 노래 역시 소프라노를 좋아하는 만큼 연주회에서도 첼로와 더블베이스보다 플루트나 바이올린에 더 끌렸는데, 높은음 악기의 가끔 쇳소리가 나는 약점도 낮은 음역과 어울리면서 전혀 딴판으로 바뀌는 게 낮은음의 효과다.

 특별히 바이올린 중에 제2 바이올린이 있고 그게 낮은음 파트라는 말에 또 한 번 놀랐다. 악기 중에서도 바이올린은 고음을 상징하고 저음이 받쳐줄 때

비로소 아름다운 소리가 난다. 그래서 지휘자 '번스타인'은 제2 바이올린 주자를 찾는 게 어렵다고 했는지 모르겠다. 바이올린 하면 높은음을 생각하게 되듯 연주자들 역시 제1 바이올린에만 치중하는가 보다. 내가 그렇게 좋아했던 바이올린의 높은음도 제2 바이올린의 낮게 드리워진 배경음악 때문에 훨씬 돋보였을까.

 낮은음은 바닥을 지향한다. 올갱이가 사는 강줄기도 자꾸만 내려갈 테니 필경은 낮은음 담당이다. 숙인 만큼 내려간 만큼 높아지는 걸 아는지 올라가려고 버둥대지 않는다. 낮은음 또는 높은 음만 있어도 안 되지만 낮은음 내기가 특히 어려웠음을 그로써 숙지하게 된다.

 물이 종당에 바다로 간다면 사는 것도 낮추는 연습이다. 눈 감으면 무한정 내려가는 낮은음자리가 보였다. 낮추려 하면서도 얼결에 높은음이 나오지만 낮은음이 훨씬 어렵다. 머리를 바닥에 둘 때만 낼 수 있는 음의 한계에서 또 다른 높이를 드러내는 원초적 의미를 본다.

 올갱이를 잡을 때마다 강물은 풀다듬이나 한 듯 매끈했다. 눈감으면 고향은 저 아래였다는 메시지가 들렸지. 발원지가 높은 것도 내려가는 속성 때문이다. 낮추면 모든 게 순조로운데 높이만 추구하다가 추락을 동반한다. '깊은 물이 소리가 없다'라는 것은 얼마나 낮은 바닥인가로 결정된다. 소망이란 높은 곳에 있었다. 다이아몬드와 금 등의 광물질은 훨씬 깊이 묻히고 희귀한 어류도 깊은 물에 모였다.

 물은 높이를 묻지 않는다. 처음 한 방울 물이었던 게 개울로 강으로 내려가면서 바다를 이루었다. 높이는 안중에도 없이 바닥으로 간 것 치고는 엄청난 결과다. 아무리 내려가도 무리가 없고 가장 낮은 자가 높아진다면 숙이는 건 비굴한 게 아니다. 낮은음자리의 최대 효과는 내려간 만큼 올라가는 무한의 깊이였던 것이다.

희주의 전성시대

"지금부터 1급 비밀입니다."

 희주가 잔뜩 폼 잡고 일갈한다. "아빠가 어제 막 화를 냈어요. 요즈음 형편 없어요. 빵점이에요." 폭탄선언에 아들이 쿡 하고 웃는다. 무슨 첩보원 놀이도 아니고 일급 비밀이란다. 어린 게 어휘 구사만큼은 가히 뛰어나다.
 며칠 전 큰아들 생일이었다. 며느리가 아주버님 생신을 차린다면서 초대를 했다. 막내아들은 이제 겨우 세 살이다. 나들이 한번 가려면 짐 보따리가 굉장하다. 엄두가 나지 않는지 가족 외출도 별반 없다. 이따금 애들과 함께 외식을 시켜주고 소풍을 가곤 했는데 답례의 뜻이었겠지?
 하지만 뜬금없는 규탄 시위에 놀랐다. 한때는 우리 아빠 같은 사람 없다고 최고 멋지다고 했는데 갑자기 어안이 벙벙해서, "그런 말 하는 이유가 뭔데?" "다시는 그런 일 없도록 해 주세요. 어른들 몫이니까요"라고 재차 선언이다. 그냥 넘어가면 안 되게끔 한마디 한마디가 똑똑 부러진다. 아들 말로는 장난

친다고 꾸지람이었는데 과장된 표현도 맹랑하다.

 밥을 먹다가도 제 아빠가 들어오면 쏙 빠져나간다나? 괘씸해서 한마디 하게 되고 허구한 날 전쟁이란다. 일곱 살짜리 딸과 싸우는 어른도 좀 그렇지만 버릇은 고쳐야 할 테니 입장은 있다. 희주는 아빠 때문에 아빠는 희주 때문에 라면서 갈수록 냉전 대치 상황이다. 어릴 때부터 야물 딱지고 매서운 게 굉장치도 않더니 누구도 당해내지 못하겠구나.

 희주는 누가 봐도 한 성깔 하게 생겼다. 이태 전 며느리가 산후조리원에 있을 때였다. 한 달간 머물면서 애들을 돌봐주는데 하루는 엄마가 보고 싶다고 떼를 쓰기 시작했다. 어찌나 울어대는지 "그래, 실컷 울어. 어릴 때 울면 노래도 잘한다니까." 그러자 "저 이미 잘하거든요?"라면서 동요인지 뭔지 내리 2곡을 부른다.

 "어때요? 저 잘하죠?" 묻고는 또 시작이다. 울다 말고 노래를 불러? 기껏 불렀으면 끝내야지 또 우는 건 뭐야. 오죽하면 녹음까지 했다. 두 시간이 지났다. 홧김에 엉덩짝을 때렸다. 뚝 그치고는 "한 번만 더 때리면 고소할 거예요." "뭘로 고소할 건데? 아동 폭행죄?" "당연하죠. 각오하세요." 대단한 으름장이다.

 "때린 게 대수야? 어른들은 타이를 권리가 있거든?"이라고 했더니 어깨를 내리친다. "너도 불경죄로 고소할 거야." 그러자 당돌한 이 녀석 "아세요? 그거야말로 진짜 고소가 되지 않는 거"라고 도치법까지 쓰면서 협박이다. "왜 안 돼? 너도 때렸잖아." "어른이 때린 거와 같을 순 없죠. 이건 진짜 폭행이라구요." 갈수록 태산이다. 고소 얘기 때문에 진이 빠졌나 그 대목에서 끝났다.

 하지만 아직 2부가 남았다. 퇴근하는 아빠를 보더니 엄마에게 전화를 걸어 달란다. 엄청나게 때렸다고 나를 싫어하나 보다고 열심히 일러바친다. 그래도 본성은 착했던 것이 제 엄마 얘기를 듣고는 잠잠해졌다. 엄마를 보고 싶은 마음에 네가 떼쓴 거라고 타일렀다는데 철부지가 그나마 깨닫는 눈치다.
 그리고 이듬해 어린이날 함께 놀러 가기로 했다. 출발하면서 물으니 희주는 놀이동산 주혁이는 게임방에 가고 싶단다. 두 군데 모두 갈 수는 없고 가위바위보로 정했다. 주혁이가 이겼다. 게임방으로 출발했다. 희주는 또 잔뜩 부아가 났다. 떼를 쓰면 될 줄 알았겠지. 아들도 오냐오냐했더니 버르장머리가 없다고 걱정이다. 그 엄청나게 울었을 때의 녹음파일을 틀어야겠군.
 처음에는 멋모르고 웃더니 점점 곤란한 표정이다. 찬스다. 희주는 참 예쁜데 남들이 들으면 어떻게 생각하겠어? 라고 압력을 넣었다. 금방 얌전해진다. 마침내 희주의 아킬레우스 건을 잡았다. 시작하다가도 그 얘기만 나오면 쉬쉬한다. 게임방에서 무심코 업어주마 했더니 "이제는 안 돼요."라고 사양한다. 손자를 업어주다가 허리를 다친 할머니 얘기를 읽었다나? 몸무게도 늘어서 진짜 사절이라고 손도장까지 찍는다. 책을 읽고는 실천할 줄도 알아? 뜻대로 되지 않으면 울고 떼쓰던 철부지였건만…….

 식사가 끝났다. tv에서 기업체 별로 코스닥 지수가 나온다. 희주는 아직 어리고 주혁이에게 읽어보라고 했다. 백만 원 천만 원 단위를 정확히 헤아린다. 단위가 올라가도 거침이 없다. 주혁이는 역시 숫자에 강하다고 산수왕이 될 거라고들 하는데 희주가 돌연 잠잠하다. 삐쳤구나 싶어서 "희주는 글짓기 잘 하잖아?"라고 띄워줬더니 잡채를 먹으면서 "우리 엄마가 만든 거예요. 맛있지요?"라고 신이 났다.

"맛있어. 하지만 어른들께는 만드셨다고 해야지"라고 덧붙이자 일기장을 가져온다. 갑자기 웬 일기장? '아빠가 동화책을 읽어주셨다. 참 재미있었다. 또 듣고 싶다.'중에서 '읽어주셨다'라는 대목을 짚어나간다. "알고 있었는데 실수했구나?" 고개를 끄덕인다. 의견이 멀쩡하다. 업히지 않을 거라고 입장을 밝힐 때는 맺고 끊는 것도 확실하다. 툭하면 18층까지 걸어서 오르내리던 억척꾸러기에 아빠의 만행?을 폭로할 때는 가족이라고 편들지도 않는다. 정의의 사도가 따로 없다.

며느리는 또 어떤가. 애들한테 잘했다지만 미장가전인 시아주버님 생일상 차리는 게 쉽지는 않다. 지금은 또 아침에 장만한 음식이 점심에 쉬어버릴 만치 한여름이다. 쇠고기 미역국에 나물과 찜 등 반찬을 준비하는 걸 보니 고맙고 민망했다. 예쁜 녀석들 엄마인 것도 고마운데 의식 범절 야무지고 심성도 반듯하다. 부부싸움에서도 편 들 수밖에 없다. 천국이 있다면 아들네 집일 거라는 상상도 즐겁다.

문득 희주가 보고 싶다. 며느리는 가끔 희주가 어머니를 닮았노라고 했다. 기질이며 성깔도 비슷하단다. 별일이야. 주혁이도 그렇고 다들 왜 나를 닮았다고 하는지 몰라? 그래도 기분은 좋은 게 녀석도 어지간히 특별했다. 오늘도 예의 피아노 연습 중인데 꼬두람이 막내가 건반을 자꾸 두드려 댄다. 시끄럽다. 타일러도 막무가내이다. 한참 실랑이 중인데 "할머니, 우리 모두 나가면 자동으로 따라와요."라고 제안을 했다.

 옳지 그렇군. 모두가 살짝 거실로 나갔더니 터덜터덜 쫓아 나온다. '진짜네? 왜 그 생각을 못 했지?' 장난도 혼자서는 계면쩍을 텐데 정확히 꿰뚫었다. 희주는 꿋꿋한 대신 녀석은 꾀가 많고 어려운 산수도 척척 풀어낸다. 나도 할머니 바보에 빠졌다. 우수한 점이 나올 때마다 "거 봐, 닮았다잖아"라고 젠체다. 내가 봐도 잘난 체할 주변은 아닌데 손자들 앞에서 한번 뽐내 보았다. 나쁜 버릇 때문에 덤터기를 쓸지언정 감수할 용의도 있다. 그래봤자 장점이 훨씬 두드러질 테니 닮기만 하라면서 그렇게.

파도타기 · 1

 민들레가 피었다. 자세히 보면 초록 단추도 같고 노랗게 수술까지 예쁘다. 햇살이 바닥에 새긴 꽃이다. 따스해지면 꽃대가 껑충 올라오지만, 초봄에는 앉은뱅이 꽃처럼 핀다. 춘설에 꽃샘에 어수선한 중에도 배밀이로 바닥을 뚫고 피는 꽃의 특혜였으리. 폭폭 파고든 것을 보면 얼마나 추웠을지도 상상이 된다. 깊은 바다에서 최고의 육질을 자랑하는 광어가 생각날 만큼.

 광어회를 먹으러 온 길이었다. 씹을수록 쫄깃한 맛에 비린내가 전혀 없다. 레스토랑 밖으로 푸른 하늘과 파릇해지는 봄 들녘은 마음까지 싸했다. 모처럼 동무들과 분위기 좋고 아름다운 풍경에 반했다. 생선회 중에 으뜸이라더니 이름값은 제대로 치렀다.
 보통은 광어廣魚 또는 넙치라고도 부른다. 푹 고아 낸 국물에 미역을 넣고 끓여도 맛있다. 초벌 요기 끝낸 선배의 말이다. 비린내가 없고 끓일수록 노랗게 뜨는 기름은 물에만 씻어도 개운하다. 높이는 상관치 않고 오로지 깊은 바닥에서 헤엄쳐 온 결과이다. 바다에서도 가장 밑바닥에서 유달리 납작한 생선으로 되었다.

 소망의 진원지 또한 바다일 게다. 높은 꿈일수록 망상이 되지 않으려면 소박한 날들이어야 하리. 목표는 높이 둘지언정 그렇게 겸손의 골짜기로 내려가는 거다. 넘어지기라도 하면 흙투성이 공간이지만 바닥이 없으면 높은 산도 두 팔 벌려 자랄 수 없다. 나무도 푸른 하늘 일구기 어렵다. 그 가지는 뿌리를 통해서 바닥에 의지했다.

 꽃씨든 풀씨든 싹을 틔우면 그때부터 뿌리가 나고 눈앞의 공간도 푸르러진다. 바닥에 머리 두는 광어의 꿈도 높이 떠오르기 위한 준비운동이었다. 간절한 소망 역시 억장이 무너지듯 절망스러울 때 일이었다. 고기잡이 어부를 피할 수 있는 최적지는 훨씬 깊이 들어간 진흙탕뿐이라고 믿는 물고기 광어처럼. 내 삶의 저변도 보이지 않는 압력 때문에 힘들었다. 고난이 크면 영광도 빛날 거라던 그 메시지. 흐르는 냇물도 돌을 치우면 노래를 잃어버린다. 소망의 깃발은 고난의 성벽에서 휘날린다. 큰 나무일수록 바람이 센 것처럼 우리 행복의 일기장 첫 단락도 더는 내려갈 수 없는 바닥에서의 고난으로 얼룩져 있을 것이다. 바닥은, 높아지기 위한 또 다른 방편이었다.

 늦가을 낙엽도 거기 뒹굴었다. 바람에 지면서 이제야 홀가분하다는 얘기도 그때쯤이다. 떨어지기 싫다고 망설였으면 이듬해 초록과 녹색정원은 바랄 수 없다. 진정한 소망은 바닥을 감수할 때 이루어진다. 간절한 소망은 믿음으로 자란다. 믿음이 가치로 형성되고 그 가치가 운명으로 바뀌는 것 또한 바닥에서도 아주 바닥일 때다.

혹 바다에서 힘들지언정 민들레처럼 핀다. 위험할 때 대피 장소로도 안성맞춤이다. 바람 부는 제주도 올레길과 너와집은 물론 지진이 흔한 지역의 건물도 조개껍질처럼 납작하다. 높이가 추락을 동반한다면 바닥은 안전을 도모한다. 하늘을 찌를 듯 태산의 시작도 한 삼태기 흙이다. 바로 그 태산 측량이 가능한 것도 높이를 꿈꾸는 바닥의 힘이었거늘.

하지만 바닥이라고 평평하지는 않다. 움푹 파인 곳에 빗물까지 고인다. 양동이도 차지 않을 흙탕물에 하늘 구름 산새가 잠긴다. 저 속에도 풍경이 잠기는구나. 그래도 산 높이를 매기는데 들쭉날쭉해서는 곤란하다. 해수면 기준으로 해발고도 몇m라고 표현하는 거다. 가장 높은 산은 물론 에베레스트였지만 산 자체로 따지면 태평양 바다의 마우나케아 화산이다. 육안으로 4,107m는 해저에서 뻗어나간 10,100m 높이의 일부였던 것.

광어의 서식지가 그 정도 깊이는 아닐지라도 상상은 극대화된다. 지긋지긋한 수압에도 그런 속에서 쫄깃한 인생관이 나온다. 질척한 늪에서 가끔은 더 아름다운 꽃이 핀다. 바닷물에 잠겨 있는 그 산의 밑변은 또 120km에 이른다. 해수면에 근접할수록 좁아지기는 했지만, 바닥에의 추구는 무한정이었으리. 바닥에서도 더 깊은 바다를 보았다. 진정한 바닥은 별도로 있었다. 힘들 때는 바닥을 본 듯 절망하지만 가장 깊은 절망이 가장 높은 소망을 새긴다. 이른 봄 갓 삐져나오는 새싹도 바닥을 향해 엎드려 있었다. 바람막이가 생각날 정도로 추운 날씨지만 얼마 후 봄꽃은 눈을 치뜨고 들판도 푸르러진다. 파도타기의 고수인 광어가 최고의 횟감이 된 것처럼. 핑핑 도는 물결은 소리조차 없이 고요한 속에서 특유의 생존법이었다. 바닥을 추적하면 뿌리가 있었다.
 얕은 데 사는 고등어 정어리도 영양식이기는 하나 깊은 맛은 따로 있었다. 진솔한 삶 때문에도 운명의 중심부로 들어가야 하리. 꽃피고 새우는 봄도 춘설과 꽃샘에 동티날까 봐 바짝 엎드려 있었던 것처럼 파도타기 속내를 배우면 곡절을 견딘 끝의 소망도 알 수 있겠지. 우리 삶의 보호막도 행복과 기쁨이 아닌 밑바닥에서의 파도타기였다. 민들레가 사는 곳도 거친 돌밭이지만 초록 단추 여미고 피는 배짱이야말로 봄 마중물로 충분했던 것처럼.

보물찾기

 5월이면 소풍을 간다. 학교 행사 차원으로 김밥과 비스킷을 먹으면서 하루를 즐긴다. 점심 식사가 끝난 뒤에는 보물찾기가 시작된다. 풀밭을 뒤지고 바위 밑을 뒤진다. 여기저기서 찾았다는 소리가 들렸다. 젬병인 나는 할 말이 없다. 소풍이라고 잠까지 설쳤다. 맥이 빠지곤 했다. 기대를 한 것은 아니었지만…….
 보물찾기와는 연이 멀다. 친구들이 공책이니 연필을 타는 걸 보고는 돌 틈이나 풀밭을 뒤지기는 했다. 찾지는 못했으나 꼬물대는 새싹을 보았다. 오랜 날 눌려 있던 것이 돌을 치우자마자 바람에 한들거린다. 그때의 놀라움이라니. 참한 꽃들은 숨어서도 피는구나. 내 인생에 숨은그림찾기의 원조가 된 사건이다.
 어떤 아버지가 아들 삼 형제에게 유언했다지. 포도밭에 보물을 파묻었으니 나누어 가지라고. 장례를 치르고는 열심히 파헤쳤으나 보물은 나오지 않았다. 하지만 갈아엎는 동안 포도 농사는 풍작을 이루었다. 행복이니 소망도 힘들게 찾을 동안 이루어지는 그 무엇이었다. 원망할 수도 있었지만, 아버지가 남긴 보물의 깊은 뜻을 헤아렸다. 단순히 번쩍이는 게 아닌 심오한 삶의 지혜였을 거라고. 인생 또한 속 깊이 내재된 뜻을 알아가는 과정이려니.

 보물을 찾고 연필과 공책을 타는 것으로 끝났으면 추억이 될 수 없었다. 결과적으로 더 소중한 보물을 찾게 된 것처럼 그 아버지의 보물도 구석구석 파 엎을 동안 탐스럽게 열리는 포도송이였다. 모종의 효과를 노렸던 거다. 보물의 진정성은 금은보화가 아닌 얼마나 고귀한 삶이었느냐의 문제다. 흙 묻은 옥을 찾아내고 황무지에서 피는 꽃 한 송이도 볼 수 있는 안목이다. 그렇게 찾으려니 힘들지만 숨은 그림 찾듯이 하면 되겠지.

 보물찾기는 몰라도 숨은그림찾기는 재미있었다. 놀이터 그림을 보면 꼬맹이들이 그네를 뛰고 시소게임을 즐기고 있다. 답답해 보이는 아파트 놀이공간에 산 높고 물 맑은 숲속의 풍경은 물론 노루와 토끼 달팽이 도토리와 알밤 등을 숨겨놓았다. 얼른 눈에 띄지도 않으나 교묘하게 비슷한 것일수록 찾을 때는 신났다. 깜깜한 바닷속에 반짝이는 별과 예쁜 새를 숨긴 그림도 있다. 물풀이 얽히고 곳곳에 암초가 삐져나왔다. 이상하게 생긴 물고기까지 헤엄치고 있다. 기분은 꿀꿀했으나 예쁜 별과 조개껍질을 찾아낼 때의 감동이 지금도 선하다.

 인생도 숨은그림찾기라면 어떨까. 어느 날은 암흑에 둘러싸일 때가 있다. 한 치 앞도 보이지 않는 어둠 속에서 공포가 밀려온다. 문득 하늘에 별 하나가 곱다. 별은 밤하늘을 뚫고 나왔다. 까까비알 절벽에 바위로 뒤덮인 그림도 있다. 벼랑 끝의 물망초를 꺾으러 가는 중이라고 상상해 본다.

보물찾기

가시에 긁히고 돌막에 넘어졌다. 쨍쨍한 볕에 숨이 차고 목이 마른다. 어디선가 퐁퐁 옹달샘 소리. 덤불에는 작은 새 노래가 어우러지고 바위틈에는 물망초가 파랗게 피었다. 험준한 바위산에 꽁꽁 숨어 있는 그림이었다. 처음에는 분명 눈에 띄지 않았다. 이중으로 숨은그림찾기였을까? 밤이면 수많은 별도 오종종 내려앉을 테니.

보물찾기는 일시적이다. 행사가 종료되면 기회가 없으나 숨은그림찾기는 종료 타임이 없다. 혹간 놓칠지언정 나중에 다시 찾을 수 있다. 시간도 자유롭고 공간도 자유롭다. 보물찾기보다 미래지향적이다. 보물찾기에 서투르다 보니 오히려 새로운 차원을 알게 되었다. 힘들수록 보물 찾듯이 이중으로 숨은그림찾기는 우리들 목표에 꿈이었다는 것을. 깜깜한 바다 그림에서 찾아낸 별과 이슬방울 그리고 예쁜 작은 새처럼.
　보물찾기에 능한 사람들은 행운의 주인공이 되기도 했다. 부럽지 않다면 솔직히 거짓말이다. 돈도 많고 잘 산다. 두 가지 모두 정통한 사람도 있지만 숨은그림찾기도 괜찮다. 보물찾기는 꽝이었어도 돌막을 쳐드는 순간 파랗게 살아나던 새싹이 지금도 선하다. 보물찾기 보물이 금은보화라면 숨은그림찾기에서는 찾을 동안의 감동이었다. 그 아버지도 진짜 보물의 의미를 알려주고 싶었던 걸까.
　유산싸움도 벌어졌을지 몰라. 그런데 잘 익은 포도송이가 보물로 등장했다. 금붙이를 묻었다면 어떻게 나누라는 방법도 없다. 아무리 봐도 특별한 그 무엇이었다. 오랜 날 파낸 끝에 찾아냈다면 싱겁게 끝났을 동화이다. 인생의 보물도 재물과 명예로 설정할 경우 푸른 하늘을 볼 수 없다면? 진짜 보물은 손에 쥐기보다는 감춰진 그 무엇이었다. 겉으로는 보물찾기였으나 아버지의 유지가 깃든 숨은그림찾기였던 것.

 보물찾기든 숨은그림찾기든 적성이 별도로 있다고 보면 인생은 뭔가를 찾는 숨바꼭질인가 보다. 숨는 입장에서는 숨바꼭질, 찾는 입장에서는 술래잡기란다. 행운이나 행복은 언제나 꼭꼭 숨어 있고 술래가 되어서 찾는 과정이지만 뜻대로 되지 않아서 늘 힘들어하는 우리.

 어릴 때 술래잡기에는 그나마 숨기도 했었다. 숨어 있는 동무를 찾아내면 술래에서 숨는 역할로 바뀌었으나 이제는 찾기만 하는 입장이다. 찾는 데 급급하기보다는 한걸음 물러날 경우 뜻밖에 드러날 수도 있다. 지칠 것도 없고 수월하다. 한동안 찾지 않으면 숨어 있던 동무가 머리카락을 들키면서 금방 찾기도 했던 것처럼. 대책 없이 기다리기보다는 탐색 도중에 띄지 않는다고 조급해할 필요는 없다는 거다.

 인생이 보물찾기에 숨은그림찾기라면 찾다 찾다 놓친 몇 가지는 그냥 둬도 상관없으리. 꿈은 소망은, 간절했지만 더러는 미완의 꿈으로 남겨두는 거다. 나 자신 보물찾기는 젬병이어도 숨은그림찾기에서 기쁨을 느꼈다. 꼭꼭 감춰져 있던 행복의 머리카락이 비칠지언정 묵묵히 두고 볼 것도 생각해 본다. 이루어진 꿈은 아름답지만 이루지 못한 꿈은 그리움으로 남기도 했으니.

코로나19 후일담

 모처럼 따스하다. 담장으로 참새가 재재거린다. 코로나19 사태로 떠들썩한데 텃밭에 뒤뜰에 찰랑이는 봄물결. 금방 벚꽃이 필 텐데 구경은커녕 이웃사람들과도 왕래를 조심하는 추세다. 난리도 그런 난리가 없다.
 지난해 2020년 1월 30일 당시 귀국을 희망한 우한 교민들 720명 중 절반만 전세기로 귀국했다. 교민들뿐 아니라 의료진, 정부합동지원단 100여 명도 충남 아산과 충북 진천 2개 지역에서 2주일 동안 발열 및 증상 유무를 점검하게 되었다. 진천에 살고 있던 아들네 가족은 양주로 피접까지 떠났다. 얼마나 놀랐는지 아직도 어제 일처럼 선하다.
 맨 처음 발생지는 우한시의 야생동물 판매점이었다. 2019년 12월 12일 첫 감염자가 발생한 이후 중국 정부는 거래를 전면 금지했으나 환자는 급증했다. 인구 천만의 대도시가 항공기는 물론 공공버스 지하철 운행이 모두 중단되었다. 신속히 대처한 결과 지금은 원 상태로 회복되었지만, 여파는 굉장했다. 전 세계적으로 확진자가 4천만 명에 사망자도 100만 명(2021년 2월 20

일 현재 기준)에 육박했다.

 1347년 몽골제국은 동유럽과 러시아 지역에 서방 원정을 위한 킵차크칸을 세웠다. 킵차크군의 기마군단은 얼마 후 크림반도로 달렸다. 제노바 교역소를 포위하고 흑사병으로 죽은 시신들을 투석기로 쏘아 보냈다. 전 유럽을 떨게 만든 페스트는 세균전쟁에서 비롯되었다.

 검역소에 떨어진 시신에는 페스트균이 잔뜩 묻어 있었다. 병사들은 외딴곳에 버렸다. 감염된 쥐벼룩은 쥐로 옮겨갔고 쥐 떼가 휩쓴 지역은 시체가 산을 이루었다. 치사율은 거의 100%에 육박했다. 새까맣게 죽는 것을 본 사람들은 '검은 죽음'이라고 두려워했다. 공격한 몽골인이나 공격을 받은 유럽인에게도 뜻밖의 사태가 벌어졌던 것.

 페스트는 전염병이라는 뜻이다. 얼마나 끔찍했으면 그 자체가 전염병의 상징으로 된 거다. 사람들은 성문을 잠그고 방역 선을 치는 게 고작이었다. 뚜렷한 대응책도 치료법도 없이 사망자는 계속 늘었다. 원인도 배경도 알 수 없는 전염병 때문에 당시 유럽 인구의 ¼에 해당하는 2,500만 명이 죽었다.

 혼란은 극에 달했다. 인류멸망 카운트다운 재난에 유럽은 죽음의 도시로 바뀌었다. 보카치오의 데카메론도 페스트를 피해 모여든 사람들 이야기를 엮었다. 세기적인 재앙과 함께 유대인 학살과 마녀사냥 등 사람들의 광분이 겹친 시대였으나 한편으로는 중세 암흑시대가 막을 내리고 르네상스가 시작되면서 근대유럽 문화가 싹트는 계기가 되었다.

 스페인 독감도 전쟁으로 확산된 전염병이다. 1차 대전 당시 미국 캔자스 주의 한 병사가 의무실을 찾아와 고열과 두통을 호소했다. 그리고 다음 날에는 430명으로 늘었다. 이어서 세계 각국으로 파견된 미군들을 통해서 빠르게 확산되었다. 끝내는 5천만 명이 죽어 나갔다. 산소가 부족해지면서 불그죽죽 변하는 것을 보고 사람들은 또 보랏빛 죽음이라고 했다. 엄청난 희생자를 보고 흑사병의 검은 죽음을 연상했을까. 첫 발생지는 캔자스 주州였으나 페스트와 비슷한 증세를 보고는 역으로 추적한 결과이다.

 외출도 마음대로 할 수 없는 코로나19 역시 공포의 대상이다. 마스크 착용은 필수이고 도서관까지 휴관에 우리 교회도 예배를 잠정 연기했다. 하루에도 몇 번씩 재난 문자가 떴다. 외출도 어렵고 아들네조차 마음대로 갈 수 없이 1년이 지났다. 연세 드신 분들은 머리털 나고 처음이란다. 사스, 신종플루 메르스도 시끄러웠는데 지금 보면 그나마 순하게 지나갔다.

 인류 역사를 바꾸는 것은 전쟁과 전염병이다. 전쟁과 전염병은 바늘과 실처럼 함께 가는 것일까. 봉건주의는 흑사병 때문에 붕괴되었으며, 스페인 독감은 식민 정책을 무너뜨렸다. 1차 대전은 물론 2차 대전 이후 영국과 프랑스 포르투갈 식민지였던 인도와 캄보디아 아르헨티나 뉴질랜드가 독립한 데는 그 여파가 없지 않다. 검은 죽음 페스트건 보랏빛 죽음 스페인 독감이건 희대의 전염병으로 오랜 악습과 제도가 궤멸된 거라면 이번 타켓은 뭐가 될지 궁금하다. 타르박 야생 쥐가 페스트의 원흉이듯 코로나19 또한 박쥐 등의 야생동물인 것도 충격이다.

 재채기와 발열을 동반하는 증상도 어지간했다. 몽골에서는 지금도 야생 쥐 타르박이 스태미너 식품으로 알려져 있는데 페스트의 매개체라니? 6개월이면 끝나겠지, 1년이면 종료되겠지, 하면서 현재에 이르렀지만, 흑사병에도 4

분의 3은 살아났다. 쑥대밭이 된 곳은 인구 밀도가 높은 유럽이었고 발생지였던 몽골은 정작 무사했다. 비위생적인 주거 생활에서도 그들의 천막은 쥐들이 쏠지 못했다.

전염병이라도 교통이 불편하고 왕래가 적으면 치명타는 없다. 페스트 창궐 당시 몽골의 서방 원정 때문에 군사들의 왕래가 잦았고 무역도 활발했다. 스페인 독감도 1차 대전을 타고 번진 풍토병이었다. 그즈음은 아스피린과 왁찐이 보급된 시기였으나 스페인 독감을 막지는 못했다. 똑같은 병 코로나19 또한 일일생활권에 든 지구촌 전역을 강타했다.

스페인 독감이니 페스트와 다른 거라면 백신의 개발이었다. 몇몇 선진국에 이어 우리나라도 접종에 들어갔지만, 확진자는 여전히 증가하고 있다. 철저한 거리두기와 마스크 착용은 물론 스스로 건강 체크와 면역성의 강화 등 긴장을 늦출 수 없는 상황이다. 특정 지역과 동물 이름을 피하자는 세계보건기구 원칙에 따라 '우한 폐렴'에서 바뀐 코로나19. 백신은 나왔지만 언제 어떻게 확산될지 여전히 비상시국이다. 인간은 인간 외에 그 무엇도 아니다.

맑은 물 사연

 수정같이 맑은 물에 하늘이 풍덩 내려왔다. 언덕의 잔디와 등성이 산자락도 흠씬 잠겼다. 누군가 자배기만 한 하늘을 가라앉혀 놓고는 물풀까지 심어 놓았다. 바람이 불 때마다 햇살이 반짝이고 소금쟁이는 물을 쪼는데 고기는 자그마한 피라미와 송사리 떼만 보인다.
 맑은 물에는 고기가 놀지 않는다. 어릴 적 아버지가 들려주시던 말씀이다. 까칠한 성격에 톡톡 털고 다니는 게 영 속상하신 투였다. 우리 딸 언제나 틀림없고 반듯한 줄은 알지만 힘들 수도 있으니 타협도 하면서 어우렁더우렁 지내라는 간절한 타이름이다.
 의중은 너무도 잘 알지만, 몇몇 송사리 떼처럼 깊은 숲 맑은 물에서 노는 행복을 바꾸고 싶지는 않다. 타일러 봤자 소용없겠지만 라고 강조하셨다. 아버지는 나를 정확히 꿰뚫어 보셨다. 지금도 맑은 물이 좋았으니까.
 기슭의 나무에서는 산새가 우짖고 냇물도 노래하듯 흐른다. 풍경은 그만인데 낚시는 꽝이란다. 낚시꾼 한 사람이 풍경에 반해서 왔겠지. 맑은 물에 발

담근 채 낚시를 드리웠지만 지금 보는 것처럼 물고기는 없었을 거다. 한 번 두 번 허탕을 치다가 끝내는 맑은 물 어쩌구 하면서 자리를 옮겼을 거다.

 반신반의하면서도 뜻밖에 많이 잡고 보니 흙탕물이었다. 몇 번 재미를 들이고는 맑은 물에는 고기가 놀지 않는다고 장담하면서 머리를 절레절레 흔들었겠다. 내가 낚시꾼이라도 맑은 물 어쩌구 타박이 나왔겠지만, 풍경은 신선이 나올 법하다. 푸른 숲속 내음과 맑은 공기는 고기 몇 마리 잡고 좋아하는 낚시에 견줄 일이 아니다.

 보통은 낚싯대 던져놓고 한 바퀴 돌거나 새참을 먹기도 하는데 옥 같은 물에 물고기까지 들여다보이면 좌불안석이다. 금방이라도 입질이 올 것처럼 조바심 때문에도 자리를 뜰 수가 없다. 극단적으로는 세월을 낚아야 하는데 헛물켜지 말라는 충고였으리. 맑은 물과 낚시는 이래저래 거리가 멀었을 테니.

 너럭바위에 걸터앉는다. 들리느니 물소리 새소리 바람소리 뿐인 개울에서 발을 담그고 있으니 세상 부러울 게 없다. 물속을 들여다보니 휙휙 몰려드는 피라미 떼가 늘 차다. 얇고 투명한 비늘을 보면 물고기라도 잡고 싶은 생각이 들지 않는다. 장난삼아 움켜잡는다. 어찌나 재빠른지 금방 달아났다. 혹 그물이면 몰라도 깊은 골짜기 찾는 사람이 그것을 챙겨올 리는 없다. 기껏 잡은들 잉어 한 마리도 안 될 테니 저수지에서 팔뚝만 한 잉어를 노리는 게 타산적이다.

 바람이 싱그럽다. 여기라면 세상 걱정 모두 잊을 수 있겠다. 맑은 물에서 실패한 낚시꾼의 푸념은 이해가 되지만 산골짝 개울에서 송사리처럼 피라미처럼도 괜찮지, 싶다. 벼르고 찾아온 낚시꾼도 잡을 생각이 들지 않게끔 가난한 물고기를 자처하는 거다. 큰물이 지면 떠내려갈 수밖에 없지만, 그전에는 산골짜기 웅덩이에서 하늘 구름 누비며 행복할 수 있다. 밤이면 별도 함지박만큼 반짝일 테니 그만한 휴식처가 있을까.

하지만 내가 좋아하는 맑은 물의 전신은 흙탕물이었다. 그런 물일수록 또 고기가 잡힌다니 별나다. 며칠 전 장대비가 쏟아졌다. 밤새 천둥소리에 자는 둥 마는 둥 아침에 나가 보니 황토물이 크릉 크르릉, 굉장한 기세로 흘러가고 있었다. 두 사람 낚시꾼을 본 것은 그때였다. 고기라도 걸린 듯 환호성과 함께 제법 큰 물고기가 수면 위로 떠 올랐다.

큰물을 피해 가다가 잡히는 성싶다. 장마철이 되면 뜰에서 지붕에서 팔뚝만 한 잉어가 잡힌다는 말을 들었다. 우리도 운명의 탁류를 거슬러 가면서 소망을 이루거나 변을 당하는 등 곡절이 많을 것이다. 모험도 따르겠지만 맑게 정제될 물을 생각하면서 견뎌야 하리. 어부에게 풍랑과 파도는 시련이었으나 극복하면 항해의 목적이고 희망이었던 것처럼.

흙탕물은 흙탕물대로 맑은 물로 가라앉히는 과정이다. 증명이나 하듯 엊그제만 해도 흙탕물이었던 청미천이 풍경을 담은 채 흐른다. 느낌이 수수롭다. 문득 장마도 필요했다는 생각이. 2년 3년 주기로 개울이 찰랑찰랑할 정도의 폭우가 쏟아지면서 이재민 등의 피해가 있었지만 해마다 큰물은 지나갔었다는 생각이. 우리 삶도 운명이 휘젓지 않으면 무료해질 수 있다. 흙탕물 속에서도 참고 견딜 동안 맑고 투명해질 날을 꿈꾸는 것이다.

네가 먼저 싹 틔우렴

2부

네 잎 클로버 연가
코스모스 회고록 . 1
코스모스 회고록 . 2
꽃길에서 하늘을 보다
눈 오는 밤 새 한 마리 때문에
내가 본 언니는
고명과 소박이
마중, 마중, 마중
티핑 포인드
네가 먼저 싹 틔우렴
음달말에서 전설 같은 이야기
꽃가람, 발원지 찾아가다
아버지의 금수저
마침내 산벚꽃 떨어지던 날
진솔집

네 잎 클로버 연가

 테이블을 닦는다. 땅콩 한 줌과 책 한 권을 펼쳐놓는다. 유튜브를 꺼내서 오페라를 듣는다. 바이올린도 가져왔다. 책을 보고 음악을 듣다가 지루해지면 연습할 생각이다. 오늘도 나만의 시간이 참 소중하다. 행복을 위해 더 무엇이 필요한가 싶을 정도로. 문득 그런 생각이 들었다. 행운은 몰라도 행복은 충분히 심어 가꿀 수 있는 거라고.

 마을 뒤 공원에 클로버가 피었다. 어릴 때는 반지로 묶고 목걸이를 만들어서 걸고 다녔다. 나폴레옹이 하루는 네 잎 클로버를 보았다지. 신기한 마음으로 들여다보는 순간 휙, 총탄이 날아갔다. 클로버 때문에 화를 모면하다니. 행운이라는 꽃말은 그래서 나왔다. 보통은 세 가닥이고 네 잎은 기형이라는데…….
 행운을 마다할 사람이 있을까. 갑자기 신분이 상승되는 신데렐라 유형에서 로또 당첨도 있다. 나 같은 경우 마음에 드는 옷을 저렴하게 구입할 때도 행운이라고 느낀다. 오죽하면 7이라는 행운의 숫자가 있고 받는 이의 행복을 기원하는 행운의 편지도 있다. 어릴 때 본 동화에도 행운의 주인공이 많았다. 배고픈 사람에게 도시락을 주거나, 나그네를 재워 줬더니 행운이 찾아왔다. 도시락을 준 사람은 반짝이는 금돈 한 자루, 나그네를 재워 준 사람은 으리으리한 기와집을 선사 받는다.

 나 자신 행운의 주인공은 아니라고 생각해 왔다. 흔한 일로 경품에 당첨된 적도 없다. 남들은 잘만 받는데 나중에 들으면 그 사람도 처음이었다. 나도 20년 전 냉장고를 경품으로 받았다. 행복은 작은 것도 잊지 않고 새기는 거였다. 그에 비하면 냉장고는 엄청난 행운이었다. 행운이랄 것까지는 없어도 목록에 적는 것이다. 무엇이든 행복으로 연결 짓기 때문에 철철 행복이 꽃 피는 집을 알고 있다. 속옷 없는 행복의 주인공이 살 거라고 추측해 본다.

 어떤 임금이 몹쓸 병에 걸렸다. 행복한 사람의 속옷을 입으면 나을 거라는 처방이 나왔다. 그쯤이야 했으나 온 나라를 뒤져도 그런 사람이 없다. 찾기는 했는데 가난해서 입은 적이 없단다. 그런데 어찌 행복하다는 말이 나왔을까. 내남없이 불행하다는데 혼자 행복한 사람이 행운의 실체를 명쾌하게 풀었다. 맑은 날은 맑아서 좋고 태풍이 지나갈 때는 푸르러질 하늘 생각했겠지. 행운은 몰라도 행복은 얼마든지 가꿀 수 있다면서 그렇게.

 누가 봐도 행운과는 거리가 먼 사람이다. 허름한 오두막에 꽃밭이라야 들꽃 몇 포기가 전부였겠지. 그래도 피고 나니 오두막집 뜰이 다 환하다. 치수에 맞는 행복이 그려진다. 낡은 집에서도 비바람을 피할 수 있으니 작히나 좋으랴 했겠다. 끝내는 온 나라에서 유일하게 행운의 주인공이 되었다. 한낱 동화지만 속옷 한 벌로도 충분한 오두막집 행복을 깨우쳤으니 그것부터가 엄청난 행운의 주인공이다.

 우선은 행복과 행운의 함수를 알게 되었다. 행운은 분명 서민들 로망이지만 어디서 뚝 떨어지는 것은 아니다. 가난한 살림에도 불쌍한 사람을 도우면서 착하게 살다 보니까 하늘도 스스로 돕는 자를 도왔다. 성공이 행복의 열쇠가 아니라 행복이 성공의 열쇠이다. 속옷은 없지만, 행복은 있었다. 망치를 들면 모든 게 못으로 보인다. 행복하다고 생각하면 모든 게 행운의 조짐이다. 지금 행복하지 못하면 앞으로도 행복할 수 없다. 지금 행복하지 않은데 원하는 것을 얻은들 달라질 것은 없으리.

 방방곡곡 뒤져서 간신히 찾아냈더니 속옷이 없다. 행운이니 행복도 가끔은 엉뚱하다. 처방이 나올 때부터 행복을 자처했으면 임금도 다이렉트로 입었으련만 그래서는 싱겁게 끝날 테지. 속옷 없는 행복의 주인공이 등장하면서 반전이 일어났다. 행복의 파랑새는 자기를 외면하는 사람들 어깨에 앉는다. 누구나 행운의 주인공이 될 수 있었다. 크고 멋질 거라는 생각에 놓치고 날려 보냈을 뿐이다. 누가 봐도 작고 볼품이 없었던 게지. 찾으려 들면 목록은 끝이 없는 줄도 모르고.

 속옷 없이 살아도 행복한 배경을 스케치해 본다. 사는 자체가 행복이었을 거다. 가진 거라곤 유일하게 오두막조차도 감사했겠지. 허름한 집이었지만 본인은 정작 온 나라를 통틀어 혼자 행운의 주인공이 되었다. 행복을 심어 가꾸다 보니 임금도 살 수 없는 행운의 꽃을 피웠다. 세상은 꿈꾸고 생각한 딱 그만큼이었다. 허황된 것만 아니면 이루어진다. 행운이든 행복이든 파랑새는 저마다 자기 집 새장에 있었으니까.

 속옷조차 없이 살아도 행복한 사람과 천금을 내놓고도 살 수 없는 불행 가운데 우리가 있다. 속옷 없는 사람은 드물 테니 그런 행복은 도처에 깔렸다. 요만큼밖에 못 살아도 풀 한 포기조차 새롭게 보일 때 신기루처럼 나타난다. 행복에 필요한 것은 모두 우리에게 있다. 그냥 행운의 주인공이라고 생각하는 거다. 앞 못 보는 사람에 비하면 하늘만 볼 수 있어도 행운이다. 듣지 못하는 사람도 있으니 산새들 노래만 들어도 행복하다.

 문득 네 잎 클로버를 찾는다고 헤집어 놓은 자리가 생각난다. 클로버를 보기만 보면 어릴 때부터 충동적으로 그랬다. 괜한 일을 벌였다. 알음알음 깨우친 진리대로 내 집 뜨락의 꽃에 만족하면 부러울 게 없다. 행운의 클로버에 집착해서는 그나마도 행복을 망가뜨린다. 부귀영화에 파묻혀 있은들 그것을 모르고는 제아무리 행운도 달갑지 않다. 웅장한 저택에 살지언정 지새는 달을 볼 수나 있을지 몰라. 넝쿨째 호박을 좋아하다가 가시에 찔리고 다칠 수 있다는데…….

 오늘은 어쩐지 행운의 주인공이 된 것처럼 설렌다. 로또와 신데렐라니, 넝쿨째 호박처럼 대단한 게 아닌 이상에는 혼자서도 충분히 자신 있다. 모처럼 풀밭에 가길 잘했다. 네 잎 클로버는 찾지 못했지만, 갑자기 새소리 물소리 바람소리가 음악처럼 정겹다. 한낱 책을 보고 음악을 듣는 행복도 그래서 더욱 간절하다. 행운에의 당첨은 하늘의 별 따기라고 하지만 찾다가 없으면 행복도 있다. 네 잎 클로버가 행운이면 흔히 보는 세 이파리는 행복이었으니까.

코스모스 회고록 · 1

 나는 둔덕에 핀 코스모스다. 바람이 싱그러운 초가을, 갈림길 돌아가면 연분홍과 선홍색 등 다양하게 핀 우리를 보게 될 것이다. 어느 때 우리를 발견한 듯 잰걸음에 달려오는 누군가를 보면 "코스모스는 역시 가을꽃이다! 참 예쁘다."라고 좋아하는 것 같다. 벅찬 순간인데 괜히 울컥했다. 이렇게 피기까지 곡절이 떠오른 거다.
 며칠 전 가을장마가 대단했다. 꽃이 필 즈음이면 지나가는 사람들이 몽우리를 터뜨리곤 했다. 사나흘 뒤에는 꽃길이 생겼다. 그런데 이럴 수가. 냇가에서 벌창한 물이 산사태처럼 밀려오더니 논둑이 왕창 떨어져 나갔다. 짜르르 뇌성과 함께 정신을 잃었다. 악몽이다. 장마에 추수를 앞둔 벼가 쓰러지고 우리 사는 흙더미가 포크레인으로 푹 떠낸 것처럼은 여기서 뿌리박아 살아온 10년 동안 처음이다.
 눈을 뜨니 여기저기 쓰러진 동무들이 보였다. 꿈인지 생시인지 정신을 차린 동무 하나가 우리를 깨운다. 부축을 받아 일어나는데 허리가 끊어질 듯 아프다. 꽃이고 뭐고 포기하고 싶었으나 한편으로는 본능적인 오기가 생겼다. '이렇게 무너질 수는 없어. 이대로 쓰러지면 끝장이지만 꽃을 피우면 우리는 소망을 이루는 거야'

 쉽지는 않았다. 이렇게 아파서는 꽃 피우는 자체가 고통이다. 그나마 씨앗도 달지 못하겠지? 씨앗을 달아야 이듬해 다시 꽃밭이 될 텐데 어쩌나? 정신이 번쩍 들었다. 여기서 망가지면 올 한 해 문제가 아니라 앞으로도 영원히 피울 수 없다. 비스듬히 누운 채 해바라기를 하는 동안 조금씩 회복되었다. 더 이상은 비도 오지 않고 사나흘 볕을 쬐고 나니 꽃망울이 톡톡 벙글었다.

 가슴이 벅차오른다. 쓰러진 채 피었지만 모처럼 따스한 가을볕에서 얼마나 행복한지 몰랐다. 누구든지 '무너진 논둑에서 이렇게 예쁜 꽃이 피어 있었다니?'라고 놀랄 테지. 꽃은 저렇게 피는구나 하면서. 끔찍한 기억이지만 그래서 아름다운 꽃길이 되었다. 더러는 포기한 동무도 있었지만 그럴수록 흔들리지 않으리라는 믿음을 키웠다. 생각과는 달리 결심이 흩어질지언정 극복하고 참아야 하리. 비바람이, 줄기는 몰라도 꽃을 피우려는 소망은 꺾지 못할 테니까.

 문득 가을바람이 싱그럽다. 우리 사는 곳을 초토화하더니 금물결 쏟아붓고 단풍 물 뿌려놓기 바쁘다. 잠깐 놀랐지만 극복하고 꽃을 피우니 가을이 온통 내 것처럼 설렌다. 불현듯 감동의 메시지가 가슴을 친다. 물이 바다를 향해 가듯 꿈도 행복을 향해 물길을 틔운다. 어떤 고난이든 마음의 등대는 끄지 못하는 것을. 오히려 소망을 타오르게 하는 기름이었을까. 올해와 같은 시련이 또 닥칠지언정 꿋꿋한 의지라면 문제될 게 없으리.

따사로운 볕이 들판을 비춘다. 풀벌레 소리와 함께 금물결 위로 고추잠자리가 참으로 곱다. 모처럼 따스한 가을 볕에서 얼마나 행복한지 몰랐다. 황금벌 날아드는 고추잠자리도 예쁘고 바람까지 살랑대면 풀벌레 노래도 최고조에 이른다. 가을이면 보는 풍경인데 끔찍한 장마 때문인지 감회가 새롭다. 꽃이고 뭐고 죽고 싶을 정도의 아픔을 딛고 일어서니 하늘도 푸르게 다가왔다. 잠깐 포기했지만 극복하고 꽃을 피우니 가을이 온통 내 것처럼 설렌다.

천고마비 가을도 고난의 계절이었나? 하늘이 높고 말이 살찐다더니 걸핏하면 태풍인데 악몽을 꾸고 나니까 하늘이 더욱 푸르다. 눈앞의 황금 들판도 수많은 곡절 끝에 전형적인 가을 풍경 한 모습을 수놓고 있었다. 해가 설핏해지면서 갑자기 수수롭던 그 느낌. 찬바람이 나면 우리 또한 시들겠지? 금 따는 콩밭도 금물결 찰랑이던 들판도 사라진다. 금방 초겨울이지만 봄을 생각하면 참아야 하리.

이제 내가 겪은 일을 바탕으로 회고록을 적어 보았다. 첫 말미에는 그렇게 적어 두었다. '우린 너 때문에 포기하지는 않아. 미안하지만 그 정도로 약하지 않거든?'이라고. 초가을이면 건들마 지나갔지. 처음에는 두려웠다. 해를 거듭할수록 "그래 너 실컷 불라고. 아무리 바람 분들 우리는 까딱 않을 테니까"라는 각오를 다졌다.

그로써 올 같은 장마에도 깔축없이 꽃을 피우게 되었다. 폭양이 내리쬘 때도 "그래 꽃을 물들이는 것은 태양이잖아. 얼마든지 참아줄게"라고 최면을 걸었다. 제아무리 암흑도 밤하늘 뜨는 별은 막지 못하듯 제아무리 물난리도 영글고 물드는 가을 앞에는 속수무책인 것을.

우리가 토로한 회고록에서 감동 받을 누군가도 상상해 본다. 지난 태풍을 기억하는 사람들은 참혹하게 허물어진 논둑 끝에서 함빡 핀 우리를 보며 비바람에 떨고 폭양에 시달리는 인생도 생각할 테니. 아픔이 많을수록 더욱 예쁜 꽃이다. 필 수 없는 상황에서 피는 꽃이야말로 아름다움 그 자체라던 가을 서곡이 아련해 온다. 고난과 눈물이 나를 높이 이끌었다고. 보석과 즐거움은 그것을 이루어주지 못했다. 그 메시지가 창창 빛나던 가을 물목이다.

코스모스 회고록 · 2

 너를 본 것은 오솔길 초입이었어. 가을을 끼고 돌아가는데 코스모스가 함빡 어우러졌다. 가을은 역시 코스모스 계절이구나 싶어 달려갔더니 세상에나, 무너진 논둑이었어. 가을 하면 코스모스였는데 허물어진 논둑이라고? 통통해진 꽃망울 보면서 곧 피겠거니 했건만 태풍이 몰아쳤던 게지. 보통 길어야 사나흘인데 보름을 주야장천 퍼붓더군. 제아무리 코스모스라도 결딴날 줄 알았는데 설마 거기서도 필 줄이야…….
 꽃잎 한 장 따서 손바닥에 올려놓았다. 가슴이 문득 짠했어. 말이 좋아 꽃이지 비스듬한 모양새가 안쓰러웠지. 어쩜 그렇게라도 피는가 싶어 흙더미에 뛰어드는 순간 비알 때문에 똑바로 서 있기도 힘들었어. 그런 데서 참으로 고역이었겠다. 네가 필 때는 늘 비바람이었지. 그래서 예쁜 꽃이라고 생각해 왔지만, 올해는 유달리 장마가 길었고 그래서 더욱 감동이었거든.
 그렇게나마 핀 또 다른 배경도 생각해 봤어. 여느 때도 잡풀 하나 없는 찬물내기 논이었지. 논을 보면 주인의 성격이 나오잖아. 네가 핀 곳은 논둑에서도 뭉텅 떨어져 나간 자리라서 벼는 얼추 익었다 해도 그냥 둘 것 같지는 않았거든. 논둑을 정비한다고 파헤치면 꽃이고 뭐고 수포로 돌아갈 뻔했다.

 군데군데 쓸려나간 곳은 메웠는데 거기는 엄두가 나지 않았을 거다. 우선은 쓰러진 벼를 일으켜 세우던 중 눈에 띄었는지도 몰라. 기왕 피었으니 감상할 동안이면 더 잘 마를 테고 타작이 끝난 뒤에 손봐도 늦지 않을 거라고 했겠다. 남의 속내를 어찌 알까마는 자기 집 화단을 손보듯 들뜬 뿌리를 덮어주면서 무사히 피도록 기다렸을 거야. 어느 날 예쁘게 핀 것을 보고는 자기 일처럼 기뻐했겠지.

 느낌이 수수로웠어. 흙더미를 딛고 일어선 너의 저력은 뭘까. 일단은 불행에서 한 걸음 물러났겠지. 결심과는 달리 넘어질 때도 꽃 피울 일만 생각했을 거야. 더러는 포기한 동무도 있었을 텐데 생각하니 가장 큰 승리는 넘어질 때마다 일어나는 그것이었어. 훌륭한 사람은 고난의 파도에 뜨는 무지개를 볼 줄 안단 뜻이지.

 고난의 시기에도 동요하지 않을 때야말로 인생 최고의 기적이 나온다. 너도 그렇게 자기 최면 속에서 내일을 꿈꾸었다면 진정 어기찬 날들이었어. 장마가 끝나고 딱딱하게 굳어버린 땅이지만 힘든 만큼 그만큼 예쁘게 필 테니 말야.

 가끔 오늘 일이 추억으로 생각날 것 같다. 자동차라도 만나면 비켜줘야 할 만치 좁은 길에서 가을 서정이 물씬 풍긴다. 꽃이라야 냉이꽃 아니면 민들레와 달맞이꽃뿐이지만 코스모스 필 때만큼은 가을 축제에 온 듯 설렜다. 피고자 하면 꽃은 어디서나 피지만 흙더미일 줄이야. 눈앞의 가을도 여름내 수

고와 땀의 결정체였거든. 이곳을 오가는 사람들의 인생 찬가도 시작은 불행이었으니까.

 가장 큰 절망이 가장 높은 소망을 새긴다. 고단한 누군가는 또 너를 보면서 소망의 물꼬를 트게 될 수도 있으려니. 어디서나 피는 게 꽃이라지만 세상에 나, 푹 파인 논둑을 각별한 느낌이겠지. 나까지도 경건해진다. 고난을 향해 선전포고할 수 있으면 성공한 사람일 테고 어떤 고난도 소망의 벽은 허물지 못했을 거라는 생각이. 시련의 골짜기일수록 작은 새 노래와 백합화는 훨씬 더 싱그럽고 예쁘다. 지난 태풍을 기억하는 사람들은 비바람에 떨고 폭양에 시달리는 인생도 생각할 테니.

 아름다운 꽃에 곡절이 수반되면 또 다른 소망으로 핀다. 고난이 많을수록 영광도 크다. 악조건일수록 성취감도 커진다. 코스모스가 뿌리박은 곳도 기껏 두 마장 거리에 자갈투성이 언덕이다. 보이는 거라곤 드세 빠진 잡초와 드문드문 야생화뿐이다. 그런데도 여름에는 진초록 바닷길에 억새가 필 때는 가을 느낌으로 아련했던 추억의 그 길.

 앞으로 펼쳐질 가을꽃 행복을 그려 본다. 잡초로 뒤덮인 언덕이지만 패랭이꽃 구절초도 어우러질 테니 미쁘다. 어려움이 많을수록 영광도 크다. 고난은 가혹한 스승이었지. 고통 뒤의 즐거움은 입에 쓴 양약처럼 우리 마음도 윤택해졌거든. 고통을 피하느니 앙금으로 가라앉은 행복을 취하고 싶어. 인생의 진실은 고난이었어. 극복할 동안 생각하고 기도하는 사람이 될 거야. 겨울이 추울 때는 이듬해 봄이 훨씬 더 푸를 징조 아니겠어? 한때는 악몽에 시달렸지만, 고비는 넘겼으므로.

인생도 그렇게 무너질 때 있으리. 어려움이 많다는 것은 기쁨도 가중될 거란 예고편이다. 역사는, 고난의 걸림돌이 디딤돌로 등장하는 그 순간부터이다. 코스모스를 싫어할 사람은 없을 것이다. 홍역은 치렀으나 발긋발긋해지는 풍경을 보면서 한숨 돌렸을 테지. 모든 것에 역사가 있다면 인생도 고통으로 얼룩진다. 나약하면서도 강인한 꽃 너 코스모스를 보면서 깨우친 인생 덕목이었다. 희망은 우리를 배반하지 않을 테니까.

꽃길에서 하늘을 보다

 꽃길만 가란다. 꽃길에 비가 왔었지. 자드락 길섶에 후드득후드득 가랑비 흩뿌리고 천둥까지 요란한데 꽃길만 보고 살라니? 물 한 모금 힘든 사막에서도 꽃길만 생각할 수 있을까. 알뜰살뜰 덕담이지만 살다 보면 가시밭길에 덤불이다. 부디 그 길만 재촉하는데 있기나 한 것인지.
 그런데 있었다. 4월도 스무날 쑥을 뜯던 중 소낙비를 만났다. 참나무 밑에서는 털이 부숭부숭한 움쑥을 뜯고 언덕바지에는 야들야들한 쑥이 지천으로 올라왔다. 한 바구니 채우고 쉬는 동안 비구름이 몰려왔다. 돌아갈까 했으나 앞산 자락으로 멀끔하게 세수한 하늘이 보였다. 뭐 어쩌랴 싶어 한참 뜯다가 우르르 쾅쾅 소리에 부랴부랴 언덕 돌아가는데…….
 꽃길이다. 난데없는 비바람이 굴참나무 숲에 연분홍 카펫을 깔아놓았다. 어떤 나무는 우듬지 꽃을 보석처럼 깔아놓았다. 퍼붓는 빗줄기로 흙 범벅인데 벚꽃이 오종종 흩어져 있던 그 길. 인디안 핑크에서 꽃분홍 등 가지각색으로 덧쌓인 벚꽃이 봄 끝단 어우러졌다. 웅덩이 잠긴 꽃송이는 핏물처럼 고왔다.

떨어질 때마다 그렇게 홍역을 치렀을까. 꽃길을 걷게 된 것은 행운이었지만. 꽃송이 하나를 손바닥에 올려놓았다. 가지 째 부러진 것은 꽃망울이 다보록했다. 피지도 못한 꽃망울이 참혹했으나 며칠 전부터 조금씩은 떨어져 있었다. 그때부터 시작이었을 게다. 꽃길을 가고 싶은데 눈 씻고 봐도 없다 했겠지? 낙화라도 쌓이면 그게 꽃길인데 닷새가 되도록 몰랐다. 인적이 뜸한 곳도 아니고 수많은 상가에 학교 옆이다. 행인들도 많은데 누구 하나 거들떠보지 않았다. 슬프기는 해도 기왕에 떨어졌는데 그랬다면 위로는 되었을 것을.

 비가 그쳤다. 어느새 하늘이 말갛게 드러났다. 꽃길만도 설레는데 싱그러운 바람과 산새들까지 앙상블을 이룬다. 제아무리 화려한 백합과 장미꽃인들 그 정도는 아닐 것이다. 정성껏 심어 가꾼다 해도 시들고 떨어지면 그만인데 비바람에 생긴 그 길은 지고 나서도 꽃으로 뒤덮인다. 추억을 되살리면서 에둘러가고 싶을 정도로.

 꽃길에 비가 온다. 비바람에 피고 지던 길 자체가 돌개바람 몰아치는 데서 갑작스러운 축복이다. 누군가는 그것도 꽃길이냐고 빈정대려나? 어수선하게 부러지고 상한 꽃잎을 보면 솔직히 내게만 꽃길이다. 아무리 봐도 가랑비에 지는 낙화뿐이었으나 타박할 수가 없다. 꽃은 필 때도 꽃이고 질 때도 꽃이다. 인생의 꽃길 역시 행복할 때는 물론 불행할 때도 펼쳐진다. 꽃의 영광을 뒤로 한 채 과감히 뛰어내리던, 어여삐 꽃길보다 감동은 드물 테니까.

 배경을 추적해 본다. 오늘은 비바람이었지만 어느 해는 꽃샘추위가 법석이었다. 그때도 산책을 나선 길이었다. 그 와중 동무에게서 전화가 왔다. 정원의 나뭇가지가 부러지고 옹기화분이 뒤집어졌단다. 그래도 하늘은 구름 한 점 없이 맑았다. 산꿩은 변죽이나 울리듯 꿩꿩 법석이고 참새는 때찌때찌 소리도 야단스럽다. 떨기나무는 파릇파릇 촉을 틔우고 버드나무 푸른 가닥은 수천 발은 되겠다.

모두 "봄이 왔어. 맞다 맞아, 그렇지?"라고 호들갑인데 구름송이처럼 피어난 벚꽃이 불시에 철퇴를 맞았다. 무르익은 풍경에 찬물을 끼얹는 격이었으나 꽃으로 피고 지던 길이 생각할수록 구순하다. 그간 수도 없이 생겼을 텐데 오늘 처음 꽃길이라고 불렀다. 정해 놓고 보니 꽃샘과 춘설 속에서 뻗어나간 추억의 오솔길까지 떠올랐다.

꽃들은 절망했겠다. 꽃샘추위를 무릅쓰고 간신히 피었다. 어차피 열흘 이상은 아니지만, 그마저도 채우지 못했다. 비바람도 모자라 꽃샘까지 담뿍 피우지만, 사연은 뭉클하다. 꽃으로 뒤덮인 꽃무덤이었을까. 열매를 위해 진다고 생각하면 슬픔도 기쁨으로 바뀐다. 마음속에 꽃이 있으면 가시밭길도 꽃으로 핀다. 행복은 자기를 외면하는 사람들 손에 앉듯이 꽃길 또한 봐주지 않는 사람들 앞에 펼쳐지리.

꽃이 떨어져서 꽃길인지 꽃길이라 떨어졌는지 몰라도 불행의 우듬지에 있던 아픔과 그리움이 날아든 거다. 철부지 시절에는 비바람에 꽃샘에 와르르 질 때마다 속상했는데 지금은 나만의 아지트에 설렌다. 자갈밭 끄트머리 가 보면 샘물이 퐁퐁 솟았다. 흙투성이 길이어도 갈피갈피 꽃잎이 곱다.

살면서 장미꽃 등의 길은 없어도 비바람에 만들어질 꽃길을 생각하면 소망이 보인다. 힘들다 싶어지면 오늘 본 것처럼 환상의 꽃길이 생겨날 조짐이다. 힘들어도 그때가 가장 달콤한 추억이었을 거다. 꽃길은 푸른 초원이 아닌 덤불 또는 바람모지 숨어 있었으므로. 눈도 뜨기 힘든 사막이지만 별은 더 반짝이듯 그렇게.

 꽃 피는 봄의 진실도 바람이었던 것을. 벚꽃이 질 때 보면 손에 쥔 것을 훌훌 놓아버리는 모습이다. 오죽해서 옛 시인은 봄꽃을 일러 비단을 가위질한 것 같다고 했다. 그래도 미련 없이 돌아서기 때문에 모진 바람에도 구차스럽지 않고 당당하다. 짠하고 아쉬웠으나 떨어진 자리마다 열매를 달고 새로운 잎을 틔운다.

 꽃대를 피우고 물들이는 것은 햇볕이지만 꽃망울 벙글 때는 비바람이 불어야 했다. 하필 그렇게 필 게 뭐람 했는데 비바람이 아니면 열매도 달지 못하겠구나. 지금 꽃 피고 새 우는 풍경도 겨우내 엄동 추위와 입춘 한파를 견딘 끝이다. 아름다운 영혼은 상처로 얼룩져 있다. 내 인생 꽃길도 그렇게 피어날 때 있으리. 꽃이 피어서 꽃길도 아름답지만 떨어지기 때문에 더욱 아름다운 꽃길이라면 힘들어도 꿈은 있다.

 새삼스레 꽃길 즈려밟는다. 녹화된 동영상이 쏟아질 때는 까르르 벚꽃 소리와 지줄지줄 흐르는 냇물까지. 꽃이든 낙엽이든 지는 대로 찾아갈 핑계가 생겼으니 환상도 끝이 없다. '그래, 지는 것도 괜찮아. 필 때는 벌 나비뿐인데 새들까지 와서 울어주잖아'라는 생각이. 지는 꽃도 예쁜데 얼마나 놓치고 살았나 싶고 비바람 꽃샘으로 생긴 자드락길처럼 곡절 또한 가지가지였다는 생각이. 어차피 지는데 구태여 꽃길이라고 부르는 자체가 꽃 같은 마음이었으니까.

 힘들 때는 꽃길 생각하리라. 꽃길이 떠오르면 가시밭길 찾아가리라. 마음에 푸른 창 하나 새기고 나무토막 하나 뜰에 박아두면 별도 볼 수 있겠지? 눈감으면 꽃샘에 춘설에 가르마처럼 뻗어있던 그 길. 꽃길이라 해도 반드시 예쁘지는 않았다. 우리도 갑자기 운명에 시달릴 건데 보물찾기나 하듯 찾아낸 길이 진주처럼 빛난다. 시련이 행복의 밑거름은 아니지만 모든 행복은 어려움 속에서 피어난다. 사는 게 곤할지언정 그 길 떠오르면 행복일 테니. 비바람이 모두 꽃으로 피지는 않는다 해도 모든 꽃은 비바람 속에서 땀땀 피는 것처럼.

 눈썹 끝에 지는 꽃길이 아름답다. 오늘은 벚꽃길이지만 뒤미처 살구꽃은 물론 보리누름에는 아카시아 꽃길도 설렌다. 떨어지는 것도 슬픈데 비바람은 야속했으나 그래서 온갖 이름 가진 길이 생겼다. 꽃으로 피고 지던 그 길을 인생 노트 말미에 적어 두었다. 꽃길은 행복하지만, 비바람이 몰아칠 수 있다. 그래도 변함없이 꽃길이라는 소망과 가시밭길에서도 어딘가 피어 있을 백합화를 꿈꾸는 것이다. 철철이 꽃길 흐드러지던 골짜기 어름에서.

눈 오는 밤, 새 한 마리 때문에

눈이 내렸다. 빛의 신호탄이 허공을 가로지른다. 새하얀 원시림 속에서 뽀드득뽀드득 소리 밟고 가는데 눈을 뜰 수가 없다. 끝없는 원시림과 한겨울 빙원은 이렇게 아름다운 세상이 있었나 싶도록 풍경이다. 그런데 눈 뜨기가 힘들어? 태양이 내리쬐는 눈 골짜기에서 눈이 부시고 눈물이 난다는 설맹은 익히 들었다. 비슷한 징후였을까.

에베레스트 등반 사진을 보고 있다. 세상 최고 높은 곳에서 영국 국기가 휘날린다. 하지만 사진 속의 인물은 '에드먼드 힐러리'가 아닌 '노르가이'였다. 8,000m 이상 고지에서는 산소가 희박하다. 고글은 쓰고 있지만, 히말라야 현지인에게 카메라 작동법까지는 무리였다는데. 기후도 언제 바뀔지 몰라 원주민 셰르파를 찍었을 테지. 정상을 앞에 두고 쓰러진 힐러리에게 최초의 정복 영예를 양보한 셈이지만 세기적 후일담의 배경 또한 설맹이 떠오를 정도로 찬란한 눈벌판이었다.

빙벽 위로 화살 같은 빛이 뻗어나간다. 하필 겨울 등반인가 싶지만 얼음과 태양과 눈을 되비추는 빛의 아우름이다. 언제 봐도 비경인데 일말의 두려움은 또 뭔지. 현란한 빛은 때로 모종의 치명타가 되는 것일까. 눈 오는 밤이면 백야도 아닌 백야 때문에 잠을 놓쳐버리곤 했다. 여름에는 밤이 짧아서 그렇다 쳐도 이제는 겨울이라 괜찮겠거니 했다. 끝없이 떠오르는 창밖의 미명 때문에 잠을 설치게 될 줄이야…….

 햇빛에 민감하다. 작은아들이 닮았는지 볕에만 나가도 손갓을 쓴다. 하필 그것을 닮았나 싶은데도 풍경은 왜 그렇게 좋은지. 체질적으로 약점이면 하늘아래 첫동네의 풍경은 내키지 말아야 했다. 그런데도 가끔 그 동네 사람들이 부러울 정도로 환상이다. 거대한 눈 산맥을 동산처럼 오르내릴 테니 작히나 좋았을까.

 거주지부터가 해발 고도 3,500m 지역이라 고산병에 시달릴 것도 없다. 내가 살게 되면 허구한 날 햇빛 알레르기를 걱정해야 될 판인데도 자꾸만 끌린다. 버리기 힘든 차마 아픈 손가락이었던 것일까. 오랜 날 접근을 거부해 왔던 에베레스트의 신비야말로 끝없이 펼쳐지는 눈의 스펙트럼 때문이었던 것을.

 아무리 그래도 눈이 상할 수 있는 게 묘하지만, 국경을 가로지를 정도의 눈 산맥이다. 90% 이상의 높은 반사율 때문에 천년만년 녹지 않는 만년설은 자외선 골짜기였다. 그래서 하필 설맹인가 싶지만 잠깐 눈 뜨기가 힘들어질 뿐 눈이 멀거나 하지는 않는다. 스키장이나 설원이 아닌 에베레스트라도 정말 그렇다면 고급스럽게 설맹일 리가 없지.

참 좋아하는 풍경인데 막상 눈앞에 보이면 찡그린다. 눈 때문에 눈 뜨기가 힘든 괴리는 당혹스럽지만 그래서 시력이 좋은 거라고 생각했다. 볕에 나가도 아무렇지 않으면 조심성 없이 악화될 테니 필요 이상의 빛을 차단하는 시스템이다. 눈이 내릴 때도 잠 한숨 못 잔 것과는 달리 개운할 때는 내가 봐도 병적이었으니까.

눈 쌓인 오솔길을 가면서 첫 발자국을 내고 싶었으나 금방 지친다. 무릎까지 쌓인 백설과 눈의 난반사가 혼란스러운데도 겨울 로망이었던 빛의 인드라. 지나친 것은 모자람만 못해서 방패막이라면? 너무 좋으니까. 너무 좋아서 부담으로도 남을 수 있으니까.

설맹의 징후는 쌓인 눈의 반사 때문이다. 하고 많은 것 중에 그렇게 펼쳐지는 풍경을 좋아한 것인데 반사라고 하니 뭐랄까, 튕겨져 나가는 뉘앙스다. 흡수는 또 포용하고 아우르는 이미지였다. 세상 지식보다 지혜보다 뛰어난 덕목은 넉넉하고 따스한 마음이다. 알면서도 그 품성을 담아내지 못했다. 뒷산에 올라가면 고을만치 보인다. 그 다음 한 나라가 보일 정도의 산이 있고 훨씬 더 높이 태산은 천하를 굽어본다. 태산은 에베레스트의 별칭이었다. 우연일까.

새하얀 풍경을 보고 있으니 예의 또 눈물이다. 지난해부터 안구건조증에, 오늘처럼 눈 쌓이는 날은 눈을 뜨기 힘들어서 눈目물인지 혹은 볕 때문에 녹아 버리면 눈雪물도 같다. 눈이 내릴 때마다 눈이 아픈 것도 조금씩 단련 중이다. 눈 골짜기 어드메 눈꽃새가 있었나? 사락사락 눈 덮일 때는 혼자 눈 속에서 울먹인다는 그 새가 떠오르는데.

제석천이 하루는 아수라에게 쫓기고 있었다. 멀리 울창한 숲이 보이고 잠깐 숨으려는데 어디선지 예쁜 새소리가 들렸다. 새가 놀라면 안 될 거라고 길을 바꾸는 통에 수레가 아수라 군대 쪽으로 향하게 되었다. 생사를 가르는 전쟁터이다. 갑자기 사지로 들어갔으니 꿍꿍이가 의심스럽다. 아수라가 되레 쫓기면서 제석천이 승리를 거둔 배경이다. 단지 새 한 마리 때문에.

전략이라고 할 것도 아니다. 세상에 하나뿐인 희대의 무기 인드라 망도 있다. 동쪽 구슬은 서쪽 구슬, 서쪽 구슬은 동쪽 구슬에 비치면서 현란한 빛 때문에 눈을 뜰 수 없게 만드는 비장의 카드였으나 인드라 망 자체가 사바세계의 인연을 뜻했다. 싸움과는 먼 기질이다.

아수라가 먼저 공격해 왔겠지? 수없이 빛나는 구슬 때문에 싸울 필요도 없는 초강력 무기였으나 자칫하다가는 구슬이 모두 흩어질 테니 함부로 꺼내지 못할 것 같은 느낌? 태권도니, 합기도 같은 무술을 배우는 사람들처럼 호신용이었을 거다. 뛰어난 무기 이전에 인연을 구축하는 사람들 표징이었다. 상상이기는 했지만, 제석천 또한 무기로는 쓰지 않을 테니까.

성능 좋고 강력한 무기일수록 예민하고 조심스럽다. 눈 쌓인 풍경을 참 좋아하면서도 찡그리는 것 또한 좋은 부분일수록 삼가고 절제하라는 뜻이었다. 그래서 좋은 일일수록 액이 낄 거라는 지침도 나오는 게지. 좋고 싫은 것은 결국 한 구슬 꿰어졌다. 살면서 보니 좋은 만치 나쁜 게 있었다. 하나가 끊어지면 모두가 흩어질 수밖에 없다. 나쁜 만큼 좋아질 수도 있으려니.

제석천은 더구나 새 한 마리 때문에 쾌거를 올렸다. 그의 보물 1호는 인드라 망이었을 텐데 우리 또한 그렇게 반전이면 운명도 아수라처럼 무너질 때 있다. 구실은 새소리였지만 쫓기는 체 갑자기 역습이듯 고단수 심리전으로 나간다. 거창한 인생 노하우보다 가끔은 효과적이다. 진정한 저력은 숨겨둘 때 나온다. 눈조차 뜰 수 없이 만들어서 무찌르는 것도 좋지만 새를 위한다는 꼼수면 꽤나 고품격 날들일 텐데.

 반대편을 비추는 인드라 방식이면 평화는 싸움과 질투, 기쁨은 또 불행과 슬픔의 구슬에 얼비친다. 수많은 그물코는 빠져나가지 못하는 대신 보호막도 된다. 살면서 부딪치는 사람들과의 갈등이나 번민은 부담일 수 있지만 그럼에도 불구하고 최대한 포용하고 아우르다 보면 모종의 무기가 되어 자신을 보호해 준다. 얽히는 대로 풀어야지 끊어내기만 해서는 회복이 어렵다는 게 인드라망의 메시지였다. 누군가는 옷깃만 스쳐도 인연을 놓쳐버리지만, 누군가는 또 극적으로 살려내기도 한다. 허투루 볼 수 없는 부분이다.

 아수라는 끝내 제석천을 이기지 못할 테니까. 싸움을 좋아해도 그렇지 새소리 핑계 대고 말머리를 돌리는 데야 어쩔 것인가. 뒤늦게 제석천의 의중을 파악한 아수라는 치를 떨었을 거다. 의도적이든 전략이었든 눈도 깜짝 안 하고 무찌르던 저력이 눈꽃새 우는 겨울 서정에 촉촉 묻어난다. 우물 안 개구리를 잡고는 더불어 바다를 얘기할 수 없는 것처럼 싸움만 생각하는 아수라에게는 까마득히 높은 경지였으리.

 우리도 새 한 마리 때문에 노심초사 마음일 때는 고난도 제풀에 달아나지 않을까. 각박한 세상을 헤쳐 가면서 미물이나마 불쌍히 보는 마음이면 그 음덕으로 일이 잘 풀리기도 한다. 백설 가운데 피는 봄꿈을 생각하면 추울수록 따스해지는 겨울도 당연하다. 인드라 망의 인연은 부담이지만 얽혀 있기 때문에 외롭지 않은 거다. 눈目에 눈雪이 들어가서 눈目물일까? 눈송이 녹은 눈雪물일까? 라며 예쁘게 다듬어지는 한겨울 서정처럼.

　눈 덮인 세상이 순백의 원시림처럼 빛난다. 바람만 불어도 거미줄 같은 햇살이 창창 어우러진다. 우리도 그렇게 뒤얽혀 살지만, 그물에도 걸리지 않는 풍경 보라. 인드라 망은 복잡해도 나는 너를 비추고 누군가 또 나를 비추면 물속에서도 젖지 않는 초승달처럼 자유롭다. 새 한 마리 전법의 묘리를 파악했으니 더는 힘들지 않으려나? 어려움이 닥칠 때도 복잡하게 따질 것 없이 새 한 마리 전략을 대입하는 것이다. 북극을 옮겨 놓은 듯 찬란한 설산 모퉁이에서.

내가 본 언니는

"관계는 끊어내지 마!"

모처럼 보이스톡 중이다. 동생들이 어쩌고저쩌고 친구들이 이러쿵저러쿵 속사포처럼 쏟아냈다. 끝까지 듣고는 딱 한 마디 그렇게 던진다. 어쨌든 관계는 이어가라는 뜻일까. 분이 나서 쫑알대다가도 혼자 괜히 머쓱해진다. 나는 아직 철부지구나. 여섯 살 차이지만 형만 한 아우 없다. 맏언니는 뭔가 달라도 다르다.

성격이 파르르 하다. 입 찬 소리도 아주 잘 한다. '문 바른 집은 써도 입 바른 집은 못 쓴다'라는 말이 영 꺼림칙했다. '고기는 씹는 맛이고 말은 해야 맛인데 어쩌라고?' 언니라고 성깔이 없으랴만 조용조용 같은 톤이다. 친구가 많은 비결도 그 때문일 거다. 모종의 그 속담도 입바른 말일수록 부드러워야 한다는 뜻이겠지? 홧김에 내뱉는 말도 조심해야겠구나.

지난해 미국을 다녀왔다. 도착한 당일부터 언니 친구들의 식사 초대가 이어졌다. 언니는 언니대로 별식을 차린다. 보름이 지나자 과식 때문에 힘들었다. 외식은 그만 나가자고 졸랐다. 그러자 이번에는 초대하지 못한 분들의 방문이 줄을 이었다. 참기름을 짜오는가 하면 어떤 분은 그릇을 사 오셨다. 고맙기는 한데 어떻게 가져가야 할지. "차라리 밥을 먹을 걸 그랬나?" 언니의 미국 생활 30년사史를 보는 듯하다. 4박 5일로 그랜드 캐년을 다녀올 때도 그분들이 형부의 식사를 담당하다시피 했단다. 얼마나 우애가 돈독했으면…….

 고향 친구도 아니고 타국에서 만난 처지였다. 같은 한국인이지만 자라 온 정서와 문화가 다르다. 그래 봐야 친구 동생이고 친구의 처제였을 뿐인데 동기간이나 온 것처럼 환영해 줬다. 특별히 20년 30년 지기가 많았다. 우정의 산맥을 넘어올 동안 언짢은 일도 많았으련만 쇠가 쇠를 강하게 하듯 더 깊은 우정으로 될 수도 있으려니. 언니를 보면 관계는 노력이었으니까.

 초딩 시절 언니에게는 단짝 친구 두 명이 있었다. 우리 집은 동네 한복판이고 두 언니 집은 우리 집에서 양쪽으로 한참 들어간 골목 끝이었다. 언니는 어느 쪽으로 가든 상관없기 때문에 서로 자기랑 가자고 졸랐다나? 고민 끝에 오늘은 이 친구와 함께 내일은 또 저 친구와 함께 가기로 했다지. 그때 참으로 곤란했었다는 말을 들었다. 나 같으면 옥신각신하는 게 싫어서도 혼자 다녔을 텐데.

 밤이면 언니 또래들이 와서 연속극을 듣고 수다를 떨었다. 우리 집만 유일하게 라디오가 있었다. 아버지와 오빠 친구도 들락거릴법한데 언니 친구가 유달리 많았다. 친구가 오지 않는 날은 언니가 마실을 간다. 소꿉친구는 물론 세 살 네 살 어린 후배들과도 각별하다. 미국에 가서도 친구 편력은 여전했겠지. 내가 만난 사람들의 연령대만도 또래는 물론 조카뻘에 연로하신 분까지 참 다양했으니까.

언니가 좋았다. 이름부터가 향수적이지만 친구를 못 사귀는 나로서는 특별했다. 엄마가 언니의 색동옷을 만들어 입힐 때도 치마꼬리 잡고 늘어지는 바람에 몰래몰래 입었다면서 지금도 혀를 끌끌 찬다. 사진을 찍을 때도 곁눈으로 훔쳐보더라나? 얼마 후에는 내 차례가 되었을 건데 언니는 철부지 동생을 야단칠 수도 없고 난감했겠다. 사진도 없고 기억조차 나지 않는다. 가끔 얘기를 꺼낼 때는 응석받이 동생에 대한 사랑이 느껴진다.

그 무렵 외국 계열 회사에 다니던 언니를 생각하면 추억도 많았다. 월급날이면 시계니, 가방을 사 주었다. 언니 옷을 입고 다녀도 야단치거나 하지 않았다. 오래전 기억의 뜰에는 언니가 자주 등장했지만, 결혼을 한 뒤에는 보기가 힘들어졌다. 언니네 집은 강변을 끼고 있었다. 공교롭게도 그해 물난리에 마을이 잠기고 언니는 혼수로 해 간 장롱과 가재도구까지 휩쓸려 보냈다.

형부가 직장을 그만두고 언니와 함께 이민을 떠난 것은 6년 후였다. 참 보고 싶었으나 전화로 안부를 묻는 게 고작이었다. 자리를 잡은 뒤 고향에 올 때는 선물이 빠지지 않았다. 미제라면 최고로 알던 시절, 동생들과 집안 언니들에게 화장품과 영양제 지갑 등을 나누어 주었다.

가끔은 6촌 형제들까지 비용도 만만치 않으련만 형부가 오히려 챙겨 주신다. 남달리 성실한 우리 형부도 인물로나 재력으로나 참 대단한 사람인데 금슬 좋고, 성격이며 건강 등 두루 갖추었다. 더 나이가 들면 외로울 수도 있겠지만 탤런트처럼 생긴 형부는 언니만 있으면 된단다. 여러 가지 좋은 점보다 후덕한 품성 때문일까. 내게는 더욱 각별해서 목걸이니, 가방을 따로 보낸다. 갓 스무 살 언니가 중학생 아우에게 용돈을 주던 그때처럼 혹은 치마꼬리 잡고 샘 부리던 코흘리개 적 동생을 생각했겠지?

언니는 인문학에 밝았다. 역사는 물론 문장에도 막힘이 없다. 가끔 보내는 편지도 구구절절 내용을 보면 대단한 필력이다. 나까지 자랑스럽고 든든하다. 받은 게 너무 많았다. 자매사랑도 내리사랑인가 싶을 정도로. 아버지는 늘 "늬 언니처럼만 그릇이 되거라."라고 하셨다. 누구든지 좋은 점만 볼 것 같은 언니. 빛깔에 둔한 색맹은 답답하지만, 장단점에는 무신경해질 필요가 있다. 관계는 서로의 진실과 가치를 알아가는 과정이었다. 손끝에 떨어지는 가랑잎도 버리면 끝이지만 10년은 족히 책갈피에 간직할 수도 있는 것처럼.

문득 시간의 터널에서 손짓하는 언니를 본다. 어릴 때는 꿈을 먹고 나이가 들면 추억을 먹고 산다는데 가끔 친구들과 어울리던 그 시절 생각하겠지. 그런 언니가 또 다른 우정의 탑을 쌓은 것은 당연했다. 만남은 우연이지만 함께 고락을 나눌 동안 떼려야 뗄 수 없는 사이가 된다. 관계를 쌓는 사람의 집 뜰에는 사철 푸른 나무가 자라고 행복의 새가 노래 부른다. 한 가지 소리는 음악이 될 수 없고 한 가지 색은 찬란한 빛을 뿜어내지 못하는 것을.

언니는 운명으로까지 발전되는 만남과 짤막하게 스쳐 가는 인연을 구분할 줄 알았다. 사람을 가리기보다는 어지간한 관계는 끊지 않으려니 부적절한 만남을 정리하는 차원이다. 말하자면 관계의 중요성을 알았던 거다. 만남은 우연이지만 사소한 관계도 잘 보듬을 때는 행복이라면서. 동東은 해 뜨는 곳에서 가깝고 서쪽은 해 지는 곳에서 멀지 않은 것처럼 친구가 있고 우정이 꽃피는 한 외롭지는 않으리.

 언니도 이제 60대ft 중반에 접어들었다. 통화를 주고받을 때는 나이보다 앳된 목소리에 깜빡 속는다. 그리고는 고향에 올 때마다 놀라지만 나이가 들어도 마음 씀씀이는 변함없다. 누군가에게 참 잘할 때 사람들은 전생에 진 빚을 갚는다지만 언니는 누구든지 진심으로 대한다. 날씨가 추워지면 감기 조심하라고 신신당부였던, 언니 눈에는 아직도 우물가에 내놓은 어린애처럼 걱정스러운 게지. 내가 뭐 어린애인가 하다가도 그런 언니 때문에 행복하다.

 가끔 언니랑 살고 싶을 때가 있다. 고향에서 노후를 보내면 어떠냐고 물었다. 언니 좋아하는 박지기 장도 끓여주고 싶은데, 친구들이 눈에 밟힐 것 같다는 우리 언니. 시민권도 있고 게서 지낸 세월도 적지 않다. 내 말이라면 언제나 OK였어도 그것만은 곤란하겠지. 참 엔간히도 좋아하더니, 내가 갈 수도 없고 어쩌지? 내생이 있다면 다시 또 언니의 아우로 태어나고 싶다. 반대로 태어나서 그만치 돌려줘야 할 텐데 욕심이 과했나?

 내일은 초가을 풍경을 찍어서 카톡을 보내야겠다. 코스모스 꽃망울이 아침 이슬만치나 여물었다는 메시지도 전하고 싶다. 언니도 고향의 가을을 짐작하겠지? 지금쯤은 쓰르라미 노래도 한창일 거라고. 정강이까지 차오른 가을 물살과 과꽃이 피고 지던 고향의 뜨락을 상상하면서.

고명과 소박이

 종일 동동거렸다. 모처럼 친구들이 오기로 한 오늘, 곰국을 끓여 놓은 뒤 나물을 준비했다. 참나물과 시금치는 살짝 데쳐서 무치고 도라지와 콩나물도 갖은양념을 넣고 볶아낸다. 예쁘게 접시에 담은 뒤에는 실고추와 통깨를 고명으로 뿌린다.
 고명은 음식의 모양과 빛깔을 돋보이게 하고 맛을 더하기 위하여 덧뿌리는 양념이다. 버섯이나 실고추 대추 밤 호두 잣과 통깨 등이 있으며 생선도 고명이 들어가면 먹음직스럽다. 오늘은 특별히 굴비를 준비했다. 비늘을 떼어내고 어지간히 익을 즈음에 한 번 뒤집어서 고루고루 익힌다. 마지막으로 상에 놓을 때 실고추와 통깨를 솔솔 뿌려두는 것이다.
 고춧가루를 쓰지 않는 제사 음식도 그런 식으로 요리한다. 번거롭기는 하지만 그만큼 맛깔스러운 음식으로 바뀐다. 맛은 물론이고 빛깔도 정갈하다. 나물을 볶거나 생선찜에도 고명을 얹으면서 제수 음식을 만드는 정성을 나타내듯이 나는 또 일일이 고명을 얹으면서 손님 맞는 정성을 표현하고 있다. 녹두부침개도 명절 때처럼 김치와 당파 다시마 등을 일정한 크기로 썰었다. 녹두 반죽에 고명으로 얹고는 앞뒤로 뒤집어서 노릇노릇하게 부쳤다.

 약속 시간과 함께 친구들이 모였다. 맛도 맛이지만 어쩜 이렇게 예쁜 거냐고 감탄이다. 단지 고명 얹은 것을 좋아한 것뿐인데 웬 호들갑이지? 이것저것 끼얹은 게 복잡해 보이지만 양념을 채 썰어 두면 아주 간단하다. 잠깐만 수고하면 환상적인 빛깔을 연출할 수 있다. 양념이라 해도 한두 가지가 아니지만 큼직한 접시에 모둠모둠 담아두면 섞이지 않는다.

 말은 그래도 준비는 쉽지 않을 거라고들 했다. 마지막으로 곰국을 뜰 때도 부추와 파 마늘을 채 쳐서 수육 위에 소복이 끼얹었으니 그럴 만도 했다. 어머님께 전수받은 것 때문인지 어지간하면 고명을 쓴다. 국수장국에도 계란지단과 목이버섯을 얹으면 파랗게 데친 시금치와 잘 어울렸다. 정월 초, 떡국을 끓일 때면 달걀지단을 얹는 것도 누차 보았다.

 그래서일까. 어머님이 1년 내 실고추를 준비해 오신 것. 고춧가루를 빻을 때 한 근은 되게 썰어 오시고는 시금치나 숙주나물을 무칠 때 솔솔 끼얹는다. 고명이라면 흔히 잣과 실고추 통깨를 쓰고 통깨 중에서도 흑임자가 좋다지만 실고추와 통깨만으로도 충분하다.

 김치 중에서도 백김치는 고명으로 효과를 낸다. 우리 애들 어릴 때 어머님은 김장철이면 백김치를 담그셨다. 실고추와 대추 밤 호두와 은행 통깨 등 고명이란 고명은 다 들어갔다. 파, 마늘과 양념을 채 쳐서 절인 배추 갈피마다 고명으로 넣는다. 적당히 익은 뒤 썰어서 탕기에 담으면 솔솔 삐져나온 고명이 잘박한 국물에 둥둥 떠다닌다. 나물과 생선찜을 할 때처럼 고명의 효과는 대단했다. 입맛이 까다로운 우리 애들도 유일하게 좋아했던 김치다.

 매운 것을 먹지 못하는 애들을 위해서 번거로운 김치 만들기는 5년이나 이어졌다. 모처럼 준비한 식재료가 품질은 다소 떨어져도 고명으로 효과를 낼 수 있으면 방법이다. 아들 많은 집에서 화초같이 예쁜 여식도 고명딸 혹은 양념딸이라고도 했다. 고명은 특히나 양념의 상징이다. 고명을 얹는다고 맛이 달라지랴만 보기 좋은 떡이 먹기도 좋다.

 인생의 고명 또한 삶 자체를 바꿀 수는 없어도 인생관 등을 정립하다 보면 새로운 한 차원 높은 삶이 된다. 힘들 때도 소망 등은 고명의 효과로 충분하다. 양념이 푸짐할 때는 음식도 맛깔스러운 것처럼 인생의 고명이라 할 가치관이나 목표가 뚜렷하면 나름 성공한 날들이려니. 고명을 좋아하다 보니 여러모로 고유의 맛을 생각하게 된 것처럼.

 고명과 비슷한 방법에는 소박이가 있다. 우선 오이소박이가 떠오르는데 못자리가 한창일 때 담근다. 적당히 토막 친 오이를 십자형으로 갈라 절인 뒤 물기를 짠다. 이어서 젓국과 통깨와 고춧가루로 간을 해서 수놓듯이 꼭꼭 집어넣는다.

 양념을 채 쳐서 버무리는 것은 똑같지만 고명은 끼얹는 방식이고 소박이는 말 그대로 채친 것을 속에 박는다. 음식에 멋을 내는 또 한 가지 방편이었던 것. 써레질이 시작되면 오이소박이도 얼추 익는데 연둣빛으로 바뀌면서 속속 맛이 밴다. 양념을 넣고 훌훌 버무려도 되는데 속속들이 박아 넣으면서 색다른 맛이 나왔으려나?

오이소박이가 봄에 담그는 거라면 가을에는 가지 소박이를 한다. 참기름이나 바른 듯 반짝거리는 가지를 따서 십자형으로 가른다. 끓는 물에 데친 후 오이소박이처럼 양념을 채워 익히면 초가을 반찬으로 요긴하다. 초록색 오이와 가지의 보랏빛에 어우러진 당근과 실고추는 빛깔도 선명하다. 맛은 물론 수저를 들 때도 별나게 상큼하다. 눈으로 먹는다는 음식의 본령이 떠오르고 그게 건강에 보탬이 되는 것 같다.

 그다음 겨울에 담그는 소박이는 배추김치일 게다. 쪽을 갈라 절이고 파 마늘과 쪽파 미나리와 고춧가루 액젓을 준비한다. 그것을 배추 포기 사이에 흩어지지 않게 넣은 뒤 오지항아리에 차곡차곡 재워 그늘에서 익힌다. 앞서 백김치가 온갖 고명거리를 채 쳐서 하나하나 넣은 거라면 김장배추 소는 고춧가루와 마늘을 넣고 버무려서 속을 넣었다. 그래서 소박이김치였는지 몰라도.

 소박이는 소를 넣어 만든 김치로 속박이라고도 한다. 소는 송편이나 만두 따위를 만들 때 넣는 재료와 소박이김치 등에 넣는 여러 가지 재료를 일컫는다. 고명처럼 착착 얹는 게 아니고 저민 틈으로 집어넣는 소박이김치는 이름부터가 정갈했다. 당근이니 고추가 색색으로 어우러진 것을 보면 고명과 또 다른 운치가 느껴진다. 보통 양념과 재료를 그냥 버무리는데 복잡하기는 해도 음식은 정성이 반이었으니까.

 고명과 소박이의 뜻을 생각해 본다. 고명은 뿌리고 소는 집어넣는 차이였으리. 양념이 가지각색인 것처럼 운명 또한 천태만상이지만 그 속에서 정립되는 좌우명과 가치관 역시 남다르다. 간단히 버무릴 수도 있는데 수놓듯이 뿌리고 집어넣는 과정을 선택하면서 빛깔을 내는 게 고명과 소박이의 효과였던 것처럼.

　우리 또한 쉬운 길을 두고 가시밭길을 택하는 경우가 있다. 일부러 자처하는 것은 아니지만 어려움이 닥칠지언정 피할 것까지는 아니라고 생각하는 것이다. 힘들기는 하지만 그럴 때 체득하는 인생 섭리와 깨우침이 우리를 보다 인격적으로 만들 테니 한 번쯤 시도해봄 직하다. 양념 중 어느 것 하나가 빠져서는 적절한 맛의 안배가 어려운 것처럼 운명의 가짓수가 줄어도 격조 높은 삶은 바라기 힘들다.

　음식은 가끔 빛깔로도 먹는다. 힘든 삶에서도 멋과 운치가 가미되면 고답적이다. 다양한 배합으로 수많은 색깔이 나오듯 희비애락에서 파급되는 감정도 가지각색이다. 고명과 소박이가 번거로운 만큼 효과도 증가된다면 피하고 싶지는 않다. 기본양념과 달리 고명과 소박이는 선택이었다. 양념을 운명이라고 할 때 시련도 복잡한 속에서 숙성되는 묘리가 있다. 그것을 적용하면서 새로운 삶을 추구하는 것이다.

마중, 마중, 마중

놀러 갈 때마다 마중 나오는 벗이 있다. 문밖에서라면 강조할 건 없다. 구태여 터미널까지 나온다. 처음에는 집을 모르니까 그럴 수 있지만 몇 번 익숙해졌는데도 그랬다. 터미널이 가깝기는커녕 도보로 10분 거리다. 한 사람도 아니고 무려 세 사람이다. 이만하면 나도 제법 행복한 사람 같다.

맨 처음 동무는 세종시 산다. 워낙 먼 길이라 서둘러 출발해도 11시 도착이다. 아침이나 먹었겠느냐고 손수 끓인 닭죽과 집에서 말린 곶감을 내왔다. 쉴 참이면 금방 또 점심시간이다. 자르르 윤기 도는 쌀밥에 각종 나물과 두부찜 겉절이에 상다리가 휜다. 아까 먹은 간식이 아직 든든해도 잘 차린 구첩반상을 마다할 재간은 없다.
반찬 하나하나가 입맛에 착착 붙는다. 숭늉까지 곁들이면 고량진미를 먹은 듯 배부르다. 무슨 복으로 이런 대접을 받는지 혹 전생에 나라를 구했나 싶다. 후식으로는 생강차를 먹었다. 맵싸한 향내에 취하다 보면 신선이 따로 없다. 다음에는 감국차를 내왔다. 바싹 마른 이파리가 끓는 물에서 꽃처럼 피어난다.

 얘기를 나누는 동안에도 우러나는 주홍빛이 노을처럼 고운 심성에 묻어난다. 홀시어머니와 60세 총각 시동생까지 건사하고 있다. 이웃에 살면서 국거리야 생선이며 밑반찬 준비에 사흘돌이 바쁘다. 남편은 남편대로 아침저녁 문안드린다. 그것도 불평일 수 있건만 거동이 힘들어지면 모셔 와서 함께 살 거란다.

 오죽 힘들 테지만 자기 몫이라고 했다. 시댁이라면 '시'자만 들어가도 질색하는 판에 충격처럼 신선하다. 시동생의 정신연령은 또 일곱 살 정도라는데 철없는 남동생처럼 대한다. 맞벌이 아들을 위해 손주까지 돌보느라 하루가 빡빡하고 와중에도 사이버 대학 공부 중이다. 무던한 성격에 자기 일도 열심인 게 본받고 싶을 정도로 참하고 야무지다.

 두 번째 벗은 괴산에서 만났다. 나보다 네 살 많아서 언니뻘이다. 무릎이 아프다고 들었다. 그런데도 비가 오면 우산을 쓰고 나오면서까지 마중이다. 도착하면 우선 차부터 마신다. 특별히 면세점에서 사 왔다는 홍삼과 벌 키우는 집에서 가져온 꿀을 권한다. 캐러멜과 양갱 비스켓까지 곁들이면 인정에 흠뻑 빠진다.

 안부를 묻고 회포를 나누면 예의 또 점심시간이다. 사업상 바쁜 사람이라 대부분 외식이지만 특별히 맛집으로 간다. 올갱이 해장국에 여름이면 외곽에 있는 염소탕 집까지 원정한다. 나이 들수록 잘 먹어야 한다고 큰언니처럼 챙긴다. 먹고 나면 바리바리 봉송 싸기 바쁘다. 일본제 커피와 견과류에 홍삼까지 한 무더기다.

 꿀을 먹으면서 맛있다고 했더니 포장도 뜯지 않은 병을 내놓으셨다. 무엇이든 통째미로 주신다. 화장품도 기초화장품과 색조화장품 등 목록이 끝도 없다. 두고 쓰시라고 해도 젊으니까 많이 필요할 거라고 덧붙이신다. 나중에는 거위 털 이불까지 주셔서 들고 오느라고 낑낑 힘들었지만 따스하게 덮고 잘 때마다 포근한 인정에 눈시울이 뜨겁다.

 들어본즉 사연도 많았던 그 언니. 슬하에 아들 형제 중 작은아들을 잃었단다. 아홉 살 철부지가 세상을 떠난 4월이면 지금도 가슴이 저려온다나? 오죽해서, 봄은 서른두 번이나 왔는데 아홉 살 내 아들은 왜 오지 못하나 못하나 탄식했을까. 4월이면 봄도 겨울잠에서 깨는데 32년 전 아들은 연둣빛 그리움뿐이었겠지. 살았으면 마흔 한살이라는 건데 갑자기 슬픈 표정일 때는 아들 생각이 났으리. 수십 년 세월에도 아홉 살 내 아들이고 꽃 피고 새 우는 4월이었으니 연둣빛 그리움이다.

 큰아들은 탄탄한 직장에서 연봉도 많고 며느리까지 싹싹한데 일찍 떠난 아들을 생각하면 억장이 무너지고, 눈물범벅이다. 그것을 보면 나까지 짠했다. 아들 잃은 자리는 갈수록 커지고 미처 쏟아붓지 못한 정을 베푸는 것이리. 무엇 하나 아쉬운 것 없이 살지만 눈에 흙이 들어가기 전까진 끝날 수 없는 슬픔이다.

 세 번째 지인은 여주 고을 산다. 앞서 두 사람처럼 갈 때마다 마중인데 특별히 상대방의 마음을 읽을 줄 안다. 나 같은 경우 속에 담지 못하고 금방 표현하는 성격이다. 뒤로 험담은 하지 않아도 기분 나쁠 수 있는데 참 고치기 힘들다고 했더니 정직해서 그렇단다. 칭찬도 칭찬이지만 무엇이든 좋은 쪽으로만 생각한다.

도착하면 같이 점심을 준비한다. 주로 나물과 김치와 볶음요리다. 특별히 닭곰탕과 오리 훈제는 기름기를 제거한다. 보통은 끓이다가 버리는데 기름은 기름으로 제거해야 한다고 식용유와 잠시 끓여서 그런지 비린내가 없고 맛이 정갈하다.

디저트로 과일을 먹는다. 씻을 때도 식초를 약간 떨어뜨린다. 물도 아끼고 우선은 깨끗하게 먹을 수 있어서 그만이란다. 탁자에는 바싹 마른 과일 껍질이 쌓였다, 먹는 대로 버리지 않고 쌓아두는가 본데 마르는 동안 향내를 풍기면서 먼지와 냄새를 빨아들인다.

무엇보다 살림살이 하나하나가 예쁘고 정갈하다. 가구만 해도 고급스러운 벽지와 방마다 그림만 봐도 아늑한 분위기다. 침실의 조명등 하나에도 안주인의 성격이 들었다. 그릇도 예쁘고 고급스러워서 보면 특별히 비싼 것도 아니다. 예민한 눈썰미에 남다른 안목이다.

생각도 건전하고 누구에게든 한결같다. 살림도 넉넉해 보이는데 아등바등 하지 않는다. 돈깨나 있는 사람들은 보통 움켜쥐는 스타일이다. 흉이 아니라 그래서 재복이 많을 수 있는데 예쁘고 서글서글해서 볼수록 정이 간다. 동기간만치나 임의로운 것도 갈 때마다 마중나오는 데서 비롯되었다. 그 뜻은, 집에 오는 사람을 맞으러 가는 거지만 들을수록 정겹다.

마중하면 배웅을 빼놓을 수 없다. 내 좋아하는 벗들은 손님이라고 마중은 물론 떠나올 때는 짐이 무겁다고 배웅이다. 터미널까지도 송구한데 티켓까지 끊어준다. 친정에서도 손님이 오면 왕복 차비 정도는 줘서 보내야 한다고 배웠다. 내가 좋아하는 그들의 부모님도 똑같이 그렇게 가르쳤다면 지금 이렇게 예우하는 것 또한 자연스럽다.

　봄볕이 따스하다. 추위는 물러나고 절기는 봄 문턱 입춘이다. 사람들은 대청소에 묵은 먼지 떨어내면서 봄 마중하겠지. 꽃도 보면 달마중 달맞이꽃도 있고 물도 마중을 나간다. 펌프를 퍼 올리기 위해 들이붓는 마중물은 정겨웠는데 지금은 펌프도 귀한 시절이다. 애들 어릴 적 학교 끝날 즈음에는 집 모퉁이에서 기다렸다가 책가방을 들어주면서 함께 들어오곤 했는데 아득히 멀다.

　지금은 아들 내외가 오면 대문 밖까지 나가서 삼 남매 꼬맹이들 마중하는 것 외에는 생소하다. 갓 낳은 달걀처럼 따스한 느낌인데 스마트 폰 때문에 어디까지 왔노라 왔노라 연락해 주고 인터폰으로 열어주고 있으니 기회가 드물다. 그럼에도 불구, 가기만 하면 마중 나오는 사람들 때문에 진짜 행복하다.

티핑 포인트

 주전자의 보리차가 그저도 잠잠하다. 1차 끓으면 청소를 시작하려는 중이다. 준비하다 보면 당장 끓어오를 것 같고 기다릴 겸 해서 숟갈을 삶았다. 냄비에 넣고 불을 올리는 순간 마침내 끓는 소리가 났다. 불을 줄이고 뚜껑을 열어두었다. 1℃만 올라가면 펄펄 끓는 티핑 포인트처럼, 99℃에서는 잠자코 있다가 아차! 순간 극적으로 변화의 시점이다.
 티핑 포인트는 서서히 진행되던 어떤 현상이 한순간 폭발하는 것을 말한다. 단어 그대로 풀이하면 뒤집히는 시점이다. 최근 계속되는 지구의 온난화 역시 한순간에 어찌 될지 모르는 기상이변의 티핑 포인트 시점을 드러낸다. 환경오염과 더불어 가장 심각한 문제는 추워야 할 때 따스한 날씨였으니까. 춥기는커녕 극지방의 얼음이 녹는 바람에 해수면이 높아지고 수증기 증발량이 많아지면서 갈수록 따스해진다.
 씀바귀를 캐던 날도 무척 따스했다. 이제 3월 중순인데 손가락만치 올라왔다. 춥지 않아서 뜯기는 좋은데 걱정스럽다. 말이 좋아 봄이지 툭하면 꽃샘추위가 극성일 때다. 2월에도 장독이 얼어 터지곤 했었지. 기껏 손질해 둔 겨울옷을 꺼내 입거나 모처럼 내놓은 화분을 들여놔야 할 만치 추운 날이 없다. 이래서는 씀바귀고 뭐고 금방 쇠어버린다. 따스해서 좋아할 것만은 아니지 싶다. 꽃도 예쁘게 피려면 꽃샘의 역할대로 계속 추워야 하는데…….

지난겨울에는 얼음도 보기 힘들었다. 집 앞의 개울만 봐도 서너 차례는 꽝꽝 얼어붙곤 했는데 귀 끝이 아리게 추운 날씨가 닷새나 있었을까 싶다. 겨울 코트 판매량도 부쩍 줄었다고 한다. 추운 것은 그렇다 쳐도 물오리가 개울을 뒤덮는 풍경도 드물었다. 이전보다 추위를 타기는 하지만 코트는 물론 장갑을 끼고 목도리까지 두를 만치 추운 날씨가 그립다. 어떻게 얼음도 볼 수 없는 겨울이 된 것일까.

올겨울이 춥지 않은 것도 지구 온난화에 따른 현상이다. 봄가을이 짧아지는가 하면 어느 해 겨울은 춥고 여름에는 또 폭염에 시달린다. 열 받는 상황에서는 짜증스러운 말 한마디에 폭발해 버리듯 지구 또한 열 받은 상태에서 어느 순간 폭발해 버릴 수 있다. 1℃만 더하면 끝장인 티핑 포인트 상황이 손에 땀을 쥐게 만든다.

그 현상은 또 고장 난 북극 때문이라니 아찔하다. 북극은 지구에 쏟아지는 태양열을 반사시킨다. 아무리 강한 태양열도 빙산이니 빙하에 닿으면 반사되는 것인데 그것이 자꾸만 녹아버리면서 태양열 흡수량이 증가한 것이다. 눈과 빙하가 녹을 경우 열기가 그대로 흡수되고 바다로 흡수되면서 해수면까지 올라간다. 그렇게 녹을 때마다 찬 공기가 남하하면서 폭설 폭풍이 속출하는 것이다.

2100년쯤에는 해수면이 최고 3m가량 상승할 거라고도 했다. 단순한 예측이지만 1m만 해도 뉴욕과 베니스 런던 도쿄 등이 침수되는데. 빙하 속에 묻혀 있던 각종 바이러스까지 깨어나면 더욱 심각해진다. 2016년 러시아에는 영구동토층의 탄저균이 살아나면서 순록 2,300 마리가 떼죽음을 당했다. 겨우내 얼지 못한 청미천도 세균 번식에 따른 후환을 감당할 수 있을까.

춥지 않으면 겨울일 수 없다. 하다못해 가을 무도 꽁지를 늘리면서 대비한다. 가을 무 꽁지가 길면 겨울이 춥다는 게 그 말이다. 이전에는 김장철인 11월도 추웠다. 무도 그때 갈무리를 하는데 날씨에 따라 꽁지가 달라졌으리. 눈발이 잘아도 추워진다. 습기가 많은 함박눈은 얼어붙기 때문에 추울 때는 가루눈으로, 푹할 때는 함박눈으로 바뀐다. 까치도 추울 때는 야트막하게 집을 올리면서 날씨를 가늠한다. 높이 올리면 전망도 좋을 텐데 날씨 때문에 단념했겠지.

어떻게 까치집 위치가 해마다 바뀌는 걸 알아챘을까. 김장이며 가을걷이에 번거로웠을 텐데 겨우살이 준비에 또 얼마나 동동거렸으면 한낱 까치집 올라가는 위치와 날씨에 민감한 가을 무 꽁지도 참 용하게 파악했다. 혹 동병상련의 심기는 아닌지 몰라. 야트막한 까치집이든 기름한 무 꽁지든 처음 한두 번은 헷갈렸을 건데 몇 해가 지나면서 거의 맞아떨어진다고 했으리.

그러나 환경오염 탓인지 까치도 보기 힘들고 무도 온상에서 재배하는 만큼 꽁지가 과연 날씨를 헤아리는지도 당혹스럽다. 지구도 바야흐로 온난화 때문에 멸망 직전의 '티핑 포인트'에 이른 것은 아닌지. 티핑 포인트 티핑 포인트 들을수록 아찔한데, 1℃를 더하면 물이 끓어오르듯 반대로 아주 작은 뭔가 원인이 해결되면서 쾌적했던 자연으로 돌아갈 수도 있으리.

살다 보면 타성에 젖어 버린 일 때문에 티핑 포인트 위험에 직면할 수도 있다. 여기까지만 해야 하는데 아차 순간 위험수위에 도달하면 끝장이다. 손을 쓰기 힘들게 악화할지언정 나쁘게 되는 것도 순간이듯 좋게 바뀌는 것도 아주 작은 원인 하나 때문에 180도 달라지기도 할 테니 절망까지는 아니다. 그렇게까지 상황을 끌고 가서는 안 되겠지만 그럴지언정 소망의 끈은 놓지 말아야 할 게다. 추워야 할 때 춥지 않으면 여파는 있듯이 어려움도 삶의 여파를 줄이기 위한 과정이었으니까.

지금은 겨울이 물러나는 3월 중순, 야트막한 까치집과 기다랗게 삐져나온 무 꽁지를 보면서 올겨울은 춥겠거니 생각해 왔을 정경이 그립다. 아침저녁 노을과 달무리 햇무리 보고 비가 올지 맑을지도 헤아렸다. 일기예보는 정확했으나 날씨에 대한 속담도 어지간히 적중했고 그만치 친근했다. 예보는 물론이고 속담으로도 가늠이 된다면 몸살을 앓던 지구도 웬만치는 회복된 다음이리라.

요즈음 코로나19 사태로 지구가 조금씩 깨어나고 있단다. 방역 수칙 때문에 외출을 자제하다 보니 교통량은 물론 생활용품의 수요도 많이 줄었다. 지난가을에는 새털구름 흩어진 하늘까지 보았다. 밤에는 별도 반짝이곤 했으니 이런 식이라면 티핑 포인트 불안에서 조금은 자유로워질 것 같다. 우리는 역시 자연 속에서만 행복을 느끼는 존재였을까. 1℃ 때문에 아슬아슬 위험하기는 해도 또 아주 작은 차이로 회복되기도 할 테니 소망은 있다.

네가 먼저 싹 틔우렴

- 묵계

 봄볕이 노곤하다. 밭둑에서 봄을 캐 담는다. 냉이도 씀바귀도 어쩐지 뻣뻣하다. 처음에는 연하고 부드러웠다. 웬일이지? 초고추장 넣고 새콤달콤 무쳐서 한 이틀 잘 먹었다. 감칠맛에 혹해서 다시 왔건만 그동안에 쇠었다는 거야? 그늘에 가서 파 보아도 마찬가지였다. 그날 잔뜩 캤어야 했는데…….

 밭둑에 벚나무 한그루가 있다. 꽃 사태가 난 것처럼 흐드러졌다. 처음 왔을 때는 앙상했는데 별일이다. 갓 도드라진 꽃망울 보고 금방 피겠구나 했던 게 나흘 전이다. 연해서 캐기도 좋았는데 벚꽃이 필 동안 바짝 쇠고 말았다. 벚나무는 기다리고 있었던 거다. 내가 서두르면 자그마한 너희는 싹도 틔우지 못하겠구나 하면서.
 묵계가 있었다. 잠깐 기다릴 테니 먼저 싹 틔우라던 나무와 봄 새싹들 간의 암묵적 대화가 그려진다. 대부분 그렇게 양보하면서 핀다지만 막상 우긋해질 때는 불안했으리. 괜한 오지랖이었나? 라는 후회도 있었겠지? 뒤미처 "내가 지체되는 게 낫지, 내가 서두르면 풀들은 올라오지도 못할 테니 잘 생각한 거야"라고 생각을 바꾸었을 것이다. 용케도 참고 있었구나.

찔레나무 밑의 쑥도 파랗게 올라왔다. 지난주에는 손톱만치 작아서 캐기도 힘들었건만 야들야들한 수내기가 무척 탐스럽다. 한참 뜯고 보니 목이 마르다. 무심코 찔레나무 순을 따먹었다. 어느새 통통해져서 먹을 만했다. 쑥이 어느 정도 자란 걸 보고는 이제는 내 차례거니 순을 내밀었을까. 작은 떨기나무였지만 저보다 어린 것을 생각하는 마음이 벚나무와 다를 게 없다.

봄은 묵계로 시작된다. 나물을 캐기 전, 봄과 봄꽃나무 쌍방 간에도 있었다. 봄인데도 가끔은 춥고 눈발이 날린다. 하필이면 그럴 때 진달래 피고 매화가 벙근다. 잎도 없이 앙상한 가지를 보면 활짝 피어서 웃기는 하지만 추워서 떨고 있다. 안쓰럽기는 하지만 꽃을 먼저 피우라는 묵계가 있었다. 가령 잎을 먼저 틔우면 줄기에 봄물이 잔뜩 든다. 춘설에 꽃샘에 툭하면 얼어붙을 수 있지만, 꽃을 먼저 피우면 꽝꽝 얼지는 않는다.

이른 봄 산수유꽃도 잎 하나 없는 가지에 피었다. 좁쌀 서너 되는 구워낸 듯 노르스름한 꽃도 특별하다. 냇가의 버들개지도 삭정이 같은 가지에서 까르르 웃고 있었다. 꽃 먼저 필 때는 물오르기 전이라 아무리 꽃샘에도 깔축없이 견딘다. 꽃이 필 때는 물을 조금만 길어 올려도 상관없기 때문에.

묵계는 또 냉이와 씀바귀가 먼저 자라도록 기다려주는 미덕으로 이어졌다.

잎이 먼저 나오면 꽃샘에 얼어 죽을 수 있고 나물도 자랄 수가 없다. 들판에도 있지만 한창 먹을 때쯤이면 농부들은 밭을 갈아엎는다. 민들레니, 씀바귀는 금방 우굿해지는데 응달에서는 연하게 자라서 맛있는 봄나물을 먹는다. 소나무도 고사리를 꺾을 즈음이면 그제야 꽃이 피고 송홧가루 날린다. "내가 먼저 무성해지면 네가 크지 못하겠구나"라고 했을까. 봄나물이 약자라면 먼저 자란들 타박할 처지는 아닌데도 그때까지 기다려주는 속내가 미쁘다.

 봄꽃나무가 지루하도록 더디 피는 배경이다. 우선은 변덕스러운 날씨가 불안했겠다. 꽃샘이니 춘설에 허구한 날 추웠으나 냉이와 쑥이 먼저 자라도록 기다렸다. 그나마도 잎이 먼저 나오면 일찍 그늘이 졌을 텐데 꽃 먼저 피우면서 시간을 좀 더 할애해 줬다. 처음에는 물오르기 전에 꽃을 피워 꽃샘추위를 방어했고 다음에는 그늘에서 자랄 걱정 때문에 자꾸만 늦어졌으리.

 오가피나무도 초여름에 잎을 틔운다. 통통하니 물오른 순을 삶아 무치면 저 분저분한 게 참 맛있었다. 그때는 신록도 벌써 쫙 깔리곤 했다. 이른 봄부터 기다렸을 텐데, 세심한 마음 때문에 더 연한 수내기로 자랐다. 변덕스러운 날씨에 인심은 인심대로 쓰고 스스로의 보호 방법이다.

 벚나무 주변의 풀들 역시 '나무가 먼저 싹을 틔우면 우리는 자랄 수도 없으려니.'라고 했을 텐데 얼마 후에도 까칠한 가지 그대로였다. 이상하네? 뭐 그러거나 말거나 싹을 틔웠다. 며칠 후 그때 비로소 뾰족뾰족 움트는 나무를 보고는 '우리가 자랄 때까지 기다려 주었구나'라고 했으리.

 내 삶의 반경도 이른 봄 들판처럼 까칠하지만, 미처 싹이 트기도 전에 미처 따스해지기도 전에 피는 묘리를 배운다. 내 꿈도 소중하지만 다른 사람의 꿈은 더더욱 소중하다. 누군가를 위해 포기할 경우 새로운 기회가 오기도 하지만 욕심 때문에 짓밟게 되면 꿈으로서의 가치는 없다. 꽃 피고 새가 울기도 하지만 양보의 싹을 틔우고 감사의 꽃을 피우는 것보다 아름다운 얘기는 또 없으려니.

 햇살이 노곤하다. 산새들 노랫소리에 봄나물도 한 뼘씩은 자란다. 봄 동산에도 눈보라가 날리지만 이름도 예쁘게 꽃보라가 되곤 했었지. 변덕스러운 날씨 때문에 특별한 묵계가 성립되었다. 겨우내 똑같이 기다렸으면서도 정작 싹을 틔우고 꽃 피울 때는 볼품없는 누군가의 처지도 헤아리는 마음 때문에 봄이 더욱 화사했다는 생각이. 나는 또 너를 생각하고 너는 나를 배려하면서 세상은 훨씬 따스해질 거라는 생각이.

 봄은 그렇게 배려와 양보로 시작되었다. 꽃 좋고 그늘 좋고 열매 좋은 큰 나무 역할에 걸맞은 덕목이다. 남을 헤아리고 양보하는 사람이 많은 것을 얻는다. 자잘한 것부터 크는 동안 기다렸다가 꽃을 피우던 키 큰 나무의 미덕을 배운다. 양보하지 않으면 무산될 수도 있는 봄나물의 처지를 헤아리던 벚나무니, 찔레나무처럼 그렇게. 소중한 꿈이지만 너희도 자라게끔 도와줄 거라고 마음을 다지는 것이다. 햇살이 무르익는 봄 언덕에서.

음달말에서 전설같은 이야기

- 위풍이 있는 마을

음달말이란다. 아랫말 윗말 잿말 등 동네 이름같이 자연스럽다. 잿말은 높은 언덕이 있을 테고 아랫말 윗말은 아랫동네 윗동네 식이다. 음달말은 차갑고 서늘하다는 뜻이었으리. 보통 볕이 드느냐에 따라 음지 양지, 응달 또는 양달이다. 응달과 음지가 똑같이 그늘이라면 양쪽 이미지가 함축된 음달은 훨씬 써늘하고 풍경도 신선하다. 음달마을 음달마을 그러다가 볕 들지 않는 마을 음달말이라 했을까.

차창 밖으로 그림 같은 마을이 지나갔었다. 동무에게 잠깐 둘러본 뒤 가자고 했다. 큰길에서도 한참 들어간 산동네가 참 아기자기한데 음달말이라는 이정표가 눈에 띄었다. 음달말? 무슨 뜻이지? 호기심에 자드락길까지 따라가 봤다. 처음 듣는 지명에 처음 와 보는데도 이름만치나 예쁘고 정겹다. 떼쓰듯이 졸라서 구경할만했지 싶을 정도로.

 흔히 보는 마을이다. 산벚꽃 피는 언덕과 구불구불한 고샅길도 여느 마을과 똑같은데 충주 가는 길섶의 음달마을이 훨씬 예쁘다. 깎아지른 기암절벽만 봐도 교통은 불편한 곳이지만 그로써 풍경이 예쁜 것은 아닌지 몰라. 등성이 타고 번진 새싹도 초록강처럼 푸르고 산새들 노래까지 어우러졌다. 옹기종기 주택도 초가집마냥 고풍스럽다. 구름도 잠깐 쉬어가고 싶은 듯 커다란 날개를 펼치고 있다. 마을로 들어가는 과수원 길에도 오랑캐꽃 민들레가 흐드러졌다. 어쩜 그리 예쁠 수가 있는지…….

 어릴 적 고향을 보는 듯하다. 마을 전체가 높은 산에 둘러싸였다. 맞은편을 향해 소리 지르면 메아리가 또 다른 메아리로 울려 퍼졌다. 산이 높고 골이 깊어서 그늘 폭도 넓었다. 음달은 차갑고 냉랭하지만 그래서 또렷한 풍경이 연출되는 거라면? 나 또한 음달말 취향인 듯 천정이 높고 썰렁한 집이 체질에 맞는다. 천장이 낮은 집은 답답하다. 내 살던 마을의 특징이 체질로 굳어버린 것 같지만 고향의 봄도 음달말 봄처럼 진달래가 예쁘고 들판의 잔디 또한 융단처럼 푹신했다. 음달말은 위풍이 센 마을이었으니까.

 살다 보면 음달 또는 양달 같은 삶이 있다. 양달은 따스해서 좋고 음담마을 풍경은 고풍스럽다. 인생도 응달이라고 할 고난으로 얼룩질 때가 진짜라면 썰렁한 음달마을도 나쁘지 않다. 누구나 양달 같은 삶을 원하지만, 그늘에서 자랄 때 꽃은 탐스럽고 열매는 튼실하다. 꽃이 양지쪽에서만 피기로 말하면 소망은 없을 것이다. 양달은 물론 응달에서도 피기 때문에 살만한 세상이다. 물도 거름도 귀한 곳이지만 그래서 더 고운 빛깔로 핀다. 정원의 꽃도 예쁘지만 우리는 자갈밭 또는 덤불 속의 꽃을 보면서도 감동을 받는다. 여건은 아니지만 내 인생의 꽃도 그렇게 피우리라고 결심하는 것이다. 폐허 속의 꽃보다 아름다운 시詩는 없는 것처럼 춥고 썰렁한 중에도 음달마을 풍경은 아름다웠다.

 일조량이 적어서 썰렁해도 겨울이면 가리개를 치고 외투를 두른 것처럼 푸근해진다. 추위에 약한 감나무도 깔축없이 겨울을 난다. 응달도 똑같은 그늘이지만 음달은 그늘 음陰이 들어갔다. 첩첩 산세가 험하니 풍경이 곱고 바람막이 것처럼 역경 또한 우리 삶의 물결에 휩쓸리지 않게 해 준다. 행복도 불행 속에서 피는 꽃이라면 소망도 우리 고단할 때 틔우는 움싹이었으니까.

 음달마을 이정표가 새삼 정겹다. 맨 처음 터 잡은 사람들은 어설프고 춥다면서 살기 좋은 동네는 아니라고 했을지 모르겠다. 이사를 하자니, 그도 만만한 문제는 아니었다. 어떻게든 눌러 살다보니 내가 본 것처럼 음달말이라서 꽃이 예쁘고 초록이 진하다면서 유난히 고운 풍경을 생각했겠지. 어둠이 몰리면 음달말 또한 잠을 청하고 밤이면 별 반짝이는 하늘 밑에서 포근포근 잠들었으리.

 그래, 응달도 나쁠 건 없어. 따스하지는 않겠지만 때로는 아늑하고 고풍스럽다면 생각을 바꿔야 하리. 양달도 좋지만 살아보니 응달도 나쁘지는 않았다. 행복은 양달이고 불행은 그늘 같은데 음달말 풍경에서 감동을 받고 보니 뭐 견딜만하지 싶다. 가시보다는 가시 때문에 예쁜 장미를 보는 거다. 폭풍의 들판에도 꽃은 피고 고난 중에도 꿈은 있었으니까.

 인생도 가시밭길에 파도치는 물결이다. 가시밭길 헤쳐나가면 꽃 피고 지는 언덕이 나오고 파도치는 물결 헤쳐 가면 비로소 푸른 하늘 보인다. 덤불에 긁힌 만치 더 아름다운 꽃이고 거친 물결 끝이라 더욱 푸른 하늘이다. 힘들수록 활짝 웃는 것이다. 그 정도만 해도 소망으로는 충분했다.

 노을이 진다. 동무는 시동을 걸어놓고 출발 신호를 보낸다. 아까부터 풍경에 반했느냐고 타박이더니 많이 기다려줬다. 갈 길이 먼데 비끼는 석양이 참 아름답다. 한때는 저녁밥 짓는 연기가 그리움처럼 피어올랐을 거다. 얼마나 목가적이면 땅 그림자에 밤새 우는 소리까지 어울려 환상의 골짜기 되었다. 나는 또 꽃처럼 예쁜 이름에 반해서 들어가 보기까지 했다. 지금은 해거름이라 음달말 중에서도 특히나 고즈넉하지만 그늘진 것도 인생이다. 어둡기는 하지만 뒤미처 뜨는 별도 어둠 속에서 빛난다. 밤 깊어갈수록 반짝일 테니 모처럼 음달마을 풍경에서 인생의 내막을 확인한 느낌이 풍경만치나 풋풋하다.

꽃가람, 발원지 찾아가다

한 모금 먹는 대로 솔잎 향 그윽하다. 특유의 청솔가지 내음도 끝내 준다. 오늘 아침 유리병 속으로 강줄기가 보였다. 며칠 전 송화 꽃과 솔가지 재워 놓고 설탕을 뿌려두었다. 속속 잦아들면서 연둣빛 강이 생겼다. 함지박에 강을 쏟아서 체에 받쳤다. 꿀병으로 두 개가 나왔다. 거르고 난 솔가지와 솔방울도 아까웠다. 생수 두 병을 넣고 한나절 우려냈다. 짬짬 마실 때마다 들려오던 숲속 푸른 메아리.

밖에는 꽃비까지 내렸다. 기와지붕 물받이 틈으로 송홧가루 띠가 엉겼다. 밤새도록 퍼부었었지. 어찌나 선명한지 해마다 찰랑이던 5월 꽃가람. 아무리 그래도 정체불명 노랗게 송화강일 줄이야. 그만치 소나무가 좋았던 걸까. 촘촘 푸른 가지마다 날개 뽀얀 황새와 겨울이면 백설에 뒤덮인 낙락장송도 그림이다. 솔바람은 천연의 교향악에 송홧가루 물줄기 또한 환상이다.

송화 꽃 핀 자리도 삥 돌아 솔숲이다. 가운데는 물동이처럼 우묵하고 수백 그루 소나무가 어우러졌다. 비만 오면 자배기만 한 강이 생겼다. 구름도 꽈리가 잡히는 초여름, 소나무란 소나무가 연미색 꽃 달고 부풀어 오르면 하늘까지 뿌옇다. 어느 날 갑자기 흙비에 겨자 빛 꽃 범벅이지만 하늬바람에 금방 마른다. 얼마나 시적이었으면 일 년에 딱 한 번 송화강으로 불렀다.

 하지만 어딘가 서운했다. 강이라면 발원지가 있어야 하는데 후드득 내리고는 끝이다. 참으로 멋진 강인데 발원지가 없어? 설명할 수도 없고 혼자서만 우겨대는 판인데 조짐은 있었다. 발원지까지는 아니어도 송홧가루가 날렸다. 5월 어느 날 장독에서부터 매캐한 느낌이 온다. 장 항아리 뚜껑을 열면 그 속에서도 묻어났다. 현관에도 착착 쌓인다. 결이 곱고 투명해서 밟는 대로 미끄러질 것 같다. 거실이야 매일 매일 닦아내지만 가끔은 너무했다.

 마침내 비가 오면 약간은 누그러졌다. 한차례 또 뿌려댈지언정 공습경보 시점은 끝났다. 꽃가루 알레르기에 눈까지 슴벅대지만, 장맛비도 같고 꽃비도 같은 의미를 생각하면 가려워도 견딜만하다. 어쨌든 강은 강이었으니까. 밤하늘이 별들의 집성촌이듯 소나무 숲도 집성촌이었기 때문에.

 갈 때마다 와스락 와스락 바람도 요란했다. 저만치 가로수는 잠자코 있는데 저희끼리만 바람을 탄다. 비바람 몰아치면 그게 효시가 되고 두 번 세 번 바람이 시위를 당기면서 끝없이 흔들린다. 은하수가 일 년에 한 번은 범람하듯 송홧가루 여울목도 한 번씩 태풍을 동반하면서 그리 아우성이다. 연유가 뭔지.

 소나무는 약골로 태어났다. 툭하면 가지가 부러질 지경인데 바람을 견디면서 어기찬 나무가 되었다. 재질이 좋아서 기둥과 대들보 서까래 등은 물론 소소하게는 제상, 목기, 관 등을 만들었다. 배를 만들고 다리를 놓을 때도 빠지지 않는다. 오죽하면 남산 소나무를 다 주어도 서캐조롱 장사하겠다는 비유까지 나왔다. 옷섶에 다는 액막이용 장식품으로, 요즈음 같으면 액세서리 장사가 적성이란다.

 평안감사도 저 싫으면 그만인데 남산 소나무라면 넝쿨 째 호박에 횡재도 그런 횡재가 없을 테니 강도가 훨씬 높다. 정원수 한 그루가 현 시가 천만 원이면 오백 그루만도 50억이다. 목재상 중에서도 대규모 아이템인데 일언지하 거절했다. 오늘 본 뒷산의 송화강 소나무도 굉장한데 남산의 그거라면 크기와 수령이 하늘과 땅 차이다. 그런데도 옹졸하게 서캐조롱 장사밖에 모른다는 타박 같지만 내가 봐서는 분수를 아는 사람이다. 솔바람과 향기는 좋아도 나무까지, 더구나 몇백 그루씩은 가당치 않다.

 자그마한 행운은 조심스럽게 누릴 수 있지만, 팔자를 고칠 정도라면 재앙일 수 있다. 노력한 만치 대가라 해도 많다고 생각되면 발을 빼는 게 현명하다. 남산의 소나무도 대궐 같은 집 정원수보다는 새소리 바람 소리에 묻혀 살고 싶었겠지. 그런 나무를 준다 했으니 나 같아도 거부했을 것이다.

 분수에 맞지 않는 행운은 남의 옷을 입은 것처럼 어색하다. 치수 보고 옷 짓는데 그럴 바에는 가난해도 기와집 짓는 행복이 좋다. 가난할수록 기와집은 허영일 수 있지만, 적정선만 지키면 이름만 들어도 고급스러운 비단 가난이 된다. 남산 소나무를 다 준대도 서캐조롱 장사를 고집하던 누군가도 성깔을 보면 그 정도 아취는 누릴 법했으므로.

 바람에 솔숲이 출렁인다. '솔방울이 울거든'이라고 하면 될 성싶지 않은 일을 뜻하는데 바람이 불면 막상 울부짖는 것처럼 들린다. 바람이 나를 키웠노라고. 바람이 파고들면서 가닥가닥 바늘 같은 솔잎으로 자랐다. 겨울에도 잎 하나 떨어지지 않고 푸른 내성은 그럴 때마다 생겼을 것이다.

 비바람에 부러지면서 크는 나무의 한 살이다. 바람 분다고 넘어지기는커녕 한그루 잔솔로 뿌리박는 나무에서 푸른 숲 메시지를 본다. 5월이면 출처도 모를 송화강이 흐르고 띠처럼 댕기처럼 여울이 참 시적이라는 느낌이. 강에도 한 살이가 있다면 꽃가람 송화강이 그 주역이고 남산 소나무 어쩌구 했던 그때나 지금이나 과욕이 화를 자초하는 것은 불변의 진리였다는 느낌이.

 남산의 소나무가 귀띔해 주던 세월 강 메시지도 그런 것이었으리. 행복은 소박한 데 있으니 욕심내지 말라고. 소나무만 봐도 따사로운 햇살과 싱그러운 바람만 있으면 충분했다. 적막강산이지만 구름도 머물고 새들까지 노래 부른다. 아옹다옹 다투는 사람들이 참으로 어리석게 보였을 거다.

 비가 그쳤다. 꽃가람도 조금씩 잦아든다. 주구장창 쏟아냈으니 송화강 줄기도 마를 때가 되었다. 나는 또 솔방울 따서 엑기스까지 담았다. 다 먹을 즈음이면 올해도 가고 나는 또 송홧가루 날리는 골짜기 찾아갈 테지. 해마다 범람하는 송화강 발원지를 적어둘 건데, 뺨에 닿는 바람이 갑자기 서늘하다. 오늘의 추억이 송홧가루처럼 먼 세월 끝자락에서 땀땀 피어나기를 소망하는 것이다.

아버지의 금수저

흙수저란다. 형편이 어려워서 부모의 도움을 받기 힘든 사람들이다. 금수저는 재력가 부모 밑에서 갖은 호사를 누린다. 하다 하다 밥 먹는 수저에까지 등급을 매겨? 공주님처럼 왕자님처럼 살아도 행실이며 언사가 따라줘야 하는데 누군가는 가끔 고상한 집안에 먹칠을 한다.

당연히 나는 돌연변이 금수저가 마뜩치 않은 사람이다. 흙수저의 열등감은 아니다. 딴에는 금수저 물고 태어났다. 타워 팰리스에 벤츠 자가용까지는 아니어도 60년대 말, 공기총을 소지했던 오빠와 캐시미어 코트를 입고 다니던 언니를 보면 14금 수저는 될 게다. 내가 차고 다니던 시티즌 시계도 고급이었다. 동생들 역시 좋은 학교에 직장도 번듯했다. 살림이 어려우면 월급도 보태야겠지만 쓰고 남은 돈은 적금까지 들었다.

아버지는 농사꾼이다. 특별히 해사하게 잘생긴 선비 농사꾼이다. 동네 사람 중 유일하게 글을 알고 언변이 있으셨다. 이웃집 자녀의 출생신고는 물론 땅을 사고팔 때 등기를 내거나 측량 문제가 생길 때도 법원 경찰서를 드나들며 바쁘셨다. 집에는 붙박이 머슴에 바쁠 때는 일꾼도 둘이나 상주해 있었다. 과수원에, 담배 농사에 일은 많은 집인데도 양복을 입고 다니셨다. 명색은 관공서 출입이지만 살림이 넉넉했다. 아들딸 7남매를 고등학교 이상 대학교까지 보내는 게 흔치는 않을 때였다.

 아버지가 받은 유산에 비하면 엄청난 변화였다. 하늘바라기 논 일곱 마지기와 몇 마지기 밭도 당시로서는 적지 않았으나 우리가 누린 것에 비하면 미미했다. 어릴 적 가 보면 비알밭에 담배와 사과나무 등 특수 작물을 심으셨다. 모든 게 풍족했다. 용돈을 받으면 나는 책을 사고 친구를 좋아하는 동생은 열심히 놀러 다녔다.

 그 정도에 금수저?라고 할지언정 교훈만큼은 수십억 아파트에 고급 외제 차도 부럽지 않았으니까. 중요한 것은 인품이라고, 깍짓동만 한 체구보다는 손바닥만 한 얼굴 때문에 사는 거란다. 남에게 잘하라는 말씀은 귀에 못이 박혔다. 언짢은 사람들과도 친하게 지내라고 하실 때는 당혹스러웠다. 자식이 잘될 거라면서 남들이 하지 않는 일을 즐겨 하라고 덧붙이셨다. 뿌리 역할을 강조하셨던 거다. 예쁜 꽃과 열매는 몰라도 흙 묻은 채 땅속에서 일하는 그 역할. 딱히 실천한 건 없지만 금수저만치나 귀한 말씀이 가끔 절실해진다.

 아버지는 금수저의 풍요와 정신적으로는 맑고 투명한 옥수저를 남겨주셨다. 우리는 공부도 노력인 줄 알았다. 비싼 과외를 받을 경우 성적은 오르겠지만 돈으로 저택은 몰라도 화목한 가정은 불가능하다. 노력하지 않아도 평생 먹고살 수 있는 게 과연 축복일까. 땀 흘려 일하는 기쁨을 모를 경우 가치관 문제일 테니.

　최근 금수저 집안이 흔하지만, 마음이 천박해서는 도금을 한 수저일 뿐이다. 그런데도 필요 이상 뽐낸다면 인성 문제다. 아무리 좋은 여건도 겸손의 보자기로 덮지 않으면 사치와 방종으로 끝난다. 경제적으로는 넉넉할지언정 가난해도 꿈과 이상은 높이 둘 수 있는 흙수저 교훈이 아쉽다. 드물게 부유한 집에서 의식주는 고급인데 언행을 가다듬지 않으면 도금을 입힌 금수저 집안이라고 폭로하는 셈이다. 또래 중에는 초등학교 졸업과 동시에 집안일을 돕는 애들이 많았다. 나는 그래도 배웠다는 치기가 동할 때는 교훈을 생각했다. 오빠와 남동생도 삼동네 유일한 대학생이었지만 학벌을 내세우지 않았다.

　가끔 아버지의 논을 생각한다. 가물 때는 하늘만 봐야 하는 하늘바라기에 천둥이 울지 않으면 모내기도 힘든 천둥지기 논이다. 비 때문에 곤란을 겪는 다랑논 또한 흙수저이다. 바닥이 깊은 고래실논과 물이 흔한 무논은 금수저였다. 오죽하면 문전옥답이라고 대접해 왔다. 인생을 경작하는 농부라면 아버지처럼 천둥지기도 괜찮다. 초가을에 보면 잘 익은 벼 이삭이 금빛 활도같고 금덩이 몇 개를 던져놓은 듯 반짝인다. 해거름에는 가을도 낙엽으로 지더니 은행나무가 금돈을 쏟아낸다. 썩 좋은 논은 아니어도 금수저의 기반을 다진 것을 보면 유산으로 받는 이상의 가치가 있다.

　금수저와 흙수저 집안을 비교해 본다. 금수저는 여건에 감사하고 흙수저는 악조건에서도 꿋꿋한 의지가 필요하다. 고기가 흔한 집은 금방금방 줄 수 있어도 잡는 방법을 전수받은 흙수저는 미래가 있다. 가끔 그 집 창가의 별이 더 빛난다면 어떨까. 별은 어디서나 반짝이지만 가난한 집에서 보는 별은 소망이다. 흙은 묻었을지언정 옥수저 차원이다. 그 아버지 재력은 약해도 밥상머리 교육에 성공했다면 옥수저 부모로 존경받을 수 있다.

 금수저 집안이 최고일 수는 없다. 돈 많은 그 집 거실에는 웬만한 집 한 채 값 되는 양탄자가 있을 것도 같지만, 가령 그런 집 아들 소원이 가족과 단란하게 밥 한번 먹는 거라면? 어떤 집이든 좋은 점은 있는데 그 말들은 부모를 경제력으로만 평가하고 있다. 특정 인물에 대한 지적도 아니고 일괄적인 비유였으나 예민한지 몰라도 영 찝찝하다. 흙수저 부모로서는 능력에 대한 자괴감이 들지 않을까 싶게 직설적이다.

 금수저를 쥐여 주면 하늘 같은 부모로 대접해야겠지만 과연 그럴까. 기발한 표현이지만 인격이나 품성이 재력에 가려질 것도 문제다. 부모라는 이름이 무색할 만치 무관심한 사람도 있으나 흙수저 타박은 심했다. 경제적으로는 열악한지 몰라도 평소의 가르침이 삶의 지표가 된다면 금수저만치 귀하다. 내가 지금도 아버지를 금수저보다는 모본이 될 말씀을 들려주신 옥수저 부모로 생각하면서 더욱 애틋해지는 것처럼 그렇게.

마침내 산벚꽃 떨어지던 날

　봄에도 추운 날씨가 있다. 추운 것은 물론 눈보라까지 친다. 꽃샘추위에 항아리가 깨지는 일도 흔했다. 하늘이 뿌옇게 흙꽃이 날리고 흙비가 내렸다. 손이 곱을 정도로 추워서 겨울옷을 다시 꺼내 입기도 했다. 꽃샘추위 꽃샘바람이 다녀간 탓이다. 철부지 때는 그렇게 봄이 되는 줄 몰랐다. 꽃 피는 것을 시기보다는 오히려 꽃을 피우기 위한 거란다. 추워서 옹송거리는 꽃샘도 불청객이라고만 치부할 게 아니었다. 어쩐지 덜 추운 것도 같다.
　어느 해는 갓 피어난 꽃망울에 엄청난 눈이 쌓였다. 지금은 꽃샘이 그 정도는 아니지만 밤새 내리고도 한나절까지 내리곤 했다. 봄눈 맞은 꽃은 글썽이는 듯 울먹이는 듯 영롱하게 고운데 눈보라까지 몰아쳤다. 그럴 때마다 과수원 사람들은 올 농사 글렀다는 탄식에 땅이 꺼진다. 인간은 역시 한 치 앞을 모른다 싶지만, 꽃을 아껴서 바람이 그칠 경우 아무리 예쁜 꽃망울도 벙글지 못한다.
　봄꽃은 특히 꽃샘바람에 핀다. 보통 볕을 받아 피는 줄 알지만, 더 큰 배경은 바람이다. 꽃대를 피우고 꽃을 물들이는 것은 햇볕이지만 꽃망울이 벌기 위해서는 바람이 불어야 했다. 꽃이 핀 자리에는 열매까지 달린다. 벚꽃이야 자그마한 버찌 정도였으나 살구니. 복숭아 사과는 어엿한 과일이다.

 어디 심술 놓을 게 없어 열흘 정도 붉은 꽃에 심술을 놓는가 했더니 그렇지 않으면 꽃도 필 수 없고 탐스러운 열매는 더더욱 가당치 않다. 꽃은 물론 열매까지 보자니 오죽하면 꽃샘을 일러 미친바람 같다는 표현도 수긍이 간다. 옷깃을 여미게 되는 추위는 몰라도 푹푹 빠지는 춘설은 정말 굉장치도 않았으므로.

 꽃도 꽃이지만 하도 예쁜 풍경이라 심술을 놓는다. 하늘도 구름 한 점 없이 맑다. 어수선해도 바람에 모두 날려가서 푸른 하늘과 산뜻한 풍경을 보게 되었다. 풍경이야 언제든 예쁘고 곱지만, 침묵의 겨울 끝이라 더욱 새롭고 감동이었다.

 모퉁이 돌아가면 산벚꽃 나무가 구름송이처럼 고왔으니까. 야들하게 올라온 풀밭이 명주고름처럼 부드럽다. 푸른 신록에 꽃도 예쁘고 새들까지 노래 부른다. 여느 때도 피지만 무더기무더기 진달래처럼 벚꽃처럼은 아니다. 먼 산자락에도 뽀얗게 드러난 곳은 산벚꽃 피는 자리이다. 한여름 녹음을 보면 초록도 특별할 건 없으나 갓 돋아나는 새싹은 연둣빛 빛깔부터 다르다. 초록이라 해도 갓 태어난 연둣빛 신록은 봄의 상징이었기 때문에.

 더불어 그게 또 인생이라면 주저할 건 없다. 따스한 봄 배후가 절반은 꽃샘에 바람이라면 찬란한 인생 찬가의 배경에도 우여곡절이 도사려 있다. 편편이 주옥같은 노랫말 가사에 웅장, 화려 멜로디를 위해서는 드라마틱한 삶이라야 했다. 태풍이 지나가야만 노련한 선장의 면모를 알 수 있다. 그 위에 푸른 하늘까지 볼 수 있다면 답은 벌써 정해진 게 아닐까. 적당히 편하고 적당히 순조로울 때는 어떠한 인생 찬가도 나올 수 없기 때문에.

우리도 꽃샘처럼 난데없는 운명이 몰아칠 건데 그럴 때마다 과정이라고 보면 되겠다. 꽃은 물론 탐스러운 인생 열매를 위해서라는데 참지 못할 이유가 없다. 꽃샘 같은 경우 연년이 지나가듯 인생도 곡절이 많았다면 곧 한그루 인생 나무의 밑거름이었다. 지금 이 꽃 피고 새 우는 풍경도 겨우내 엄동 추위와 봄내 입춘 한파를 견딘 끝에 저리 꿈속의 풍경이 되었고 환상적인 눈으로 보는 그동안도 꽃샘바람이 불어가던 것처럼 그렇게.

문득 벚꽃 가지 하나를 휘어잡았다. 조목조목 이파리가 꽃 떨어진 자리에 초록을 달았다. 벚꽃은 처음 필 때보다 바람에 볕에 갈수록 빛깔 바래더니 이파리는 점점 푸르다. 꽃은 떨어져 열매가 될 테니 빛은 바랠 수밖에. 잎은 또 열매를 위해 자외선을 차단하고 탐스럽게 키우기 위해 점점 푸르러진다.

꽃은 떨어져도 새파란 잎이 나오면서 앞으로의 태풍에 대비한다. 지는 꽃은 바람을 탓하지 않는다. 누구 탓이 아니라 겨울을 봄으로 바꾸는 운명 때문이었으니까. 나무는 특별히 바람이 아니면 자랄 수 없다는데 하물며 인생 나무이다. 꽃은 꽃의 수한이 끝나고 낙엽은 낙엽의 운이 다 된 것처럼 우리 또한 꽃이 떨어지듯 운명이지만 한 번씩 두 번씩 넘어질 때마다 삶의 줄기도 푸르러진다.

나무는 또 꽃과 열매와 그늘까지 좋아야 제 몫을 하듯 인생 나무도 자기 나름 소망의 꽃을 피우고 목표를 향해 후덕한 인품의 가지를 내면서 채워야 하리. 그렇게 한여름 녹음까지 푸르러지다가 늦가을 단풍에서 낙엽으로 떨어질 준비를 하는 게 그 한 살이라고 보면 인생도 다를 것은 없기 때문에.

 산벚꽃 피는 골짝에 앉아 있으니 세상 부러울 게 없다. 쑥을 뜯으러 나왔다가 말 그대로 꽃 피고 새 우는 풍경에 그리 팔렸다. 기왕 나왔으니 좀 캐야지 하면서도 눈길은 어느새 거기 쏠린다. 바람이 불고 새가 울어서 그렇지 통째로 봄을 안친 한 폭의 정물화는 미동도 없이 잠잠하다. 사는 게 팍팍해도 가끔 이런 풍경만 볼 수 있으면 무에 불평할 게 있으랴 싶다.

 해거름이 되었다. 이 봄에 한껏 투명해진 산꿩 소리와 수많은 산벚꽃 이파리가 눈이 부셨다. 어스름 저물녘에 보니 삭풍에 펄펄 눈송이 같다. 봄인데도 겨울을 방불케 하는 풍경이 봄 하늘 펼쳐진다. 맞아. 꽃샘에 피는 것도 부족해서 떨어지는 지금도 눈보라에 꽃보라처럼 겨울 분위기를 담뿍 드러내고 있다. 봄꽃이 꽃샘 때문에 곱게 핀다는 사실까지 숙지해 보는 것이다. 마침내 산벚꽃 떨어지는 등성이 언덕에서.

진솔집

"선생님, 옷 하나는 끝내 주게 입으시더니 어째 시들해지셨나 봐요?"
 모처럼 만난 후배가 뜬금없이 묻는다. 지금도 괜찮지만 10년 전 그때는 머리 스타일이며 진짜 멋쟁이였다고 덧붙인다. 기분 좋게 하는 말이지만 지금보다는 봐줄만 했을 거다. 한때는 멋쟁이라는 소릴 자주 들었으니까.
 생각하면 옷이 날개였다. 솔직히 그렇게 사 입고 폼 나지 않을 사람은 드물다. 돈이 생기면 옷부터 생각났다. 신상품이라도 일정 기간이 지나면 세일이 시작된다. 괜찮은 옷은 시작하기 전에도 품절이 된다. 특별한 일이 없는 한 그냥 사곤 했던 것이 언제부턴가 흐지부지되었다. 마네킹 옷에 반해서 입어 보면 치수가 빠듯했다. 그다음 사이즈를 입어 보면 헐렁한 느낌이다. 한번은 그래도 마음에 들어서 사고는 수선을 맡겼으나 찾아올 때까지 번거로웠다. 이래저래 패션에 둔감해졌다.

 새댁 시절 나는 진솔집이었다. 유난히 새 옷을 밝히는 내게 어머님은 흉인지, 칭찬인지 모를 말씀을 하셨다. 헌 옷도 있어야 새 옷이 있는 거라고 했지만 마음에 들지 않으면 가차 없이 버린다. 새 옷을 싫어할 사람이 있을까마는 유달리 심했다. 누구 입으라고 줄 법도 한데 나도 입지 않는 옷을 누가 입으랴 싶어 내키지는 않았다.

친정 부모님 모두 옷에 관심이 많으시다. 평상복과 외출복을 구분해서 입으셨다. 아들딸 일곱 남매가 옷이 날개라고 주장하는 것도 그 여파일 게다. 나하고 바로 밑에 여동생이 특히 그랬다. 잘 사는 사람들은 수백만 원짜리 옷을 사 입겠지만 수입의 몇 %를 쓰느냐로 따지면 여간 시시한 것은 거들떠보지도 않는다. 옷만큼은 타의 추종을 불허한다. 예쁘고 멋진 사람도 많겠지만 나름 멋을 안다고 조금은 자신만만 굴었다.

초딩 시절 때부터 용돈을 모아 티셔츠니 스커트를 샀다. 당시 충주에는 도림 백화점이 있었다. 요즈음 올리비아 로렌 정도지만 비싼 속옷 올인원도 거기서 샀다. 지금 같으면 대단할 것도 없지만, 70년도 초 와이셔츠와 넥타이까지 갖춘 양품점에서 대단한 호사였다. 직장 다닐 때는 노불이니 오리엔탈 등 이름도 세련된 의상실에서 바바리코트를 맞춰 입곤 했으나, 결혼한 뒤에는 무심해졌다. 한번은 평상복 차림으로 친정에 갔다가 아버지께 꾸중을 들었다. 친정에 올 때는 옷에 신경을 쓰라고 돈까지 주셨다. 그때부터 살림하랴 애들 키우랴 잊고 있던 옷에의 집착이 생각나면서 진솔집 소리를 듣게 되었던 것.

고깝지는 않았다. 친정에서 사 준 옷이라 공연히 타박일 수 있다. 더구나 제법 입을 줄 아는 게 못마땅했어도 워낙 옷을 좋아했던 나로서는 삐칠 게 없

진솔집 153

다. 더구나 후천적이 아닌 부모님으로부터 유전이라면 집착은 버리지 못할 거다. 딱히 고칠 마음도 없는 게 아직도 '음식은 한가위처럼, 옷은 시집올 때처럼'이라고 주장하는 편이었으므로.

허황된 욕심은 부리지 않는다. 있는 옷 중에서 나름 코디를 하고 분위기를 연출한다. 옷만 좋아한다는 지청구가 나오지 않게끔 집안일도 열심히 했다. 어느 날 진솔집이 첫물에 잘못 빨아서 망가뜨리는 사람인 걸 알았다. 진솔이 한 번도 빨지 않은 새 옷 새 버선이라면 진솔집은 당연히 새 옷을 좋아하는 사람이다. 멀쩡한 옷을 망가뜨리는 건 줄 알고 뜨끔했으나 바느질 아닌 빨래 차원이다.

진솔집 자부심은 깨지지 않았으나 어디든 바늘을 대야 직성이 풀린다. 며칠 전에도 소매를 고치다가 끝단이 살짝 미어졌다. 바느질도 제법 하는 편이라 실수는 없다고 장담했다가 내력이 폭로된 듯 씁쓸했는데 빨래 문제라니 한시름 놓았다. 우리말이 얼마나 까다로운데 '밤'이나 '배'처럼 동음이의어도 아니고 그 말이 그 말 같은 혼란은 도대체 뭐람.

예쁘게 옷 잘 입는 사람이 있었을까. 어느 날 새 옷을 빨다가 얼룩이 졌다. 그것을 본 이웃 사람 하나가 진솔집이라고 뇌까렸으리. 옷이 얼룩졌기로 피해를 준 것도 아니다. 어떤 옷이든 척 어울리던 모습이 얄미웠을까. 관심이 많다 보니 요모조모 손을 보면서 실수였을 텐데 '옷만 좋아하면 뭐 해. 관리도 못 하면서……'라고 애먼 타박이라면 괘씸하다.

예쁘게 입지 못할 바에는 깎아내리는 말도 하고 싶었겠지. 감각을 살려 입을 줄 사람의 잠깐 실수를 보고는 옳다구나 트집거릴 찾았다. 옷을 좋아하는 멋쟁이라 제 발 저린 추측일 수 있다. 세상 멋쟁이가 얼마나 많은데 감히 내세울 것도 없지만 심술은 나쁘다.

엊그제 매장에 갔었다. 레이스 달린 까만 원피스를 입어 보는 데 한 여자가 잘 어울린다고 칭찬 반 부러움 반 표정이다. 가냘픈 어깨에 팔이 가늘어서 옷을 입어도 태가 난다나? "하지만 무거운 것도 들지 못하고 기운이 없어요"라고 했다. 그래도 야리야리한 옷 입어 보는 게 소원이란다. 과수원집 여자다. 빈 궤짝도 힘들 텐데 얼마나 간절하면 저럴까. 제3자가 봐도 안 됐다.

사과 박스를 다룬 탓인지 하체는 날씬한데 어깨와 팔 부분이 육덕지다. 누가 봐도 선량한 아줌마에 마음씨 좋은 언니다. 부러워하는 말투 역시 샘은 나지만 시기는 전혀 없다. 예쁘게 입은 사람을 보면 덩달아서 기분 좋을 텐데 첫물 어쩌구 진솔집을 들먹인 사람은, 평소 눈 흘기며 지내던 앙숙 관계였으리. 어머님도 약간은 껄끄러운 사이라 그 말씀이 나온 듯했지만 후덕한 건 있으셨다.

단순한 분이라 진솔과 진솔집이나 똑같은 줄 착각하셨다. 진솔은 새 옷이지만 진솔집은 첫물에 망가뜨리는 사람인, 그 사실까지는 모르셨다. 나에게 진솔집은 새 옷만 입는다는 100% 칭찬이다. 자신감도 생겼다. 나 역시 괜한 바느질로 사달이 날 게 걱정이지만 나이가 들어도 적당히 멋은 괜찮겠지. 나야 진솔이기는 해도 진솔집은 아니었으니까. 멀쩡한 옷을 첫물에 망가뜨리기는 하지만 그만치 옷을 좋아하기 때문이었으니까.

네가 먼저 싹 틔우렴

3부

남한강의 봄
4월 다이아몬드
구월에 묵인되는 풋내
아욱이 좋다
세 살에서 다섯 살까지 추억
한겨울 스케치
공주들 사연 유감
시시콜콜 태풍 이야기
창窓
초두루미
가을갈이 속내를 보다
묵정밭
아덴라이 언덕의 노래
노을, 그리움의 강

남한강의 봄

 강 건너 비내섬이 촉촉 젖는다. 해거름 강변에 서 있으면 그리움에서 발원된 섬 하나 엎드렸다. 송홧가루 날리고 가랑비 흩뿌릴 때는 섬도 비 맞아 울먹인다. 가르마처럼 섬 고샅고샅 오솔길 돌아 비내섬의 전설 듣는다. 물안개 자욱하면 섬은 띠처럼 어우러졌다. 맑은 날에도 눈물강 너울 쓴 채 침묵을 지키는 섬 이야기가 추억의 강으로 굽이쳐 흐른다.

 남한강만 한 스케치북에 풍경이 담뿍 들었다. 충주시 앙성면에서도 한참 들어간 골짜기 마을이다. 누군지 여울여울 물줄기부터 새기고 조약돌 굴러있는 강변마을 모습도 집어넣었다. 물속에도 구름이 떠가게끔 입체적인 구성과 바람 소리까지 들려오는 독특한 영상효과이다. 마지막으로 철새와 햇볕 갈대의 천국인 비내섬 살짝 띄웠을 테지.
 비가 내릴 때마다 고즈넉한 분위기 때문에 비내섬인지, 까닭 모르게 슬퍼지면 알맞추 비가 내려서 비내섬일까. 오늘같이 비 오는 날은 지는 꽃 슬프다고 울어주는 빗줄기가 나그네처럼 머무르던 남한강. 오래전 섬 이야기가 생각나면서 슬픔의 강여울에 서 있는 그런 느낌이었는데 물보라에 가끔 눈시울이 뜨겁다.

비내섬에는 봄 여름 가을 겨울이 함께 산다. 철철 아름다운 금강산처럼 비내섬도 4계절 풍광이 다르다. 봄을 뜻하는 금강산 자체가 본명이고 봉래산 풍악산 개골산은 예명이듯 비내섬 또한 봄비 날리는 풍경 때문일 거다. 강원도와 충청북도 어름 깊은 골짜기에서 시작된 30리 숱한 사연도 남한강 지류되어 굽이쳤으리.

길모퉁이에 느티나무 한 그루가 있다. 얼마나 묵었는지 축축 늘어진 가지에 야들야들 새순이 돋았다. 나무든 섬이든 함께 유구한 세월 굽어보았을 거다. 비단처럼 고운 비내길이 섬을 온통 휘감았다. 가랑비에 옷 젖는 줄도 모르고 바라보았다. 어떻게 이름도 예쁜 섬이 태어났는지.

억새를 베어낸다는 말에서도 나왔다고 한다. 우거질 때 보면 땔감으로도 썼을 법하지만, 비 내리는 비내섬이 더 고풍스럽다. 가랑비 날리는 그때 나그네 한 사람이 강변을 걷고 있었을까. 오늘처럼 정말 갑자기 흩뿌리는데 비 맞으면서 딱 걷기 좋은 정도였겠지.

비가 내릴 때마다 걸음걸음 예쁜 풍경이었을 거다. 어느 날 우연히 억새를 베어 묶는 사람을 보았을까. 땔감을 마련하려고 처음 들어간 것은 지난해 가을이었는지도 몰라. 그때나 지금이나 남한강변 억새밭은 고즈넉했다. 뽀얗게 핀 억새꽃이 하도 고와서 낫을 대지 못하고 그냥 나왔다. 끝내는 겨울을 넘기고 요즈음 같은 봄 뒤늦게 베어내는 걸 보고 그 이름을 생각한 것은 아닌지.

　강변 마을에는 고기 잡는 어부 아니면 농부가 많다. 고단한 직업이었으나 풍경만큼은 특권이었으리. 쟁기질하는 농부든, 그물 치는 어부든 해거름이면 천 년 내리 강물과 땅거미 지는 풍경에 빠져들곤 했겠다. 어둠이 깔리는 걸 보면서 고기가 든 통발을 지고 혹은 억새를 묶어지고는 나란히 돌아갔겠지. 비가 오면서 꿈속 같은 비내섬이든 억새를 비어내면서 비내섬이든 잿빛도 같고 물빛도 같은 신비가 오늘따라 새삼스럽다.

　수많은 사람의 감상문에서 전해왔을 법한 비내섬 전설이 아련해 온다. 봄에도 예쁘고 가을에도 낭만적이다. 눈감으면 계절을 등진 채 멀어지던 늦가을이 보였다. 차마 떠날 수 없는지 군청색 하늘과 비내섬 모퉁이를 맴돌았다. 푸르륵 소리 나면 철새가 까맣게 날아가더니 고향으로 가는 길이었을까. 그 다음 서설이 날리면 남한강도 침묵 속에 겨울을 나고 봄을 기다렸던 것처럼.

　저만치 물새 한 마리 날아간다. 이름까지 묘한 섬이라서 흔히 보는 물새도 예쁘고 바람도 싱그럽다. 밤이면 별들도, 저희처럼이나 예쁜 섬 기슭에 내려오겠지? 나도 갑자기 날갯죽지 하얀 새 되어 허공을 차오른다. 강물도 외로워지면 한 점 섬으로 머무른다. 나 또한 외로우면 남한강이 떠오르고 비내섬을 찾는다. 태어난 고향을 찾아가는 그런 느낌이었다. 비 맞아 촉촉 젖는 비내섬처럼 우리도 글썽이는 눈물 섬 하나 있었다.

　강물은 탯줄이다. 비내섬의 오솔길 또한 탯줄이다. 이 세상 태어났다는 증명인 그것처럼 흘러 흘러 예까지 왔다. 골짜기 시냇물이 모여들 때마다 소용

돌이처럼 물보라는 고을고을 사연과 내력을 말해주고 있다. 오래전 비내섬 생길 때도 고샅길부터 똬리 틀었다. 그 길에 낙엽이 쌓이고 물새는 발자국을 새겼다. 비가 오면 안개꽃 같은 환상은 비 내리는 비내섬이라고 부를 수밖에 없다.

조붓한 길 끝자락은 물결에 휩쓸리고 눈물 강 사연 강처럼 예쁜 남한강이 그리움으로 채색된다. 내 삶의 강도 덩달아 촉촉 젖는다. 살다가 힘들면 내 삶의 여울에도 곡절이 둥지를 틀고 감동의 골짜기가 생겨날 거다. 비내섬같이 고즈넉한 여울 굽이칠 테지. 슬프기는 해도 봄꽃이 피는 내력처럼 시내를 이루고 강으로 마침내 바다로 진입할 동안의 전설같이 우리 인생도 그렇게 대단원의 막을 내릴 거라면 비내섬처럼 흘러야 하리.

가을에는 꽁지 붉은 잠자리도 비내섬 경치 보러 오겠지? 물소리 바람 소리만 들리는 곳인데 알음알음 찾아오는 관광객들이 점점 늘고 있다. 철새도 시끄럽다고 떠나버릴 게 걱정이다. 아무리 먼 길도 이듬해 틀림없이 찾아오는 것은 남한강 중에서도 비내섬의 추억 때문일 건데 관광지가 되면 풍경도 깨지고 말 거다.

귓전에 물소리가 정겹다. 비내섬 살고 있는 갈대와 저녁으로 물안개 풍경도 그림인데 가뭄으로 바닥이 보일 때도 처음 흘러온 발원지 추억을 생각한다. 냇물에서 강으로 흘러갈 동안 꽃 여울과 푸르게 녹음 파일 저장하면서 비내섬 비단길에 슬픈 곡절 풀어놓았다. 가끔은 흐르는 세월 강 모퉁이에서 다시 또 되감으며 추억 돌아보리라.

비가 그쳤다. 자박자박 물줄기 따라 비내섬 전경이 또렷하다. 노을 지면 해가 산속으로 떨어지던 빛내림이 예쁘고 먼동이 틀 때는 강물을 끓이는 아침해 빛오름이 예쁘던 그 섬. 딱히 가진 건 없어도 남한강 비내섬만 있으면 충분히 행복할 것 같은 느낌? 푸른 하늘 구름이 예쁘고 물새들 찾아오는 거기야말로 꿈속의 고향이었으니까.

4월 다이아몬드

 4월이면 대청소를 한다. 하루 날 잡아 정원수를 다듬고 잔디밭의 검불을 털어냈다. 이제 막 돋아나는 잡초도 하나하나 뽑았다. 언덕에 지은 집이라 정원이고 어디고 바람에 날려 온 쓰레기로 지저분했다. 대문간의 돌무더기를 정리하던 중, 호미 날 끝에 새끼손가락 정도의 나뭇가지가 보인다. 모로 박혀 있던 것이 풀과 함께 딸려 왔다. 봄이면 밭 주인아저씨가 쥐불을 놓곤 하더니 타버린 가지 하나가 땅에 묻힌 듯 반들반들 흑색으로 빛난다.
 오늘 아침 읽은 글귀가 떠올랐다. '샤프심을 땅에 묻으면 다이아몬드가 된다!'라나 뭐라나? 피식 웃음이 났다. 샤프심은 흑연이다. 4월의 탄생석 다이아몬드와 똑같은 탄소의 결정체이다. 그래서 나온 말이었으리. 풀을 뽑아내면서 본 나뭇가지도 흑단처럼 까맣게 빛난다. 언제쯤 묻힌 건지 몰라도 문제의 밭은 5년 전까지는 무성한 덤불이었다. 그것을 개간했으니 길게 잡아도 5년 안팎일 텐데 흑연처럼 꽤나 짙은 빛깔이다.
 샤프심을 묻을 동안의 환상은 제법 그럴싸하게 들린다. 그런데도 단순히 유머로만 볼 수 없는 기분이다. 다이아몬드가 되려면 우선 120km 남짓 되는 땅속에 묻혀야 했다. 까마득한 깊이는 물론 엄청난 고온과 압력에서 오랜 날 견디게 된다. 줄잡아도 수 천 년 남짓 걸린다. 기적적으로 묻었다 한들 아득히 먼 미래의 후손이 아니면 캐내기 힘들다. 보석 중의 최고봉이라는 타이틀 때문에 사실과 덧붙여 그럴듯한 상상을 했을 테지.

솔직히 그렇게 생각하면서 갖고 싶을 정도로 희귀한 보석이기는 했다. 참고로 지금까지 경매 전시된 것 중에서 가장 높은 가격을 받은 '핑크스타' 다이아몬드는 8,300만$라고 한다. 1$ 한화 현재 시가 기준으로 918억 가량이다. 무게라야 59.60캐럿(11.92g)인 걸 보면 엄청난 금액이다. 1캐럿은 0.2g이며, 커피콩처럼 생긴 인도의 캐럽 나무 씨앗을 저울 양쪽에 놓고 수평을 맞춘다. 바로 그 씨앗의 숫자로 무게를 측정했는데 오죽 여자들의 로망이었으면 샤프심을 묻어서 꺼낸다고까지 했을까.

다이아몬드는 '정복할 수 없다'라는 뜻 아마다스(Adamas)에서 유래했다. 독특한 광채와 높은 굴절률 때문에 '신의 눈물' 또는 '하늘에서 떨어진 별 조각'으로 알려졌으나 원자기호는 흑연과 동일한 탄소(C)이다. 시꺼먼 흑연과 보석의 여왕 다이아몬드의 본질이 똑같다니. 커팅할 때도 58개 면으로 자르기 때문에 빛을 뿜는데 구성 원자가 일치한다고?

특별히 고온과 고압을 견디느냐의 문제로 양질의 다이아몬드가 결정된다. 희귀한 보석이 된 것도 천문학적 가격보다는 완성되기까지의 과정 때문이었을 거다. 땅속 깊이 뜨거운 온도와 상상을 초월하는 압력 속에서 치밀하게 결합된 탄소 원자는 햇빛보다 강한 투과력 때문에 눈부신 광채를 발한다.

깊은 땅속에서 얼마나 고통이었을까 싶지만 다이아몬드 원석은 뜨거운 마그마 속에서 영롱한 빛깔로 태어나기만 기다렸으리.

아무리 봐도 단순히 보석으로만 생각할 수 없는 뭔가가 있을 듯하다. 그 가치는 누가 뭐래도 투명성과 순수성이었으므로. 우선은 다른 물질이 전혀 섞이지 않았다. 결혼예물로 많이 알려진 것도 고귀한 사랑과 영원불멸의 상징 때문이었으리. 현란한 광채는 물론 던지고 깨뜨려도 탈 없이 멀쩡하다. 보석이라면 강도가 약해서 다루기 힘든 것으로 생각하기 쉽다. 보석 중에서도 다이아몬드는 또 화려한 줄만 알았는데 금속을 자르는 절삭기로 이용될 만치 경도를 자랑한다.

어떻게 그처럼 단단한 보석이 될 수 있었을까. 탄소 원자는 4개의 결합이 최우선이다. 다이아몬드는 조건대로 4개가 빈틈없이 맞춰져 있다. 다른 원자가 끼어들 수 없고 결코 깨지지 않는데 흑연은 3개로만 연결되었다. 본질은 같아도 반드시 4개라야 되는 조건 때문에 하나는 보석의 왕으로, 또 하나는 흔히 보는 연필심이 되었다.

그 위에 다이아몬드는 빛이 파고들지 못해서 투명한 빛깔이고, 흑연은 틈새로 빛이 들어오면서 검게 변한다. 3개는 물론 남은 하나까지 철두철미 완벽해질 때라야 최고의 보석이듯 최고의 가치관을 지향할 때라야 삶을 말할 수 있다.

부의 축적보다는 정신적 추구가 우선이어야 하리. 흑연이건 다이아몬드건 똑같이 탄소였던 것처럼 똑같은 어려움이고 시련인데 다이아몬드 인생이 되고 흑연 같은 인생으로도 끝난다. 보석과 연필심의 차이는 단순했지만 견디는 모습에 따라 천양지차로 바뀐다. 나는 과연 다이아몬드 같은 삶을 살고 있는가? 흑연 같은 삶도 본질은 다를 게 없지만 얼마나 더 견디느냐가 관건이다. 지금은 흑연처럼 부서져도 내일이 있다. 흑연도 필요한 광물이지만 원소가 동일하기 때문에 가끔 그렇게 논란의 대상이 되었다.

 참 아름다운 보석이었건만 사치로만 여기고 관심 두지 않았다. 비가 오면 뜨락의 물방울 보석이 더 찬란하게 보였다. 햇빛을 받아 이파리 구를 때는 물방울 다이아몬드로 충분했다. 고작 다이아몬드보다는 투명한 이슬이 더 환상적이었는데 형성 과정을 보니 그 가치는 절대 깨지지 않는 강도 때문이었다. 예쁘고 화려한 것도 보석 중에 으뜸이다. 귀하고 값비싼 보석 이전에 눈물겨운 과정을 적용하면 천문학적인 가격도 수긍이 된다.

 다이아몬드 고향은 캄캄한 땅속이었으니까. 눈부시게 찬란한 환상과는 달리 들끓는 압력 고온에 시달려 왔다. 우리들 인생 고향도 꽃 피고 새 우는 언덕이 아닌 자갈밭 황무지였다. 참고 견디는 동안 다이아몬드 꿈도 수없이 무너졌지만 포기하면 흑연이 되고 마침내 견디면 소망을 이룬다. 흑연도 언젠가는 다이아몬드가 될 테니 다이아몬드와 흑연은 한 끗발이다. 까다로운 인생 방정식도 금방 풀리는 느낌이다. 우리 살 동안의 최고 이념도 어쨌든 참고 견디는 과정이었기 때문에.

 어떻게 살아야 할지 답은 나온 것 같다. 엄청난 압력과 열을 받아 보석의 여왕이 된 것처럼 행복의 무지개는 암흑과 시련의 골짜기에서 뜬다. 연필심 같은 나뭇가지를 보고 잠깐 환상에서 깨어나니 딴에는 수수롭다. 내 인생 다이아몬드를 위해서는 더 많이 힘들고 참아야 하리. 제아무리 어려움도 그럴

수록 정교하고 치밀한 보석으로 태어날 것을 다짐해 본다. 봄 교향곡 들리는 산자락 언덕에서.

구월에 묵인되는 풋내

 따사로운 볕이 들판을 헤집는다. 주택가에 밭 한 필지가 있고 땅콩을 훑고 난 덤불이 수북하다. 옳다구나 싶어 일일이 헤쳐 보았다. 이삭을 줍는 거지만 한참을 뒤져 모으니 작은 쇼핑백에 가득 찼다. 땅콩을 좋아하는 내게는 횡재나 다름없다. 장에 가서 한 바구니 사 와도 되는데 내가 원하는 것은 설익은 땅콩이다. 상품 가치가 없으니 남겨둔 거다. 물컹한 대로 겉껍질만 벗겨서 불그름한 속껍질째 먹으면 상큼한 맛이 돈다. 풋내가 좋은 나는 그렇게 반 정도 익은 것만 찾아다녔다. 통통하니 잘 여문 땅콩에서는 찾기 힘든 맛이다. 그만큼 좋았던 걸까.

 설익은 것을 좋아한다. 시월의 농익은 냄새보다 가을 초입 떠도는 풋내가 더 끌린다. 하늘도 그때는 완전 파랗지는 않다. 가을장마는 지나갔어도 어쩌다 먹구름 틈으로 푸르게 물든 하늘이 앳되다. 구월에 묵인되는 풋내의 배경이다.

붉은 반점 찍힌 풋대추도 살짝만 익었다. 오늘 아침 따 온 풋밤도 푸르스름한 껍질만 벗겨내면 그냥 먹기 좋았다. 아직 구월이라 좀 더 익어야 하는데 껍질이라 해도 얇은 막 보늬는 전혀 떫지 않고 야들야들하니 먹을만하다.
 이제 막 익기 시작하는 풋사과도 감칠맛이 돈다. 며칠 전에도 새파란 아오리 사과를 먹는데 풋내가 나면서도 사각사각한 게 맛있다. 복숭아나 자두 같은 여름 내기 과일이 덜 익을 때는 맛이 떫지만, 구월에는 이렇다 하게 탈은 없었다. 농익으면 팍팍해서 체할 수 있지만 설익은 것은 잘못된다 해도 빛깔 푸른 똥으로 나올 것 같다.
 밭 한 모서리 후벼 파면 애기 주먹 같은 고구마도 몇 개쯤 캘 수 있다. 발그레한 껍질은 물에만 씻어도 훌훌 벗어지고 예의 또 풋내가 느껴진다. 도라지 역시 얼마나 사근사근한지 살피듬이 뽀얗게 드러날 정도이다. 풋내도 풋내지만 다듬기가 편하다. 설익어도 되는 게 가을의 특권일까.
 콩대를 꺾어 알불에 구슬리면 설익은 중에도 맛은 독특했다. 콩꼬투리와 깻송이도 웬만큼 익은 듯 노랗게 물드는 중이다. 결삭은 들깨와 벼 이삭을 담뿍 떠내서 윤곽을 따라 감치면 모듬모듬 수라도 놓을 것 같다. 여기저기 익는 서슬을 보면 바람에 줄 퉁기는 소리가 날 법하건만 시치미를 떼고 있다. 덜 익은 게 스스로도 민망한 것처럼.
 벌레까지 조심스럽다. 섬돌이나 풀밭에 모여 날개를 비벼대고 노래를 해도 자신은 없는지 귀를 기울여야만 들린다. 합창이나 하듯 리드미컬한 귀뚜라미 노래도 어설프게 들렸다. 여치와 쓰르라미 외에 베짱이는 더더욱 신출내기다. 시작은 했는데 언제 끝났는지 당혹스러울 때가 많다. 초록이 완전 주춤한 것도 아니고 단풍 시즌도 아닌 애매한 시점에서 채 익지 못한 구월의 냄새가 난다.

코스모스도 수줍은 듯 풀밭에 숨어 핀다. 얄팍한 달맞이꽃은 창호지에 찍힌 무늬처럼 연하고 투명해서 꺾일까 조심스럽다. 그래서 신경이 쓰이고 좋아하는 것도 초가을 속내이다. 고추도 절반쯤 붉어진 게 끌렸다. 햇고추가 나오기 전 다져서 고춧가루 대신 넣으면 양념 맛이 칼칼하다.

논둑을 지나갈 때도 옹골차게 익은 벼알이 탐스럽다. 진초록일 때는 억세 보이기만 해서 내키지 않았다. 올벼 심은 고래실논은 누렇게 익은 벼 이삭이 벌써부터 금물결인데 그런 속에서 조금씩 결 삭는 이삭이 가을 문턱을 넘고 있다.

가끔은 나무 그늘에서도 그런 느낌을 받는다. 엊그제 도서관 근처의 카페에서 동무와 만나기로 했었다. 약속 시간보다 일찍 나와 출발하는데 사정이 생겼다며 1시간 정도 늦어질 거란다. 알겠다고 통화를 끝낸 뒤 도서관 후문의 공원으로 향했다. 철책 뒤로는 잡목이 우거졌고 여남은 개 나무 의자가 있다. 적당한 곳에 앉아서 책을 읽는데 뺨에 닿는 바람이 상큼하다.

그늘 하면 칠팔월 느티나무가 최고라고 생각했다. 그 무렵 녹음이 입추의 여지 없이 빽빽했다면 지금의 나무 그늘은 허룩하게 보였다. 하기야 그래서 바람이 더 산들산들 불었다. 그늘이라 해도 여름에는 쐐기와 개미가 극성이지만 지금은 따스한 볕과 시원한 수풀이 초가을 느낌이다. 금방 1시간이 지났다. 여느 때라면 갈증이 나고 잠깐 쉬어야 할 텐데 지루하지가 않다. 당연히 풋풋한 그늘 때문일 게다.

얼마 후 동무로부터 연락이 왔다. 기왕 늦었으니 카페로 갈 것 없이 여기서 만나자고 의견을 냈다. 잠시 후 동무는 커피와 케이크를 사 들고 왔다. 널찍한 그늘을 찾아 구수한 커피와 다과를 즐기면서 적조했던 마음을 풀었다.

 군데군데 들꽃 사이로 고추잠자리가 작은 비행기처럼 맴돈다. 드높은 하늘의 새털구름과 수제비구름도 비린내가 날 듯 여리다. 줄곧 봐도 익는 중인데 농익은 것과는 거리가 먼 구월 이미지 그대로였다. 어쩌다 나무 그늘 밑에서의 호사가 오래도록 잊히지 않을 것 같다. 가을의 문턱에서 이제 막 시작되는 익힘을 보았다고나 할지.

 다가올 시월이 완숙한 상태라면 지금은 반숙한 계란이다. 풍성하게 익어가는 정경을 보면 조급할 때도 있으나 아직은 덜 익어도 무관하겠지 싶다. 살짝 영근 채로는 씨앗이 될 수 없다. 더더구나 싹도 틔우지 못하지만 상큼한 풋내는 뇌리에서 떠나지 않았다.

 라면을 끓일 때도 나는 살짝만 익혀 먹었으니까. 된장찌개 역시 건더기로 넣은 호박이며 두부가 설컹거릴 정도로만 익힌다. 무른 걸 좋아하는 사람이라면 더 익혀야겠지만 나로서는 벌써 조리가 끝난 시점이 된다. 풋내가 나기 쉬운 참나물과 시금치 또한 알맞게 잘 데친다. 설익은 풍경을 좋아하다 보니 자연스러운 귀결이었다.

 초가을에 누군가를 좋아한다면 그 또한 풋사랑이다. 손 한 번 잡는 것도 쩔쩔매는 소년 소녀의 귀여운 뉘앙스다. 이맘때 특히 생각나는 걸 보니 나도 초가을 체질인가 보다. 설익은 과일이면서 농익기나 한 것처럼 뽐내는 것도 탈이지만 소박한 마음이면 괜찮다. 농익기는 어려울 것 같지만 어설픈 대로 익

구월에 묶이되는 풋내 171

기 시작하는 구월처럼 시나브로 익어가는 소망을 품어본다.

 해거름이 되었다. 멀리 그림자 하나 끌고 가는 산자락을 보니 가을은 가을이었나? 하루하루 익어가면서 풋내가 사라질 게 아쉽기는 해도 잠깐이다. 시월이면 본격적인 익힘이 시작되고 눈코 뜰 새 없이 바빠질 테니 그때까지만 감상에 젖는 셈이다. 초가을 풋과일이 가끔은 설익은 채로도 맛난 것처럼 그렇게.

아욱이 좋다

  아욱이 땀 흘리는 날은 텃밭에도 물기가 그들먹했다. 무더위에 잠을 설치다가 창문이 훤해져서 나가 보면 아욱도 그제야 잠든 것처럼 게슴츠레하다. 미안하지만 왔으니 한 모숨 잡고 분지를 때마다 날파리가 법석이다. 어젯밤 나도 무더위에 깰 때마다 모기가 앵앵거렸다. 엎친 데 덮쳤으나 그래서 가을이 넉넉하다.
  집에 와서 된장국을 안쳤다. 한소끔 끓이다가 아욱을 넣고 올갱이 한 대접을 넣는다. 달래강에서 한 주전자 움켜 온 거다. 박박 씻은 뒤 물을 채워 놨더니 해감을 하느라고 일제히 혀를 빼물었다. 재빨리 삶아 건져 속을 꺼내고는 국에 넣은 것이다. 고추장까지 한 숟갈 풀면 발그름한 빛깔이 먹음직스럽다.
  올갱이도 올갱이지만 너울너울 자란 아욱이야말로 충청도 최고의 국거리다. 보통 사립문 닫아걸고 먹는 가을 아욱이 최고라지만 오늘따라 탑탑하고 구수했던 맛이 먹을수록 가을 아욱죽 뺨친다. 여름내 땀 흘리며 자란 탓일까.

아욱국 먹을 즈음에는 나도 혈색이 좋아지곤 했기에. 땀이 나지 않아서 뽀송뽀송 체질이 그때부터 땀이 나고 입맛이 돈다.

 찜질방도 물론 있지만 세 시간 네 시간 땀으로 범벅이 되었다가 한바탕 물 끼얹으면 뽀득뽀득 소리가 났다. 두 번 세 번 거듭하면 일주일은 개운했다. 아욱도 여름이면 찜질이다. 씻을 때마다 미끈거리는 것도 한증을 하면서 땀과 분비물 때문이다. 아침이면 그래 이슬이 맺혔나 보다. 첫새벽 나가보면 물방울 집으로 뒤덮였다. 순을 꺾다 보면 바지 밑단이 흥건했다. 밤새 한증에 찜질이더니 촉촉 이슬 내리면서 샤워를 끝냈다.

 주로 유럽과 아시아 등 따스한 곳에서 자란다. 껍질을 벗기고 미끈한 즙을 씻어내는 등 조리가 번거롭다. '아욱국 끓여서 삼 년 먹으면 외짝 문으로는 못 들어간다'고 했다. 살이 찐다는 게 아니고 병약했던 사람이 보양식으로 먹으면 건강을 되찾게 된다는 뜻이다. 소화가 잘되고 노폐물을 씻어 주면서 오히려 다이어트 식품이기 때문에 걱정할 것도 아니다.

 특별히 가을 아욱국은 사위만 준다. 대문 걸고 먹는다는 말은 들었으나 그 정도일 줄이야. 며느리 몰래 먹는다고도 했다. 얄미운 며느리 통통해질까 봐 심술보다는 자기 건강 챙기려는 심산일 게다. 그만치 영양식이지만 나는 6월 아욱국을 대단시하고 있다. 무더위로 형성된 요 근래 아욱 맛은 독보적이었으니까.

 곡식도 무더위 속에서 큰다. 더위는 물론이고 천둥이 아니면 쭉정이가 된다지? 맛도 맛이려니와 영글어도 싹은 틔울 수 없다. 씨앗은 달지언정 대는 잇지 못한다는데 톡톡히 치른 씨앗은 틀림없이 싹튼다. 가을의 결실도 기약하기 어려운 것처럼 인생도 철부지 시절만 있어서는 역경을 극복하지 못한다. 봄에도 맛은 있다. 바람은 싱그럽고 봄볕에 자랐다. 다듬을 것도 깨끗하다. 그냥 씻어 넣으면 향도 좋고 배틀하다. 삐루루 새라도 울면 텃밭인데도 숲속 기분이었는데 지금은 염소 뿔도 녹는 오뉴월이다. 밭에만 들어가도 후끈후끈 열기에 벌레까지 극성이다. 해는 또 얼마나 긴지 넘어가야 잠도 잘 텐데 서산마루에서 늑장이다. 간신히 눈 붙였을 텐데 짧은 여름밤 가뜩이나 쪽잠을 건드렸다. 밤에도 더웠으니 대궁을 분지를 때마다 미끈미끈 땀범벅이다. 노폐물이 빠져나가면서 뛰어난 영양식품이 되었다.

우리도 4월 내기 아욱처럼 통통할 때가 있었다. 어려움을 겪으면서 철이 드는 것처럼 아욱도 푹푹 찌는 장마에 가뭄까지 치르면서 씨앗을 맺는다. 전성기는 그냥 오지 않는다. 인생 찬가는 역경과 시련을 견딘 자의 특권이다. 가을 아욱뿐 아닌 모든 채소와 곡식이 그렇게 씨앗을 달면서 농사가 이루어진다.

텃밭의 풍경도 그랬다. 상추고 쑥갓이고 한낮이면 너울을 쓴다. 하필 무더위 속에서 크나 했더니 봄 작물이 따로 있는 게 아니었다. 갓 자랄 때는 따사로운 볕에 비도 알맞추 내렸다. 미안하지만 그런 날씨는 허우대만 키운다. 통통하기만 했던 시기로 끝나면 여름 아욱 맛은 기대하기 어렵다. 살면서 가장 큰 미덕에 특별한 감동이다. 아욱도 나도 무더위 속에서 넉넉한 결실을 꿈꾼다. 끈적끈적 한증을 끝내고 간신히 잠든 아욱으로 끓여서 오리지널 맛이 되었다. 시련과 의지야말로 강인한 인생관을 위한 필수 과정이었다면서 그렇게.

 아욱만 해도 국거리로만 먹으면 무더위를 견딜 이유가 없다. 초여름까지 너울거리던 잎도 맛있지만, 씨앗으로 영글기 위해서는 한여름의 땡볕과 가뭄이 따른다. 7월이면 대궁 째 뽑아서 말린 뒤 씨앗을 훑어 종이봉투에 보관했다. 사다가 뿌릴 수도 있지만, 유전학적으로도 본 밭에서 씨를 받아 파종하는 게 우수하다.

 그렇더라도 무더위는 힘들다. 6월 초부터 시작된 더위가 언제 끝날지 난감하지만 그럴수록 맛있을 테니 제2의 아욱전성기가 도래할 것이다. 1차 꺾으면 소나기 참에 나오는 고사리순같이 연했다. 잎을 따내는 대로 계속 올라오기 때문에 더위가 주춤하는 처서까지는 국거리 걱정 없다.

 지금은 또 대궁에서 수내기가 나오는 중이다. 통통 살쪄 있으면서도 맛이 부드럽다. 단백질과 지방 칼슘 등이 많아서 소화도 잘된다. 푸성귀값이 뛰는 장마철에도 우리 집 식탁을 풍성하게 해 줄 유일한 채소 아욱 일대기였다. 여름이면 배탈이 잦은 내가 그래서 더 좋아하는지 모르겠다. 음식도 성품이라 하니까. 더불어 가을만치는 아니어도 무더위에 고유의 맛을 내면서 품계가 상승되는 여름 아욱이었으니까.

세 살에서 다섯 살까지 추억

"야! 돈이다. 돈, 돈!"

주영이가 팔짝팔짝 뛰면서 그렇게 외친다. 동전을 보더니 쬐끄만 손에 올려놓고는 짤랑짤랑 소리를 내면서 횡재나 만난 듯 좋아한다. 세 살이니까 돈은 알겠구나 싶어서 5만 원권 지폐를 줬다. 뜻밖에 싫다고 도리질이다. 주머니에 찔러주어도 한사코 사양한다. 그냥 장난감처럼 갖고 놀 수 있는 백 원짜리 동전을 원하는 것 같다. 5만 원짜리면 뭘 해. 짤랑짤랑 소리도 나지 않고 재미가 없는걸? 이라고 했을까.

제 누나와 형은 5만 원과 만 원을 줄 때 반응이 다르다. 욕심이 많아서는 아니고 아직은 어린애라서 10만 원을 준들 아들 내외가 관리하게 된다. 그럼에도 불구하고 우선은 기분 문제일 텐데 항차 동전만 원한다. 나도 어릴 때는 그랬을까?

차르 차르 차르르 동전 쏟아지는 소리가 요란하다. 고사리 같은 손에 백 원짜리 12개가 들었으니 힘에 부친다. 줍는답시고 밟는 통에 미끄러지기도 했다. 안 되겠는지 주머니에 넣고는 못 미더운 듯 다시 양손에 움켜쥔다. 그렇게 놓치고 쏟으면서 한나절 씨름 중이다. 5만 원권이면 액수도 많고 복잡할 게 없는데 뭐 하자는 건지, 꽃보다 예쁜 동심이다. 언제가 될지 이다음 세 살 적 추억으로 간직하면 좋겠다.

 우리 아들도 세 살 때 추억은 있다. 한번은 빨간 운동화를 사게 되었다. 마음에 들었는지 식당에 가서도 옆에 두고 쳐다보면서 밥을 먹곤 했다. 어느 날은 머리맡에 두고 자기도 했다. 밤중에도 쪼르르 현관으로 달려 나간다. 우리 집이라 괜찮다고 해도 몇 번씩 확인이다. 작아져서 신지 못하게 될 때까지 2년을 그랬다. 머리맡에 두고 자거나 몇 번씩 살피거나 둘 중 하나였다. 잠바에 넣고도 잘 있는지 살피다가 여기저기 떨어뜨리는 주영이랑 똑같다. 곁에 두지 않고는 좌불안석인 기질이 아주 판 박았다.
 가끔 그 운동화가 생각난다. 어디를 가든 운동화에 집착하던 모습이 깨물어 주고 싶을 만치 귀엽다. 초등학교 다닐 때까지는 보관해 뒀는데 이후로 어찌 되었는지 기억이 없다. 최근 젊은 엄마들은 아이들 용품을 기념으로 남겨 두기도 하던데 핑계 같지만, 대가족 틈에서 살다 보니 그럴 짬이 없었다.
 그리고는 다섯 살쯤 되었을까, 어느 날 함께 로봇을 조립하는 중이었는데 현관문이 열리면 한마디씩 멘트가 그럴듯했다. 가령 지금은 할아버지가 들어오신다 또는 할머니가, 아빠가 들어오신다 그리고 엉아가 들어온다면서 귀를 쫑긋한다. 함께 놀다 보면 조잘조잘 얘기가 끝도 없다. 현관문 여는 소리에 신이 나서 더 지껄이는 것인데 어쩌다 손님이 올 때는, 어? 지금 문소리는 다르네? 라는 표정이 역력했다.

 그날도 부품을 맞추고 있었다. 아버님이 들어오시는 기척이 났다. 누가 왔을까? 하고 일어났더니 엄마, 할아버지 오셨어. 문소리가 크잖아? 그러고 보니 벌컥? 요란한 소리로 짐작을 하는 것 같다. 아버님은 괄괄한 성격이었다. 이어서 어머님이 들어오셨다. 잠시 후 "이번에는 할머니야!" 라고 기다렸다는 듯 말한다. 기운이 없어서 간신히 미는 것처럼 삐그덕 소리가 난다나 뭐라나?

 아빠가 열 때 문소리는 어땠어? 라고 물었다. 그냥 확 열어젖힌단다. 아버님처럼 소리도 크지만 어린 마음에도 거칠게 여는 느낌이었나 보다. 우리 집 현관문은 치수도 크고 유리로 되어 있다. 육중하고 미닫이라서 그렇게 달라지는 것인데 어린 것이 알기는 용하게 알고 지껄이는 것이다. 끝으로 유치원생인 즈 엉아는 무거운 듯 간신히 연다니 깨알처럼 맞히는 것도 당연했다. 그러던 녀석이 결혼을 한 뒤 성격이며 기질이 똑같은 손자가 태어났다. 아들의 사진에서 빛깔이 바래고 낡은 것만 빼고는 얼굴 윤곽이며 표정과 서 있는 모습까지 닮았다. 아들이 서른아홉이니 삼십 년도 훨씬 전 이야기가 똑같이 재현 중이다.

 아들에게 가끔 그 얘기를 해 주면 어렴풋이 생각이 난다고 한다. 주영이를 볼 때마다 어릴 적 기억이 간절할 텐데 녀석도 5만 원권 지폐를 거절하고 100원짜리 동전을 놓치고 줍던 오늘의 해프닝을 기억하게 될 테지. 내가 저를 보면서 즈 아범의 빨간 운동화 사건을 기억하듯 30년 세월의 후미에서 기억하게 되리. 짤랑짤랑 동전 떨어지는 소리와 함께…….

　주영이의 미래를 컴퍼스로 확산하면 아들의 현재 모습일 테니까. 역으로 아들의 과거를 확산하면 언젠가 세 살배기로 돌아갈 테고, 그 사이에 저마다의 꿈이 있었다. 아들과 손자의 출생연도는 다르지만, 시기적으로는 똑같이 맞물렸다. 아들이 과거 손자 나이 시점이든 손자가 현재 아들 나이가 될 시점이든 세 살부터 마흔 살까지 징검다리를 건너뛰는 게 어기차다. 세 살배기 손자 주영이나 30년 전의 아들이나 어린애인 채 어른을 꿈꾸면서 자라고 또 자라왔을 테니.

　해거름이 되었다. 아들이 그만 가봐야겠다고 주영이를 안고는 대문을 나선다. 하찌 안녕! 함무니 안녕하면서 까딱까딱 고갯짓하는 녀석도 빨간 운동화를 신었다. 현관에 있을 때는 미처 몰랐는데 30년 전과 똑같이 빨간 운동화가 노을 뒤로 선명하다. 녀석도 어디서나 신발을 곁에 두고 밥을 먹지는 않았을까. 아들의 빨간 운동화는 잃어버렸지만, 그때의 아들과 똑같이 생긴 주영이가 똑같이 빨간 운동화를 신은 채 나를 보고 있다. 그 모습이 언제까지고 뇌리에 남을 것 같다. 해거름이면 주홍빛 꽃물 쏟아내는 서쪽 하늘의 노을처럼.

한겨울 스케치

 저게 뭐야? 잔뜩 여민 외투 깃을 풀고 보니 아니나 다를까, 물오리 너덧 마리가 헤엄을 치고 있다. 짐작은 했다. 한겨울 물가에서 얼음지치기라면 녀석들 외에는 없을 테니까. 겨울이면 보는데도 처음인 듯 놀란다. 얼음판에서도 맨발로 돌아다닌다. 세상에나, 우리 어릴 때처럼 썰매를 타고 아주 신이 났다.
 멀리 산자락 눈이 은하수처럼 빛난다. 잠결에도 사락사락 함박눈 소리가 들려왔다. 창문부터 열었다. 감나무에도 소복소복, 장독에도 지붕에도 하얗게 쌓이는 중이었다. 설국에 온 것 같다. 백설의 원시림도 꿈 같은데 늠름한 물오리를 보게 될 줄이야…….
 삭풍이 요란하다. 눈보라 속에서도 마음은 따스하다. 얼마나 추운 날씨였던가. 외투를 입고 목도리에 장갑까지 끼고 중무장으로 나섰다. 금방 손이 얼어붙었다. 발이 시리고 귀 끝이 아렸다. 춥지 않은 소한 없다지만 물오리들 앞에서 어쩐지 부끄럽다. "우릴 보고도 춥다는 소리가 나와? 봐, 봐! 물속에 들어가 있잖아?"라고 웃어젖힐 것 같다.

　추울수록 빛나는 겨울 소나타가 떠올랐다. 허여멀끔 새들보다 겨울 벌판 휘젓는 물오리가 내게는 최고 우상이었으니까. 잘생긴 것은 아니다. 핸섬은커녕 까무잡잡한 얼굴이다. 지금은 함박눈 때문에 돌섬도 같고 수많은 조약돌이 모여 있는 듯 한 폭 그림이지만 여느 때는 갈대밭에서 잘 띄지도 않는다. 초겨울에는 "거무칙칙한 것들이 나와 있네?"라고 할 뿐 무심했다. 함박눈이 쏟아지면서 환상의 주인공들이 깜짝쇼를 준비했던 것.

　추워지면 신나는 녀석들 정체는 뭘까. 철새라 먼 나라에서 죽지가 아프도록 한 달은 날아왔다. 그렇게 터 잡은 보금자리도 풀덤불 갈대숲이었지만 오늘처럼 눈 쌓인 날은 용감하게 뛰쳐나왔을 거다. 어찌나 씩씩한지 모른다. 누구든지 한겨울 얼음을 뚫고 자맥질은 어림없다. 동영상 찍어 볼륨을 키우면 그보다 신나는 겨울 놀이도 없으려니.

　추위는 안중에도 없다. 겨울이 삭제된 걸까. 높파람에 갈대가 흔들리면 물차렵이불이 펼쳐진다. 가만히 있을 때는 둥주리에 웅크린 암탉을 보는 듯 잔잔한데, 섣달도 스무날 냉수마찰도 아니고 맨발로 어쩜 그렇게 태연자약인지. 이열치열이면 이한치한도 되는 것일까. 나 역시 물오리처럼 냉한 체질이라면 방법은 오직 하나 정면 돌파였던 것.

　아무리 그래도 변변한 외투 한 벌 없다. 특별 방수 시설이 탑재된 줄 알았다. 지구상 어디서도 볼 수 없는 방수복이라고 했지만 어쩜 저리 꿋꿋한 거지? 물속을 헤집는 것만 봐도 오싹해진다. 물갈퀴 때문이었나? 방수복은 물론 자맥질에 얼음도 배겨나지 못하나 보다. 다리께서 보면 손바닥만 한 것들이 독수리보다, 알바트로스보다 강심장이다. 외모는 떨어져도 한겨울 물속에서 자맥질을 뽐내는 것은 그들 뿐이겠거니.

 제아무리 난공불락의 성채도 그들에게는 한나절 놀이터다. 한바탕 끝나면 강추위도 썰물처럼 빠져나간다. 특별히 이방 나라 찾아온 떠돌이 새 주제에 텃새를 몰아내고 진치고 있다. 들어온 돌이 박힌 돌 빼낸다고 괘씸죄보다는 남의 나라 땅이지만 꿋꿋이 사는 게 대견하다. 한겨울 헤엄치는 새가 근동에 또 있을까. 오순도순 가족들 또는 알콩달콩 친구들도 같은데 다가가면 왁자지껄 소리가 들릴 듯하다.

 기슭에 모인 녀석들은 얼음을 지친다. 누군가 "모여!"하고 외치면 즉각 달려왔겠지. 물오리의 고향은 눈 쌓인 겨울 벌판이었다. 말도 통하지 않고 어디 사는지도 모를 이방 나라 철새지만 눈썰매장을 보는 듯 시끌벅적 놀 때는 나까지도 신난다. 겨울 최고 로망은 냇가의 물오리였다고. 운명도 그렇게 괴롭히지만, 물오리를 보면서 내성을 키운다. 인생의 자맥질도 계속되리라. 물오리가 있는 한 내 인생도 어둡지는 않을 테니.

 그렇게 추운 날 동치미를 꺼냈다. 애기들 엉덩짝같이 뽀얀 무 토막을 썰어서 탕기에 담았다. 푸짐하고 맛깔스럽다. 처마 끝에는 고드름이 짱짱 달렸다. 광문만 열어도 훈기가 돌았다. 김장이 끝나고도 한 달인데 섣달에 맛이 든다. 항아리 속에서 올망졸망 살림살이가 작은 천국을 보는 듯 소꿉장난처럼 행복했을까.

 초겨울까지는 무덤덤했다가 비로소 익는 동치미나 겨울에도 의기양양 헤집

한겨울 스케치

던 물오리를 보면 초록은 동색이다. 열이 많은지 추울수록 용감하게 뛰쳐나왔다. 둘 다 추위에 맹렬한 스타일인데 아랫목만 파고들면, 여름 무가 맛도 없고 지린 것처럼 그렇게 되었으리. 항아리 속 동치미도 껴안은 채 자맥질이고 헤엄치기였거늘. 썰다 보면 툭툭 비져나온 살피듬과 가느다란 뿌리가 물갈퀴를 닮았기 때문에.

시늉 같지만, 자맥질이 떠오른다. 추운 날도 물오리 가는 길은 녹아 있었다. 동치미가 든 오짓독의 가온자리도 헤엄치기 딱 좋게 살얼음만 잡혔다. 물오리도 그렇게 오종종 휘저을 테지? 대여섯 마리씩 많을 때는 수십 마리씩 패를 지어 다닌다. 방수복 방한복에 물갈퀴 시스템도 대단하지만 크지도 않은 새가 쓰담쓰담 체온을 나눈다. 아무리 봐도 혼자 외로운 물오리는 없었다. 한 마리는 동사할 수 있지만, 체온과 체온의 만남은 기적을 낳는다.

눈 속에서 세 사람이 길을 잃었다. 그중 하나가 추위 때문에 쓰러졌다. 한 사람은 부축해 가려 했으나 다른 친구는 그럴 수 없다고 우겼다. 옥신각신 끝에 남은 사람은 친구를 들쳐 업었다. 땀이 비 오듯 했다. 저만치 혼자 가 버린 친구가 죽은 채 쓰러져 있다. 숲속을 빠져나오는 동안 등에 업힌 친구도 기력을 찾았다. 엄청난 눈보라였으나 두 사람의 온기가 만나면서 동사를 면했다. 장정이다. 무거웠으련만 우정 이상의 뭔가가 있었다.

텀벙대는 물오리와 겨우내 특유의 맛을 내던 동치미도 새롭다. 간이 배면 허룩해질 거라고 무 한 접과 쪽파니, 갓을 넣다 보면 미어진다. 추울수록 온기를 축적했다. 혹한의 날들에서 삶의 진수가 나온다. 성공은 시련을 끌어안는 자의 특권이다. 이방 나라 풍경에서 베껴 온 섭리다. 사나흘은 더 춥다고 했지만, 물오리처럼 덤비는 거다. 인생의 초강력 백신은 고난과 역경이다. 쓰러진 친구를 업고 가다가는 같이 죽을 수 있어도, 함께 살아날 확률은 높다. 해거름이 되고 나는 북극을 옮겨 놓은 듯 예쁘장한 냇가의 스케치를 끝냈다.

공주들 사연 유감

엊그제 단양에서 온달축제가 열렸다. 먼 산에 빨긋빨긋 단풍이 들고 억새가 날릴 즈음이면 역사 속의 온달과 평강공주를 보러 간다. 궁벽진 시골에서 태어나 임금의 사위가 된 희대의 행운남과 그 배필인 평강공주가 떠오른다. 비단을 두른 듯 찬란한 금수산의 단풍축제까지 겸해서.

공주는 임금의 딸이다. 곱게 차려입고는 온갖 호사를 누린다. 그래서 예쁘고 화려한 사람들을 공주라 부르지만, 고생을 자처하는 경우도 있다. 시골 출신 바보온달을 장군으로 출세시킨 고구려의 평강공주가 그 주인공이다. 온달축제는 그들의 스토리에서 나왔다. 울보 공주 때문에 속을 썩이던 평원왕은 "자꾸 울면 바보온달에게 시집보낸다"라고 엄포를 놓았다. 울기만 하던 공주였으나 자랄수록 인물이 뛰어나고 총명했다.

혼기가 차서 신랑감을 고르게 되었다. 아버지 평원왕이 명문가의 신랑감을 물색했으나 공주는 온달에게 시집보낸다 하지 않았느냐고 항변했다. 네가 하도 울어대서 그랬노라 했지만 한 번 내뱉은 말은 주워 담지 못할 거라는 주장은 꺾지 못했다. 궁에서 쫓겨나 온달의 집을 찾아간 공주는 혼인하고 싶다는 청을 넣었다.

 공주는 가져온 금은보화를 팔아 살림을 꾸려나갔다. 온달에게는 말타기와 활쏘기를 배우게 하고 직접 글을 가르쳤다. 얼마 후 사냥대회에서 1등을 하고 왕은 자기 딸과 부부지연을 맺은 온달인 걸 알고는 정식 사위로 맞아들였다. 온달은 평강공주를 만난 뒤 승승장구했다. 무과에 급제한 뒤 영토를 한강 이남의 땅으로까지 넓히면서 대장군의 직책까지 맡았다. 아버지의 노여움을 사서 궁에서 쫓겨난 것 치고는 행복한 결말이다.

 누구나 아는 얘기지만 나도 평강공주 못지않게 고집쟁이다. 누군가 별생각 없이 내뱉은 말도 철석같이 곧이듣는다. 그 사람은 까맣게 잊고는 영문을 몰라 당황하는데 어찌 딴청이냐고 부득부득 따진다. 성격이었지만 홧김에라도 그렇게 내뱉는 사람은 질색이다. 평강공주도 온달에게 시집보낸다 하고 몰라 시침 떼는 아버지에게 반항했다. 기개가 나랑 통한다. 살아 온 환경이 다른 만큼 다툼도 있었겠지만, 아버지를 등진 끝에 죽은 낙랑공주 얘기보다는 정겹다.

 낙랑국의 왕 최리는 고구려와의 동맹을 위해 왕자 호동을 사위로 삼았다. 하지만 낙랑국 정벌을 꾀했던 그는 공주에게 자명고를 찢도록 부추겼다. 여기서 스스로 울린다는 북과 피리는 당시 예언의 능력이 있던 자명고와 자명각 부부로 해석하는 경향이다. 전쟁으로 행군이 시작될 때마다 북과 나팔 등 악기를 선두로 나갔던 것을 보면 그럴싸하다.

언제쯤 쳐들어올지 망보고 있다가 북 치고 나팔 불어 위험을 알렸다는데 만약을 위해 탑재한 자동 예보시스템을 찢고 부숴버렸던 것. 곧바로 쳐들어온 고구려는 낙랑국을 점령했으나 조국을 배반한 공주의 최후는 죽음뿐이었다. 공주의 신분으로 아쉬울 게 없을 텐데도 단지 사랑 때문에 아버지의 나라를 거역하고 배반했던 러브 스토리.

똑같이 아버지를 거역했어도, 온달을 장군으로 키웠던 평강공주에 비해 낙랑공주의 사랑은 허무하게 끝났다. 호동왕자를 따라갔던들 속셈이 있었다면 북을 찢고 피리를 부숴버린 순간부터 틀어졌겠다. 왕자 호동에게 공주는 낙랑국 정벌 시나리오에 끌어들인 단역이었을 뿐이다. 사랑이 아주 없었다면 거짓말이겠지만 더 큰 목적을 생각하면 공주만 억울하게 되었다.

선화공주는 무척 아름다웠다. 소문을 들은 서동은 아이들을 꾀어서 자신과 몰래 정을 통하고 있다는 노래를 지어 부르게 했다. 소문이 무성해지자 아버지 진평왕은 공주를 귀양 보냈고 대기하고 있던 서동은 공주와 함께 달아났다. 이후 서동은 무왕이 되고 선화공주는 왕비가 되었다는 게 서동요 배경인 줄은 누구나 알고 있다.

하지만 2009년 1월 29일 전북 미륵사지 해체 작업 도중에 금제문양 사리호가 나오면서 찬물을 끼얹는 사태가 발생했다. 발굴된 금제봉안기에는 '백제왕후 선화공주'가 아닌 '백제왕후 좌평 사택적덕녀'라고 적혀 있었다. 익산 시민들은 억장이 무너졌을까. 신라까지 가서 데려온 선화공주 때문에 1500년간 전설로 알려진 만큼 폭탄선언이었다.

사리 봉안기 내력의 금판이 거짓일 리는 없고 정비였던 선화공주가 죽고 난 뒤 후비일 가능성도 크다. 발굴되지 않은 유물에서 새로운 내용이 확인될 수도 있지만 천년 내리사랑은 깨져 버렸다. 축제를 보면서 아름다운 사랑에 빠져들었던 숱한 사람들의 로망 또한 신기루처럼 사라졌다.

거간의 상황이 그려진다. 아버지 진평왕은 참으로 난감했겠다. 아무리 딸이지만 일국의 공주가 외간 남자와 정을 통했다. 장안이 떠들썩해지고 조정에서도 들고 일어났다. 귀양을 보냈으나 다시 불러들일 수도 있는 건데 서동이 나타났다. 꿈에 부풀고 설레서 국경을 넘어간 것이지만 아름다운 사랑은커녕 정비로 간택을 받기나 한 것일까.

언니(선덕여왕)와 동생 천만공주는 진평왕의 딸로 신라 왕실 계보에도 나오는데 부모님과 고향을 등진 결과는 백제와 신라 왕실 어디고 사후 기록조차 없는 역사적 부재뿐이다. 백제 왕비로 잘살았을 거라는 상상은 터무니없이 버림받은 채 쓸쓸히 죽어간 것일까. 미륵사지 봉안기에 이름만 있었다면 참 아름다운 스토리에 환상의 커플이거늘 고향 생각에 외로웠다면 섣불리 택한 사랑이 아쉽기만 하다. 서동요의 로망이 깨진 것은 우리 모두의 아쉬움이었을 테니.

공주로 태어났어도 불행을 자초하는 사연이 참 많다. 낙랑공주 같은 경우 조국을 등지면서까지 사랑했던 남자는 돌아섰고 남은 것은 아버지의 분노였지 않은가. 선화공주 역시 소문 때문에도 따라갈 수밖에 없는 판국이었다. 국경을 초월한 사랑으로도 수습하기 어려운 사태를 보면 사랑 이전에 불행한 운명이었던 것. 사랑을 택할 수밖에 없었던 비극의 주인공을 보면 판 박은 듯 똑같다. 다시 태어난들 또 그 길 선택하겠지. 사랑은 누가 뭐래도 여자들의 로망이었다고 하면서.
 맹목적일 때는 어쩐지 불안하다. 온달에게 시집간 평강공주는 그나마도 행복한 유형이었을까. 궁궐에서 자라 궁벽한 시골살이는 힘들었을 것이나 낙랑 선화보다는 해피엔딩이다. 그렇게 생각되는 걸 보면 나 자신 위험한 사랑에 목숨 거는 스타일은 아니었다. 환상 같은 사랑도 아름다울 수만은 없겠지. 백설공주도 일곱 난쟁이 집에서 한때 무수리로 지냈다. 독 묻은 머리빗과 과일 때문에 사경을 헤매기도 했다. 공주라고 예쁘게만 살지는 않는가 싶어 가랑비 뿌리는 오후가 더욱 수수롭다.

시시콜콜 태풍 이야기

 올해는 태풍이 순하게 지나갔다. 해거리를 하는 듯 초여름에 심각했던 가뭄을 제외하면 농사짓는 데 딱히 문제는 없었다. 오래전 전국의 학교에 휴교령까지 내리게 굉장했던 태풍 볼라벤이 떠오른다. 오후 3시에 태풍이 통과할 거라던 그날 인근의 아파트 주민들은 테이프로 유리창을 붙이고 축대를 살피는 등 법석이었다. 농가에서는 유리온실이 깨지고 과수나무가 부러졌다. 바닷가보다는 내륙지방이라 그만해도 피해를 덜었다.
 가을 태풍은 무섭다. 새털같이 떠가는 구름과 말갛게 씻긴 하늘은 전형적인 가을이었다. 바람은 선들선들 벼도 그 새 익는 중이건만 해마다 태풍이 따라붙는다. 초등학교 때 배웠던 사라호 태풍도 1959년 가을에 몰아쳤다. 가을 하면 천고마비 계절이지만 태풍 하면 또 가을이었던 걸까.

 2003년 태풍 매미가 지나갔을 때도 굉장했다. 초속 63km로 진행된 태풍으로 마산야구장의 조명탑이 플라스틱 넘어지듯 쓰러졌다. 부산항에서는 크레인과 컨테이너가 부서지고 주차장의 차들이 바람에 날려 서로 부딪치기도 했다. 특별히 사과 과수원이 많은 일본의 야오모리 현에 타격이 컸다고 한다. 태풍이 지나간 뒤 한 과수원집 주인이 사과나무 우듬지에 여남은 개 남아 있는 사과를 보았다.

 절망 때문에 하늘을 보다가 무심코 눈에 띄었을 테지. 저 사과들이 어떻게 남아 있었지? 라고 하면서 태풍에도 살아남은 녀석들에게 어떤 의미를 붙여 팔 것인가를 궁리했을 것이다. 채 익지도 않은 사과를 따서는 '합격'이라고 쓴 스티커를 붙였다. '이 사과는 어마어마한 태풍에도 살아났습니다. 이 사과를 먹는 학생들도 원하는 학교에 반드시 들어갈 것입니다.'라는 내용을 첨부했다. 엄청난 값으로 팔리면서 화제가 되었다는데…….

 태풍颱風은 북태평양 서쪽에서 발생하는 열대성 저기압이다. 위도 약 5도 부근의 해면 수온이 ℃ 약 27도 이상 따뜻한 바다에서 자주 발생하는데, 가벼워진 공기가 저기압을 만들고 그때 동반되는 폭우와 무더위로 곡식이 영근다. 특이한 것은 그 이름으로, 피해를 받는 14개 나라에서 제출한 140개 이름을 28개씩 5개 조를 만들어 순차적으로 사용한다. 1년에 대략 서른 번 지나가므로 3년 또는 4년마다 돌아오는데, 엄청난 피해를 준 매미 같은 이름은 폐기되고 새로운 이름으로 대체할 때도 있다.

 처음에는 괌에 있는 미국 태풍 합동 경보 센터에서 국가명과 영문의 알파벳 순서로 작성된 이름표를 쓰기 시작했다. 2차 세계대전 이후, 미 공군과 해군의 예보관들은 자신의 아내나 애인의 이름을 사용했으나 여성 운동가들의 반대로 남녀 이름을 골고루 붙였다. 앞서 말한 매미니, 나비니 하는 것 외에도 장미, 너구리 등을 보면 대부분 작고 귀여운 이름이다.

 세력이 약해지기를 바라면서 그런 이름을 붙인다지만 원체 강력하기 때문에 상대적으로 그런 이름일 수도 있다. 하필 수확의 계절에 그래서 더 옹골찬 가을이 될 수 있었다. 폭우가 그치고 나면 풍경은 깨끗해지고 꽃밭의 화초도 물기를 잔뜩 머금는다. 다닥다닥 맺힌 이슬에 하늘이 비치고 조발조발 피어난 꽃송이가 비쳤다.

 여느 때 오는 비에도 엉기지만 유리알 같고 진주 구슬 같은 물방울 진풍경은 이번 같은 태풍이 아니면 보기가 드물다. 시냇물 또한 조약돌이 말갛게 비치도록 맑았으니 아름드리나무가 쓰러질 정도의 태풍이 휩쓸어간 배경효과는 그렇게 특이했다.

 가을이면 태풍에 시달리듯 역경도 불시에 닥쳐온다. 폭우가 쏟아지는 여름에는 혹 미리미리 살피고 대처를 하지만 구월의 문턱을 서성이는 가을 태풍은 무심해질 수 있다. 천고마비 가을에 정말 너무한 것 같지만 여름은 물론 가을 태풍까지 있다면 사는 것도 시련의 연속이다. 무덥고 장마에 비바람까지 굉장치도 않으나 휩쓸고 간 뒤의 하늘보다 푸른 게 있을까. 태풍에도 멀쩡한 과일이 있고 그래서 더 비싼 값에 팔리는 것도 태풍으로써만 터득할 수 없는 지혜라 하겠다.

 태풍과 운명은 여러모로 비슷하다. 주기적으로 찾아오는 게 같고 한바탕 지나갈 때마다 변화가 오는 것도 공통점이다. 신이 내리는 재난에는 이유가 있고, 언제 어떻게 닥칠지 조짐도 있다. 태풍이 오기 전 한동안은 맑은 날씨가 계속된다. 운명 또한 호사다마 식으로 좋은 일 끝에 닥친다. 그 위에 진로를 바꾸는 게 특징이듯 운명 또한 귀추를 파악하기 어렵다. 태풍에도 변수가 있다. 우리도 운명을 극복하면서 가치관이 더욱 원숙해진다. 위기를 기회로 바꿀 수 있었던 사과밭 주인처럼 그렇게.

 살 동안도 수많은 홍역을 치른다. 시련이 없으면 여름의 폭우를 건너뛴 가을처럼 쭉정이로 남을 수밖에 없다. 곡식도 비바람 속에서 영근다. 무사히 여름을 났다 싶으면 가을에까지 찾아오는 것도 그 속성이다. 거두기만 하면 되는데 다 된 밥에 재를 뿌리는 것 같지만 그 과정이 생략되면 쭉정이로 남는다. 끝까지 태풍으로 익힘을 준비하는 셈이다.

 아직 태풍은 몇 번 남았다. 추수를 앞두고 여름보다 굉장한 기세에 놀랐으나 가을이 넉넉하다. 태풍을 통해서 위기가 기회라는 것도 알았다. 시퍼런 벼 이삭도 태풍과 함께 깔이 난다. 가을은 여름을 견딘 자의 몫이고 우선은 태풍에 익숙해져야 하듯 목표 때문에도 시련에 담대해지고 싶다. 가을에도 여전히 무덥고 태풍과 폭우까지 견디는 것 또한 면역성 문제라고 최면을 걸어본다. 따스한 볕은 허우대를 키우지만, 낟알은 태풍이라야 영글듯이 가장 푸른 하늘은 태풍 속에서 나온다는 것까지도.

창窓

  우리 집 창문은 사계절을 스케치한다. 아지랑이 피어나는 봄과 가을의 단풍이든 한겨울 백설이든 보이는 대로 그린다. 그림 중에서도 빠르게 움직이는 그림이다. 무심코 바라보는데 창문만 한 크기에 하늘이 통짜로 새겨진다. 내 마음도 파랗게 물든다. 흰 구름도 성큼성큼 걸어오는 중이다. 한참 바라볼 때는 나까지 둥둥 떠오른다. 꽃처럼 피어나던 뭉게구름이 바람에 흩어진다. 어느새 산봉우리로 쑥쑥 자라더니 돛배처럼 떠간다.
  날아가는 새를 턱 하니 그려 놓기도 한다. 금방 사라지기는 하지만 순간 포착을 보면 굉장한 실력이다. 공중의 새를 화살로 떨어뜨린다는 얘기는 들었으나 창문에 닿는 대로 자동 스케치 또한 쌍벽을 이룬다. 이따금 시냇물 소리까지 동반한다. 큰물이 지면 폭우와 함께 콸콸 내리구르는 아우성이 또렷하게 녹음된다. 며칠 후에는 수정같이 맑은 물소리가 창문을 타고 흘러내린다. 골짜기 돌 틈을 끼고 가던 진짜 시냇물처럼 그렇게.
  해거름에는 노을이 뜨곤 했다. 뒤미처 밤이 되고 거기 뜬 별은 판화이다. 검은색 고무판에 사금파리 또는 유리 조각 모양의 홈을 파고 두꺼운 표지에 콕콕 찍어냈다. 밤하늘 정도 되는 먹지에 다문다문 별을 새겨놓기도 했다. 창문이 스케치하는, 그림도 아닌 그림을 보면서 상상의 나래를 펼칠 때는 그렇게 행복할 수가 없다.

 밤새 장대비가 퍼부었다. 어찌나 뿌려대는지 첫새벽부터 잠이 깼다. 커튼을 치웠더니 자그마한 산새가 폴짝 날아오른다. 비용비용 울어댄다. 소쩍새가 운다. 스케치는 물론 동영상까지다. 올해는 장마가 빨리 왔다. 태풍도 한차례 지나갔으니 풍년이 들려는 걸까. 곡식은 물론 콩이며 팥이며 잔뜩 영글어 갈 테지. 솥이 작을 거라고 미리감치 큰 솥을 준비하라는 지청구가 아침내 시끄럽다.

 무턱대고 울어 쌓다가는 새소리도 뭣도 아니련만 셈여림과 리듬, 선율, 화성까지 나타낸다. 풍경을 복사하는 동영상 달란트도 대단하지만, 새들조차 닮아서 음감이 뛰어난 거라고 멋대로 상상해 보는 아침이다.

 길 건너 벽돌집도 통째로 들어온다. 가끔 그 집 아저씨가 나무를 다듬는 예초기 소리도 들린다. 동네 한복판 같으면 짜증이 나겠지만 빈터라서 시끄러운 줄 모르겠다. 뒷산 어름의 사래 긴 밭주인도 가끔 소독약을 치러 나온다. 참깨를 심은 듯 별초롱 같은 꽃이 피었다. 밭이 커서 한나절은 걸리는데도 풍경 때문인지 소음으로 들리지 않는다. 차들도 조용조용 지나간다. 풍경은 누구에게나 감동이었을 테니 경적 소리도 차마 조심스러웠겠지.

 가끔 소리개인지 뭔지 커다란 새가 날아다녀도 스케치로 보일 뿐 가슴이 철렁하지는 않는다. 그렇게 맴돌다가 병아리를 채간다는 얘기는 오래전부터 들었으나 지금은 대부분 닭장에서 키우기 때문에 가당치 않다. 어쩌다 까옥까옥 갈 가마귀 소리도 아랫마을 살 때는 을씨년스럽더니 여기서는 동영상 효과로 그만이다.

 창문을 격해서 보는 세상은 그렇게 특별했다. 지게문보다 작은 창문에서 두 개의 세상이 펼쳐지는 것이다. 지금 보는 것처럼 아름다운 풍경은 훨씬 미화되지만, 창문이 덜컹거리는 날은 또 그런대로 아늑해진다. 풍경이 미화된다면 먹구름 끼는 날은 답답해야 될 텐데 그 때문에 또 다른 창의 이미지가 나온다. 눈보라 치는 밤일수록 방안은 더욱 따스해지는 것처럼 창문의 마력이다.

 우리 살 동안도 좋은 관계는 물론이고, 어쩌다 삐걱댈지언정 자연스럽게 차단되는 시스템이면 좋겠다. 창의 이미지가 안팎으로 그리 좋아지는 것 또한 비치는 대로 스케치하기 때문일 거다. 좋은 풍경은 물론 언짢은 풍경도 가감 없이 수용한다. 나쁜 관계일지언정 적절히 받아들일 수 있는 것도 하나의 방법이었던 것.

 동영상에서 소리는 차단될 때도 있다. 초여름 아카시아꽃이 한창일 때는 까르르 웃음소리가 들릴 법한데 꽃잎만 팔랑였다. 이팝꽃, 조팝꽃이 만발할 때도 잠잠했다. 꽃은 원래 웃어도 소리는 없다. 하지만 무엇이든 재생하는 창문까지도 침묵을 지킬 줄이야. 풀벌레가 울 때는 풍경은 오히려 삭제되고 소리만 들려온다. 쓰르라미도 풀섶인지 섬돌 밑인지 분간할 수는 없지만, 소리는 갈수록 또렷해진다.

 무논에서 울어대는 청개구리 소리도 초가을 울어 쌓는 귀뚜라미도 대규모 합창에 비하면 한 마리도 보이지 않았다. 청개구리는 몰라도 귀뚜라미는 뒤란을 돌아가면서 보기도 하지만 노래는 이미 끝난 뒤였다. 풍경만 비쳐도 무료할 수 있고 소리만 들려도 시끄러울 수 있는데 두 가지 유형의 하모니가 고풍스럽다.

똑같이 다 보일 때는 시각효과가 높아지고 소리만 들릴 때는 상상의 효과가 높아진다. 풍경의 확산과 소리의 극대화를 보면서 어떤 경우든 창문의 마력에 빠져드는 폭이다. 새는 그렇게 울어도 눈물은 보이지 않는 대신 멜로디와 선율은 남아 있듯이.

창문을 닦는다. 꼼꼼히 닦은 뒤 바라보니 앞산이 더욱 산뜻하다. 다만 환기를 위해서 낸 창인데 내일은 또 어떤 풍경을 선보일지 설렌다. 날아가는 새와 구름이 찍힐 때만큼은 저택의 강화유리보다 고품격이다. 진줏빛 우아한 커튼도 좋지만 푸른 하늘을 보려면 거추장스럽지 않을까. 커튼과 블라인드를 치우지 않아도 눈에 척 들어오는 하늘이라야 느낌이 생생할 거다.

외출을 하면서 마지막으로 커튼을 치고 현관을 나설 때도 파란 하늘이 발목을 잡곤 했다. 엊그제도 나들이옷을 갈아입은 뒤 문단속을 하고 나가려 했더니 갈수록 또렷해진다. 그러다가 바람에 흩어지기도 해서 기다렸던 것이다. 하지만 종내 바뀌지를 않는다. 외출할 때마다 걱정 아닌 걱정에 시달릴 것 같은, 그 또한 행복의 목록에 적어두었다. 창문이 있는 한 내 마음도 똑같이 멋지고 예쁜 풍경으로 채워질 테니.

이제는 마음의 집에도 푸른 창 하나 내고 싶다. 비단보다 고운 게 마음이고 그 마음 하나 바로 갖기가 참으로 어렵지만, 창밖의 세상을 보면서 갈고 닦으면 되지 않을까. 바람 불고 태풍이 몰아치는 밤에도 그다음 뜨게 될 푸른 하늘을 생각해야 하리. 혹 구름이 끼고 눈보라 몰아칠 때도 별 반짝이는 하늘을 꿈꾸는 거다. 요즈음같이 무더울 때는 창틀에 덩굴을 올리고 작은 꽃떨기 하나 심으면 그보다 아름다운 풍경은 또 없을 거라고 하면서.

초두루미

　뚜껑을 여는 순간 시큼한 냄새가 코를 찌른다. 초여름이면 솔잎을 따서 엑기스를 담고는 물에 타 먹는다. 식초의 원조로 볼 수 있겠다. 오늘 아침 전시관에서 초두루미를 보았다. 부뚜막에 놓고 쌀 막걸리를 빚어 초눈을 틔워 먹은 항아리로, 초파리 등의 벌레가 번식하면서 천연 식초가 된다. 주택 구조가 바뀌고 인공 식초가 나오면서 보기가 힘들더니 웰빙 붐을 타고 등장했겠지.

　하필 초두루미라고 불렀다. 잘쏙하니 들어간 목과 벙긋하게 돌출된 입 부분 때문이었을 것이다. 세상 어디를 봐도 그리 놀라운 기능을 가진 항아리는 드물다. 식초를 만드는 옹기그릇치고는 이름도 맛깔스럽다. 먹으면 건강에 좋을 테니 오래 사는 새 이름을 따서 초두루미라고 했지만, 제조원은 고작 아궁이 옆이다. 그을음투성이에 재티가 날릴 때도 행주로 닦으면서 보살폈겠지.

나도 어릴 적 초두루미를 보았다. 대부분 부엌 가마솥 옆에 붙박이로 있었는데 목 부분을 솔가지로 덮어 두었다. 지나치게 시는 것은 물론 불 때는 아궁이라 위생적인 면도 고려했다. 가뭇한 연기 속에서 두루미가 내려앉는 환상이 보였다. 특유의 과정으로 식초가 되는 거지만 하필 초두루미라고 하면서 애잔한 느낌을 받게 하는 것인지.

식초를 먹으면 몸이 가벼워진다는 말을 들었다. 하지만 습관적으로 먹다 보면 중독 현상 때문에 혀까지 굳어져서 말하기도 힘들어진단다. 오래전, 곡마단 구경을 가면 유달리 가냘픈 소녀가 있었다. 얼굴이 희어서 창백하게 보이던 그 아이를 참 예쁘다고만 했는데 곡예를 부리기 위해 곡마 단장이 시키는 대로 먹는다는 말을 들었다. 실제 여부는 확인할 수 없지만, 특유의 약효가 건강 도모 차원을 넘어 돈 버는 상술에 이용된 것처럼 괜히 두렵다.

식초 하면 또 빼놓을 수 없는 여자가 있다. 클레오파트라는 안토니우스에게 한 끼 백만 시스테리어치 음식을 먹을 수 있다고 장담했다. 당시 이집트 왕조는 뒤를 봐주던 카이사르가 암살되고 안토니우스가 로마 최고의 실력자로 등장했다. 클레오파트라는 한 끼 식사로 100만 시스테리 내기를 준비했다. 마침내 연회 시간이 되었다. 테이블에는 2개의 식초 잔만 있었다. 어리둥절해 있는 안토니우스 앞에서 클레오파트라는 백만 시스테리 진주 귀고리를 식초가 든 유리잔에 넣었다. 얼마 후 완전히 녹아버린 진주를 마시면서 다른 쪽 귀고리도 넣으려 하자 안토니우스는 만류했다. 세기말적인 내기에서 보란 듯 이기고 지원을 받아서 나라를 지키게 되었다는데.

진주의 주성분인 탄산칼슘은 식초의 산성과 반응하면서 녹는다. 어떻게 그 사실을 알았을까. 백만 시스테리 진주라면 가격도 어마어마했다. 고대 로마 화폐단위지만 현 이탈리아에서 쓰는 유로가 한화 약 1,200원이라 해도 12억이다. 일설에는 클레오파트라가 태어난 프톨레마이오스 왕조의 가보였으며 1개로 당시 15개 나라를 살 정도라고 했다. 상상을 초월하는 금액보다 놀라운 것은 뛰어난 전략이다. 이 모든 게 또 식초가 아니면 가당치 않았을 테니 전설 같은 배경 또한 신비스럽다.

식초는 오래전부터 내려온 발효식품이다. 신맛을 내거나 식품을 저장할 때도 쓴다. 콜럼버스는 신대륙 항해 때 식초에 절인 채소를 가지고 갔다. 채소를 구할 수 없는 바다에서 식초로 담근 김치는 비타민C의 공급원이었다. 의학의 아버지 히포크라테스는 가래가 끓는 환자에게 꿀과 식초를 섞어서 처방했다. 주로 감기와 폐렴 늑막염 등의 치료제라던 식초는, 그냥 쉽게 말하면 변질된 술이다.

유럽에서는 포도주가 변질되면 식초로 사용했다. 김밥 또는 초밥을 만들 때도 살균 효과가 있다. 14세기 중엽, 프랑스 마르세이유에서 흑사병으로 죽은 사람들을 상대로 귀금속을 훔쳐낸 4인조 도둑의 일화에도 식초가 등장한다. 전염병으로 시체가 산을 이루었다. 그런 곳을 다니면서도 병에 걸리지 않고 멀쩡했다. 경찰의 조사 결과 식초의 효능 때문이었다. 절도 행각에 나설 때는 물론 끝나고 돌아와서도 식초로 몸을 씻었다고 한다. 어떻게 효능을 알았는지 밝혀진 바는 없으나 그로써 살균력이 확실해졌다면 획기적이다.

카르타고의 한니발 장군이 알프스로 진격하던 중 바위산을 만났다. 식초로 바위를 녹인 뒤 요새로 잠입해 들어가서 적을 무찔렀다지. 식초에 녹는 바위는 석회암이다. 바위산도 여러 가지라면 적절히 대처했다. 우리도 어떤 운명이든 봉쇄시킬 수 있는 가치관은 있어야겠다. 오랜 역사와 효능을 자랑하던 식초가 곧 시어빠진 와인이라는 것도 놀랍다. 인생관 등이 무가치하게 될 때도 역전의 기회로 삼아야 하리. 언제 어느 때 봉착할지 알 수 없는 운명을 생각하면서.

 식초는 무엇이든 부드럽게 만드는 성질이다. 딱딱한 바위산을 녹이는 것도 그렇고 어릴 때 본 서커스단의 소녀만 봐도 확실하다. 고향집에 있던 것은 아득히 멀어졌으나 이따금 가냘프게 생긴 소녀가 떠오르고 그럴 때마다 언제 하루 사러 가야겠다고 벼르는 중이다. 현대식 주방에서는 만들기도 어렵지만 매끈한 목과 봉긋한 부리는 하늘 높이 날아갈 듯 향수적이었으니까.

가을갈이 속내를 보다

 가을갈이 끝낸 논으로 철새가 날아든다. 고샅길 지나 감나무에는 여남은 개 대접감이 탐스럽다. 까치밥인가 했더니 얕은 가지에 달렸다. 홍시를 만들기 위해서 남겨둔 성 싶다. 밭둑 지나 느티나무는 잎 하나 없이 앙상해도 겨우내 바람이 둥지 틀어 있어 그런지 훨씬 푸근하다.
 논 가운데 집에서 바라보고 있자니 엊그제 내린 비에 흙무더기가 축축하니 부풀어 올랐다. 초겨울 일찌감치 가을갈이를 끝냈나 보다. 벼를 베어낸 뒤 모진 땅 그대로였으면 가뜩이나 썰렁했을 텐데 깊이깊이 갈아서 한결 부드럽다.
 가을갈이, 가을갈이 이름까지 예쁘다. 땅심을 높이고 작물의 뿌리가 잘 뻗게 하려고 고랑고랑 갈아엎는다. 논의 상태에 따라서 깊이갈이와 얕게 갈이가 있고 시기에 따라 가을갈이와 봄갈이로 나누어진다.
 하지만 풍경은 천양지차이다. 봄갈이 끝낸 논은 쏟아지는 햇살에 젖은 보자기처럼 찰랑였지만, 가을갈이 다음에는 대부분 썰렁했다. 갈수록 따스해지는 봄갈이보다, 가을갈이 끝낸 논으로는 겨우내 높바람이겠지만 농사짓는 사람들에게는 해마다 과정이다.

 가을갈이는 미숙논과 볏짚이나 퇴비를 사용한 논에 필요하고 봄갈이는 염해논, 모래논일 때 적정하다. 특별히 봄갈이는 모내기에 맞춰서 하게 된다. 반면 가을갈이는 추수가 끝나는 대로 하는 것이 좋은데 어떤 경우든 토질이 부드러워지고 벼가 잘 자라게 된다. 땅강아지 등이 쑤셔대면 뿌리를 박을 수 없기 때문에 가래질을 하고 철철 갈아엎는 것이다. 한 치를 갈면 한 섬, 두 치를 갈면 두 섬, 세 치 갈면 석 섬이라고도 한다.

 논을 갈아엎는다 해도 깊이에 따라 수확량이 달라지는데, 처음 애벌갈이는 깊게 하는 것이 좋다. 깊게 하면 땅이 잘 삶아진다. 재차 갈아주는 것은 얕게 가는데, 많이 해주면 해 줄수록 더욱 좋다. 먼저 큰 쟁기로 땅을 갈아엎은 다음 꼼꼼하게 갈아 주면 효과적이다.

 가을갈이를 끝낸 농부의 심기를 헤아려 본다. 그즈음이면 추수를 끝내고 한시름 놓을 때다. 일에 지치고 힘들어서 손을 놓고 싶었을 텐데 얼마 후 또 저렇게 갈아엎기는 쉽지 않았을 거다. 가을걷이 끝난 논에서 연달아 가을갈이는 미루고 싶었겠지만 결단을 내렸을 테지. 힘들기는 하지만 바쁜 봄철에 여가도 생기고 뿌리심이 강해지면서 풍작이 될 거라고 하면서. 우리 대부분 봄에 갈아엎는 춘경에 익숙하지만 어떤 논은 봄갈이보다 가을갈이가 더 적당한 모래논일 수도 있기 때문에.

 우리도 살면서 인생의 밭을 갈아엎는다. 그래야 생각의 뿌리가 뻗어나가고 풍요로운 삶으로 바뀐다. 갈아엎는 것도 갈아엎는 거지만 경우에 따라 가을갈이도 감행할 수 있어야겠다. 봄은 따스하기나 하지 추수가 끝난 가을에는 썰렁하고 을씨년스럽고 내키지 않지만 그럴 때 과감히 해치울 수 있으면 여러모로 유익하다.
 특별히 가을갈이 같은 경우 흙이 떠 있는 상태로 겨울을 나면 꽝꽝 얼지는 않기 때문에 이듬해 봄비에도 부드럽게 풀린다. 인생의 밭 또한 운명과 시련 속에서 윤택해진다. 자기만의 생각이나 이념을 갈아엎을 경우 가을갈이 때 지저분한 부스러기와 찌꺼기가 땅속에 묻히듯 언짢은 기억도 거름으로 묻히면서 튼실하게 자라는 여건이 된다. 봄갈이든 가을갈이든 부풀어 오른 흙덩이가 비를 맞으면서 부드러워지는 것처럼.

 특이한 것은 호리갈이와 겨리갈이다. '호리갈이'는 쟁기 하나에 소 1마리를, 겨리갈이는 2마리에 연결한 방식으로 산다랑치 논이 많은 강원도에서 흔했다. 황희 정승이 검은 소와 누런 소에게 쟁기를 물려 논을 가는 농부에게 어떤 소가 더 일을 잘하는지를 물었다는 얘기도 나옴 직하다. 말 못 하는 동물도 제 허물 말하는 게 좋겠느냐고 살금살금 다가와 귓속말을 하던 정경이 추수가 끝난 논으로 얼비쳐간다. 지금은 트랙터로 하지만 그때도 겨리갈이는 흔치 않았는데 전해오는 풍경 또한 토속적이다.
 척박한 논일수록 겨리갈이가 적정하다는 뜻일까. 시기에 따라 봄갈이 가을갈이가 있는 것처럼 우리 삶의 밭도 특유의 방법이 필요하다. 여의치 않을 때는 겨리갈이를 해서라도 부드럽게 만들 수 있어야겠다. 인생 전답이 황폐해지는 것은 대부분 남을 헐뜯고 멸시하는 데서 나오기 때문에 딱딱해진 마음의 밭을 갈아엎을 필요가 있다.

살면서 굳어버린 고정관념도 잘게 부수는 동안 부드러워진다. 황희 또한 괄괄한 성격이었으나 그 일을 교훈 삼아 남을 헐뜯거나 비방하지 않았다. 자기 정진도 필요하지만, 논의 상태에 따라 깊이갈이와 얕게 갈이를 적용하는 것처럼 강도에 따라 적절 맞출 수 있는 것 또한 역량이다.

깊이 갈아야 할 때 얕게 갈이는 몰라도 얕게갈이가 필요할 때 깊이갈이는 무난할 것 같지만 계속될 때는 뜻하지 않은 여파가 따를 수 있다. 논 같은 경우 깊이갈이보다 흙을 다지고 펴는 써레 작업이 급선무일 수도 있는 것처럼 우리 또한 저변을 넓히고 다듬는 일에 주력할 때다. 일 년 농사인 논갈이도 그렇게 달라지거늘 평생을 바라보는 인생은 더 말할 나위가 없다.

가을갈이 끝낸 논이 다시금 고즈넉하다. 해거름, 서리 까마귀 우짖을 때 보면 을씨년스럽지만, 늦가을 자체도 그 이미지였다. 얼기설기 뒤집어진 흙덩이 위로 서설이 날리고 뒤미처 함박눈에 덮이면 꽝꽝 얼지는 않아서 이듬해 농사는 훨씬 수월하단다. 봄갈이도 있지만, 가을갈이가 친근해지는 것도 그 때문일 게다.

내 인생 가을갈이도 삶의 목록에 추가할 수 있으면 참 좋겠다. 뒤집어진 후에도 겨우내 폭설에 눈보라에 시달리겠지만 그럴 때마다 더 깊이 뿌리박을 걸 생각해야겠다. 봄갈이든 가을갈이든 농사에는 필수적이고 그로써 풍작을 기대할 수 있다니 허투루 볼 게 아니지 싶다. 특별히 가을갈이야말로 썰렁한 중에도 수수로웠던 것처럼 인생 또한 갈아엎을 때마다 살풍경하겠지만 그런 속에서 뭔가 달성된다면 또한 과정이고 소망이었으니까.

 지금까지 봄갈이에 치중했다면 앞으로는 가을갈이에 치중해야 할 게다. 봄갈이는 끝내고 나면 어설픈 중에도 꽃피고 새우는 풍경이 추가되면서 그나마 푸근했지만, 가을갈이 끝난 뒤에는 썰렁한 날씨에 을씨년스러워도 가끔은 그런 풍경도 이색적이다. 더구나 그로써 더 풍작을 기할 수 있는 것처럼 넉넉한 결실을 꿈꾸면서 참고 견디는 날들이고 싶다. 가을갈이 끝낸 황량한 모습이야말로 겨우내 봄을 새기고 초록을 꿈꾸는 메아리처럼 빈 들에 울려 퍼질 테니까.

묵정밭

 묵정밭에 민들레가 피었다. 군데군데 오랑캐꽃도 다보록 피었다. 여느 때라면 잡초투성이 밭이었는데 눈길을 끌 때가 있구나!
 묵정밭은 오랜 날 버려둔 땅이다. 다르게는 '묵밭'이라고도 하는데 농사를 짓다 보면 갈수록 산성화된다. 얼마나 묵혀 뒀는지 무성하게 올라온 풀은 보기만 해도 을씨년스럽다. 그러던 것이 몇 해 전부터 봄꽃이 어우러지곤 했다. 냉이꽃으로 뒤덮일 때는 자그마한 유채꽃밭처럼 화려했다. 한여름 쌀뜨물처럼 뿌옇게 피는 망초꽃도 잔잔한 안개꽃이다. 말 그대로 묵혀 둔 밭이었건만…….
 오래된 밭을 묵정밭이라고 할 때는 황폐한 느낌이어야 하는데 오히려 친근하다. 떠나 온 고향 마을의 느티나무 또는 뒷산의 해묵은 소나무를 생각하는 기분이다. 술하고 친구가 오래될수록 좋다는 건 흔한 얘기였으나 아무리 들어도 물리지는 않는 것 같다.
 닳고 해져서 볼품없는 것이 아니라 그래서 더 정이 가고 끈끈하다. 버리려도 버릴 수 없는 그것들은 오래된 만치 정이 들었다. 바이올린과 첼로 등의 악기도 오래될수록 소리가 그윽해진다. 손때가 묻고 정이 들면서 어쩐지 더 예쁘고 정겹게 다가온다면 그만치 깊은 연륜과 정을 드러낸다. 세상에는 오래될수록 좋은 것도 간혹 있다.

이따금 묵혀 둔 추억의 잡동사니를 꺼내 본다. 알아볼 수도 없이 퇴색해 버린 것도 있고 미소를 짓게 되는 기억도 많다. 기쁘고 즐거웠던 일이 아름답게 생각나는 것은 당연하지만 슬픈 기억도 묵은 세월에 투영되면서 추억으로 바뀐다. 해묵은 동굴 바위틈에 핀 물망초가 훨씬 선명한 이미지로 다가오는 것처럼 그렇게.

저녁에는 고등어 조림을 했다. 이태 전에 담근 묵은지를 깔고 고등어에 양념을 끼얹은 뒤 불에 올렸다. 칼칼한 김치 맛과 어우러진 고등어 맛이 깔끔하다. 나른해지기 쉬운 봄날에 입맛을 돋워 준 것일까. 만두를 해 먹을 때도 묵은지가 맛있다. 덜 익은 김치를 다지면 풋내가 난다. 그냥은 신 김치라 해도 꼭 짜서 갖은양념을 넣으면 특유의 감칠맛이 돋보인다.

나 자신 묵은지를 먹게 될 줄은 몰랐다. 묵은김치에서 군내가 나는 요즈음 겨우내 보관해 둔 배추를 꺼내 고갱이만 씻어서 파 마늘 양념에 깨소금과 참기름까지 곁들이면 봄나물만치나 신선했는데 뒤늦게 묵은지 맛을 알게 되었다. 햇김치 신관도 명관이지만 묵은지 구관도 명관이었을까.

먹는 것도 먹도 먹는 거지만, 가끔은 멀어진 고향 산천을 되새기며 어릴 적 부모 형제와 이름조차 가뭇해진 동무를 생각한다. 눈감으면 뒷동산 지저귀는 산새들 노래와 어머님의 자장가 소리가 꿈결처럼 떠오르고 문득 아련해지던 느낌이 선하다.

 묵은 것은 그렇게 향수적이다. 말은 또 묵었다고 하나 새로운 것들의 근간이고 뿌리다. 힘들어도 시간이 지나면서 애절해지는 그 무엇이었다. 우리들 어쩌다 이룬 꿈 역시 까마득히 잊고 있었던 소망 등이 밑거름으로 된 것일 수 있다. 튼실하게 자라도록 마음속 깊이 뿌리박아 둔 것인데 우연히 싹이 트면서 꽃이 피고 열매까지 맺는 경우가 많았다. 그래서 더 소중한 것으로 남는 것은 아닌지 모르겠다. 오늘 본 민들레와 오랑캐꽃이 예쁘고 화려한 것도 묵혀 둔 밭에서 핀 그 때문이었던 것처럼.

 나도 어느새 추억을 되새김질하는 나이가 된 거다. 세월과 함께 추억의 연륜도 깊어지면서 40년 50년 묵은 얘기도 숱하다. 추억은 말하자면 삶의 묵정밭에 핀 꽃들이다. 추억이라고 모두 아름다운 것은 아니지만 그 또한 거름이 된다. 얼핏 보면 황폐해서 꽃이 필 것 같지 않은 밭인데도 언짢은 기억들이 거름으로 쌓여서 새록새록 아름다운 꽃으로 피었을 거다. 누군가는 또 묵정밭에서 추억의 보습으로 묵은 세월을 갈아엎는다.

 우리도 묵정밭이었을 때가 있었지만 시간이 지날수록 추억의 움싹으로 자라곤 했다. 추억은 결국 과거로의 유턴인데 오래전 일일수록 그립고 애틋해진다. 묵은지는 풀풀 군내가 나도 추억이라서 더더욱 애틋하다. 젊어서는 미래를 꿈꾸면서 살지만 나이가 들어서는 추억을 먹고 살 수밖에 없다. 추억은 가시밭길에 솟는 생명수 같은 것이었으니까. 기억이 가뭇해서 그렇지 과거의 향기는 라일락 꽃밭보다 진동했으니까.

묵정밭 풍경이 새삼 떠오른다. 어떻게 그리되었는지 모르나 해묵은 의미를 돌아보게 되었으니 괜찮다. 다시 농사를 짓든 혹은 집터로 바뀔 수도 있지만, 민들레와 오랑캐꽃으로 뒤덮여 있던 묵정밭 기억은 남아 있으리. 우리 삶도 갈수록 황폐해진들 그런 속에서도 나름 꿈을 새기고 소망을 새길 수 있으면 좋겠다. 힘들 때는 묵정밭에서 피는 꽃도 예쁘다는 것을 인생 목록에 추가해 본다. 봄물이 차오르는 언덕에서.

아덴라이 언덕의 노래

참 아름다운 선율이다. 들을수록 차분한 멜로디가, 산새들 날개 또는 산골짝 물소리처럼 해맑다. 눈 감으면 아덴라이 언덕의 초원이 아름답고 바람 또한 싱그럽다. 듣다 보면 구슬픈 중에도 훨씬 밝다. 간절한 슬픔을 뛰어넘은 나름의 배경이 있는 것처럼.

아덴라이 언덕(the Fields of Athenry)은 1970년대 유행했던 아일랜드의 대중가요다. 감잣고개라고도 부르는 민족사상 최악의 대기근 때 얘기로 가사를 썼다고 한다. 마이클이라는 젊은이가 굶주림에 죽어가는 아들을 살리려고 트리벨리언의 옥수수를 훔친 게 발단이다. 1절은 절도죄로 형을 받은 마이클이 아내 메리에게 아들을 부탁하는 간절한 심경과 2절은 또 그에 대한 메리의 다짐. 마지막으로 3절은 그 상황을 객관적 입장에서 서술해 나갔다.

아일랜드는 대서양 동북부에 있는 영국 제도에서 두 번째로 큰 섬이다. 오래전부터 영국의 지배를 받아 오던 중 1846년에 감자 마름병이 퍼지면서 최악의 기근이 찾아왔던 것. 때맞춰 영국에서 옥수수를 들여오기는 했으나 제대로 공급되지 않았다. 옥수수를 훔치다가 멀고 먼 오스트레일리아의 보타니 만灣으로 귀양을 갈 수밖에 없었던 사연이 종일 들어도 물리지 않는 노래의 가사로 남았던 걸까. 기아에 허덕이던 사람들을 생각하면 사치스러운 감정이었으나 유달리 서정적인 노래를 듣는 느낌이 그랬다.

한 줌 옥수수 때문에 유배를 간 마이클과 혼자 남아 있던 아내 메리는 당시 모든 아일랜드인의 불행이었다. 당시는 영국의 지배를 받을 때였다. 아덴라 이 언덕은 흉작으로 먼지만 풀풀 날리는 황무지가 되었다. 식민제도에서 빚어진 아일랜드인의 비극과 저항을 담은 노래라서 향수적인 멜로디로 남은 것일까. 노래를 부른 가수들 또한 어릴 때부터 귀에 익은 내용이다 보니 나 또한 들을 때마다 감동적이던 그 느낌 오래 간직하고 싶다.

숱한 사람들이 기근으로 죽어갈 때도 대영제국 정부는 철저하게 무심했다. 그 무렵 외신에 따르면 보다 못한 이웃 나라에서 구호미를 보내왔다. 그마저 빼돌리기 위한 배가 항구에 정박해 있었다. 수많은 사람이 저항했다가 마이클처럼 유배형을 받았다. 영국 식민지사史에 대한 비판이라기보다 곡에 나오는 젊은 부부의 얘기 때문이다.

갓 결혼할 때는 푸른 하늘의 새들처럼 자유로웠건만 이제는 형을 받아 유배를 가게 되는 마이클과 영원히 떠나보내야 했던 메리의 독백처럼. 유배지로 보내야 하는 마지막 밤 동녘이 훤해지는 걸 보고 무척이나 슬퍼했을 젊은 애기 엄마의 사연이 묻어날 듯 선하다.

수만 리 떨어진 타국이고 백 년도 더 먼저 태어난 사람들 얘기다. 그것이 노래가 된 거지만 지금은 아일랜드 국가대표팀 응원가로 더 많이 알려져 있다. 스포츠팬들에게는 그야말로 준 애국가였다니 민족적 설움이 깃든 노래라서 더욱 간절했으리. 음악을 좋아하다 보니 더 그런 느낌이었을 것이나 이따금 경기장에서 함성처럼 울려 퍼질 때 구슬픈 뉘앙스는 간데없이 명랑한 것도 특이하다. 이기는 게 목적은 아니어도 경기를 전후해서 부를 때마다 최악의 어려움을 견딘 의지를 새길 테니 훈련이 수반되어야 하는 운동 정신과도 웬만치 맞물린다.

아일랜드 사람은 밝고 쾌활한 게 특징이었거늘 별나게 구슬픈 이미지를 보면 명랑한 민족성 또한 세기적 기근 앞에서는 꺾일 수밖에 없었나 보다. 대서양 한복판에서, 멀어지는 고향 산천을 바라보며 끝없이 슬퍼했을 젊은 가장 마이클. 끝내는 고향 땅을 밟지 못하고 유배지에서 죽었을 인생 또한 가엾다. 메리의 불행도 마찬가지였으나 오래전 남편을 태운 배가 수평선 너머로 사라지던 기억을 새기며 살았겠지. 그들 부부 말고도 계속되는 기근 때문에 이민을 떠난 사람도 많았다고 한다. 고향에 돌아오지 못한 슬픔보다는 견딜만했을 테고 그 때문에 특별한 응원가로 되었을 테지.

가령 어떤 노래든 그 만들어진 배경은 있게 마련이고 그런 경우는 대부분 한 개인의 단편적 사건으로 엮어진다. 아니 아덴라이 언덕 또한 한 부부의 사연이었으나 만만치 않은 파장에 무엇보다 역사적 사건을 토대로 곡을 만들었다는 게 특이했다. 가령 아일랜드 국민이라면 누구나 4분 남짓 되는 곡을 부르고 들으면서 암울했던 역사를 되돌아보고 그래서 더욱 친근해진 것은 아닌지.

 영국의 식민지였던 아일랜드는 지리적 조건만 봐도 대륙에 붙어 있는 우리 한반도와 어지간하다. 일본은 또 영국의 식민지 정책을 본떠서 토지 수탈과 언어 말살 등을 자행했다. 우리 또한 보릿고개 내력이 있었던 것처럼 내 좋아했던 노래의 배경 또한 감자 대기근이었다. 이후로도 많은 사람들이 굶주리고 이따금 구호미를 실은 배가 달려오곤 했으나 한편에서는 본국의 쌀을 실은 배가 벨파스타 항구를 출항하고 있었다는 후일담 역시 좋은 쌀은 빼앗긴 채 초근목피로 연명했던 일제의 강점기 흡사하다.

 얼굴도 이름도 모른 채 한 소절 음악으로 알게 된 젊은 부부의 사연이 이웃사람 얘기만치나 짠하다. 아일랜드인이 자기네를 세상에서 가장 슬프고 비극적인 민족이라고 하듯 우리도 외세의 침략이 잦았던 과거사를 들먹이곤 했으니까. 한 나라든 개인이든 어려움은 있고 그 어려움이 행복의 디딤돌인 것도 아름답게 승화된 노래 이덴라이 언덕의 이미지 그대로다. 백 년이 훨씬 넘은 지금 아덴라이 언덕은 암울했던 역사는 아랑곳없이 또 한껏 푸르러질 것 같건만.

 아무튼 좋아하는 노래가 또 하나 생겼다. 대중가요치고는 드물게 예쁘고 서정적이다. 바다 건너 먼 나라의 노래였는데 오래 전부터 들어 온 것처럼 친근하다. 슬프면서도 청승맞지 않고 고급스러운 멜로디 때문에 모두가 좋아하는 국민가요가 되었을 테지. 요즈음 같으면 바다 건너 먼 나라도 금방 다녀올 수 있는데 영영 헤어져 살았겠지 싶어 짠하다. 아무리 그래도 어제부터 틈

날 때마다 들은 게 수백 번 남짓이니, 스스로도 참 어지간히 음악 애호가라는 생각.

 아일랜드의 국장國葬도 하아프였단다. 한 나라의 권위를 드러내는 휘장이 악기 문양이다. 더욱 그런 나라의 노래였으니 온종일 듣는 극성 또한 자연스럽다. 노래도 노래지만 남태평양 보타니 만灣에 있는 남편의 안녕을 기원했을 아일랜드 여자에 대한 연민이었다. 남편 없는 불행도 오랜 날 그리움으로 충분히 아름다운 삶이었겠지. 이별의 슬픔을 안고 있는 한 사랑도 여전했을 테고 훨씬 후에 태어난 나까지도 아련해지면서 충분히 행복할 수 있었으니까.

노을, 그리움의 강

 노을이다. 하루가 꼴깍 넘어가면서 서쪽 하늘에 핏빛 눈물강이 생겼다. 물꼬가 터졌다. 붉은 물이 와락 쏟아지는 걸 보면. 기슭에 물새 한 마리 날아오른다. 날개를 퍼덕일 때마다 꽃잎이 뚝뚝 떨어진다. 매일매일 지는 해가 그렇게 아름다울 수 있다니…….
 빛나는 저녁 해는 붉은 비단실 감아둔 도투마리였을까. 붉은 안경을 쓰고 보는 듯 붉은 언덕과 붉은 초원이 눈부신데 코발트 빛으로 떠오른 호수가 딱 그 자리만치 푸르다. 추억의 돛배 한 척 띄우자마자 찰랑찰랑 물소리가 들린다. 눈앞에 빤히 떠오른 별천지가 예쁘다. 추억의 필름에 담고 싶을 정도로.
 저녁이면 서쪽 하늘 달려가 울먹이는 사람을 알고 있다. 해거름이면 앞뒤 잴 것 없이 달려가서 그리움 쏟뜨리는 사람이다. 언제부터 쟁여둔 그리움인지 하늘과 지평선이 맞닿은 합수머리에서 활활 타오르던 노을강 사연. 하필 왜 서쪽 하늘이었는지, 그리고 왜 오늘이 끝나는 해거름 그 자리에서 펑펑 울어야 하는지 지평선 뻗어나간 봉우리는 혹 알고 있으려나?

넘어가는 태양은 슬펐던 거다. 누구든 풀지 못한 속내가 있었노라고. 참다 참다 저녁이면 서쪽 하늘 달려와 함께 쏟뜨리는 거라고. 그나마도 어쩜 그렇게 타오를 듯 붉은 강인지 몰라. 해거름이면 누구나 그렇다지만 슬픔으로 번지던 저녁노을은 먼 서쪽 나라 사람들의 아침노을로 떠오르겠지. 서쪽 나라 바탕화면은 붉은 색지였다고 하면서.

가끔 그렇게 꿈나라 여행이다. 비행기를 타거나 배를 탈 것도 없이 커튼만 열면 되는 슬라이드 패키지이다. 낯선 곳에 대한 두려움이나 경비를 걱정할 것 없이 짬 나는 대로 볼 수 있다. 며칠 전부터 준비도 아니고 창문에 뜨는 목가적인 풍경 때문에 저녁이면 행복하다.

프리즘을 통과한 햇빛은 빨강 주황 노랑과 초록 파랑 남색 보라 등의 무지개색으로 분리된다. 붉은색에 가까울수록 파장은 길고 산란은 약해지는 반면 파란색에 가까울수록 파장은 짧고 산란은 왕성해진다. 하늘도 태양고도가 높을 때 푸르다. 저녁이면 파장이 짧은 파란색은 흩어지고 파장이 긴 붉은 색만 혼자 저녁강 하류에 이르렀다. 불붙는 강처럼 뜨겁게 뜨겁게 하루를 끓이는 중이었는데.

그리고는 누구였을까. 구슬 같은 해를 담쑥 올려놓은 채 붉은 비단 폭 잣는 손길은. 서쪽 하늘 넘어간 별도 그다음 동쪽 하늘에서 또 다른 빛남을 준비할 테니. 어둠이 가야 밝음이 온다. 오죽해서 어둠의 바탕화면에 별을 새기고 꿈을 새기면서 휴식을 마련했다. 빛의 산란과 파장 때문에 이름조차 고왔던 저녁노을 일대기.

제1장 1막은 그렇게 끝났다. 장면이 바뀌어서 붉은 초원과 푸른 호수는 간

노을, 그리움의 강 219

데없이 바다가 보였다. 눈썹 같은 수평선 지나 굴뚝처럼 보이는 것은 얼어붙은 바다의 등대섬이다. 눈감으면 찰싹이는 파도에 뚜뚜뚜 뱃고동 소리. 불붙은 채 정지된 세상이 갈매기를 날려 보낸다. 금방 또 전원마을로 바뀌었다. 오솔길 돌아 언덕 끝으로 자그마한 시냇물이 나왔다. 드문드문 먹구름이 고향마을의 징검다리를 보는 듯하다. 붉은 비단도 같고 꼭두서니 빛 산자락 잡으러 간들 또 멀어지겠지? 신기루처럼.

 서쪽 하늘 일부를 떼어보았다. 오늘은 노을강에 수장되지만 새로운 태양이 뜨려니 질 수밖에 없다. 내일의 산란을 위해 저녁노을 강까지 흘러온 붉은 빛 연가. 물리적으로는 파장이 길어서 가능했으나 훨씬 더 그리움의 색상이고 기다림의 빛깔이었던 것을. 징검다리 밑으로 고향의 개울이 물굽이를 돌아나간다. 그 강이 또 지금 보이는 서쪽 노을 강으로까지 흘러왔다. 추억도 끝이 없다. 노을을 보고 있으면 괜히 아련해지고 사무치곤 하더니, 파장이 길고 지구력이 뛰어난 붉은 색만 남아서 노을을 만들었다. 기다림은 역사를 낳는다.

 석양의 행로를 역 추적하면 벅찬 희망과 피 끓는 시기가 있었다. 땅거미와 함께 소소한 햇빛은 사라지고 끝까지 따라온들 매일 생기는 것도 아니다. 서쪽 하늘까지 달려왔는데 노을이 뜨지 않을 때는 그대로 종료될 테니 더더욱 소중하다. 짧은 파장과 강한 산란으로 낮 동안 푸른 것도 좋지만 유달리 긴 파장으로 자울자울 떠도는 붉은 빛깔 마인드를 믿는다. 참고 기다리다 보니 노을 강까지 오게 되었다고. 그 물은 또 진홍빛 여울 돌아서 붉은 강으로 부서졌노라고.

그나마도 참 오래 바라보았다. 저리 붉은 빛깔을 두고 어찌 창문을 닫을지 나 또한 지레 조바심이다. 노을도 내가 먼저 창 닫기를 기다렸는지 몰라. 그렇지 않고서야 긴장의 카운트다운도 아니고 저리 애태울 리가 없지. 노을이라고 이름 지은 사람도 핏빛처럼 진홍 물처럼 붉은 축제에 반했으리. 가끔 내가 먼저 창을 닫았는지 노을이 먼저 축제를 끝냈는지 당혹스러운 것처럼 하루의 종착역에서 혼자 괜히 슬프고 그랬겠지? 노을이 파한 뒤에는 먹구름이 뒤덮이면서 잠깐 슬프고 울적였다면서.

 하필이면 서쪽 방향 로망이 짠하다. 방만해도 서쪽 방은 잘 쓰지 않거나 손님용으로 만든다. 유일하게 노을을 볼 수 있는 이 방도 여름에는 덥고 겨울은 춥지만 늦도록 태양이 머무르는 자리다. 특별히 내 좋아하는 노을 방이다. 노을을 반경으로 백족산 줄기와 오남리 들판 지나 고층 아파트가 있건만 그 자리만 푹 떠내도 될 만치 독단의 풍경을 연출했다. 윤곽을 뜨면 물 위의 기름처럼 고스란히 분리될 것처럼. 펄펄 끓는 강이 타올라도 번질 것 같지 않다. 이 또한 사라지겠지만……

 언젠가 내게도 석양이 찾아올 텐데 그때까지 남아서 빛내 줄 뭔가를 찾아야 하리. 산란은 약해도 파장이 길어서 노을까지 만드는 저력은 뭘까. 산란은 추진력이고 파장은 지구력으로 볼 때 혹 미완의 꿈과 소망은 집념이 강한 붉은 빛 아니었을까. 파장에 비해 산란은 강해서 파란 하늘 만들었지만, 곡식도 해거름 지는 볕에 익는다. 속히 이루지는 못했어도 큰 그릇은 나중에 된다니까 그로써 나의 저녁 하늘 수놓을 수 있다면?

 잠깐 뜨고 지면서 어쩌다 볼 수 있는 것도 특별하다. 어린 왕자는 자기 별이 워낙 작아서 마흔세 번까지 보았다지만 나는 왕자가 아니니까. 그 정도는커녕 일 년에 고작 대여섯 번 안팎이지만 자주 보면 또 그렇게 예쁜 노을일 수는 없다. 마지막에 본 어촌과 전원마을 풍경처럼 어릴 때 추억도 가미할 수 있겠다. 노을은, 더구나 그리움은, 멀어진 것에 대한 연민도 되지만 추억을 쌓아두는 보루였기 때문에.

 해가 지고 마침내 어둠이다. 붉은 강 스케치에 빠져 있던 누군가도 화폭을 걷어치웠다. 암흑의 먹지가 하늘을 촘촘 덮는다. 성미 급한 개밥바라기별이 혼자 어둠을 밝힌다. 나도 외로움을 밝히는 사람이고 싶다. 오늘 밤도 내일을 위해 충분히 아름다울 수 있겠지? 어둠을 깨면서 별을 새기는 밤하늘처럼.

네가 먼저 싹 틔우렴

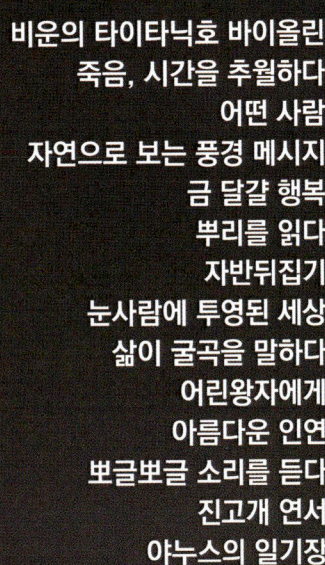

4부

비운의 타이타닉호 바이올린
죽음, 시간을 추월하다
어떤 사람
자연으로 보는 풍경 메시지
금 달걀 행복
뿌리를 읽다
자반뒤집기
눈사람에 투영된 세상
삶이 굴곡을 말하다
어린왕자에게
아름다운 인연
뽀글뽀글 소리를 듣다
진고개 연서
야누스의 일기장

비운의 타이타닉호 바이올린

 오늘도 타이타닉 찬미가를 듣는다. 초호화 유람선 타이타닉호가 대서양 한복판에서 가라앉을 당시 바이올린곡에 맞춰 모든 사람이 불렀다고 해서 더 많이 알려져 왔다. 그 때문에 교회를 다니지 않는 사람들도 알고 있을 법한 멜로디가 들을수록 짠하다. 그 외에도 수많은 곡을 연주했을 텐데 많이 알려진 곡이라서 모두가 맞춰 불렀을까.

 배경을 추적해 본다. 타이타닉호는 1912년 4월 14일 북대서양에서 침몰한 초호화 여객선이다. 그즈음 호화 여객선은 교향악단까지 상주해 있었다. 타이타닉 바이올린은 침몰하기 직전 공포에 떨고 있는 선객들을 위해 감동적인 연주를 했던 하틀리 월리스의 유품이었다. 당시 그는 타이타닉호에서 8인조 단원을 지휘하고 있었다.
 빙산에 충돌한 뒤 물이 차오르자 바이올린 케이스를 등에 묶은 채 몇몇 단원들과 더불어 타이타닉호와 운명을 같이했다. 얼마 후 뒷수습을 위해 부근을 탐색하던 사람들이 하틀리의 사체와 바이올린을 발견했다. 뚜껑을 열자 '마리아'라고 쓴 이니셜이 있었고 주변 인물을 탐색해 본즉 약혼녀 마리아의 약혼 기념품이었던 것.

 하틀리의 시신에 묶여 있던 바이올린은 당연히 마리아가 유품으로 소장하게 되었고 평생을 독신으로 지냈다는데 그녀가 죽은 뒤에도 67년이나 지난 2013년에 경매에 나오면서 그렇게 유명해졌다. 2012년은 침몰 100주년이 되는 해였다. 유품이 공개되면서 경매를 시행한 결과 90만 파운드(약 15억 원)에 낙찰되었다. 세기적 유람선의 침몰사고 후일담으로 충분히 아름다웠던 하틀리 바이올린의 비화가 탄생한 셈이다.

 당시 타이타닉호에는 음악당, 도서관, 체육관은 물론 발레 코트까지 있었다. 오죽해서 1등 칸 객실의 승객들 재산을 합치면 5천조 원이 넘는다고 했을까. 천문학적 숫자다. 얼마나 정밀하게 만들었으면 빙산에 충돌하고도 별다른 조짐이 없었다니 그게 오히려 사고로 이어졌다. 신神도 침몰시킬 수 없다고까지 했건만…….

 몇몇 승객들은 아무것도 모른 채 위스키 잔을 들고 와 빙산에서 떨어진 얼음조각을 띄워 먹기도 했다. 배가 기울어지자 비로소 위급한 상황을 알았다니 불침선 타이타닉호의 전설은 무참히 깨져 버렸다. 외관상 보기 흉하다고 구명정까지 적게 넣으면서 2,200명 정원의 70%나 되는 1,540명이 죽고 만 것이다.

 절대로 가라앉지 않는다고 했던 것과는 달리 1912년 4월 14일 북대서양의 깊은 바닷속에 가라앉고 말았다. 1등 객실의 뱃삯은 5천만 원을 넘었다. 그런 배에 탑승해 있다는 자부심은 자기들 배는 절대 안전하다는 자신감으로 이어졌으나 침몰하기 직전의 분위기는 숙연했다. 구명정도 얼마 되지 않자 사람들은 어린이와 여자들 순으로 보트를 내주었다. 초호화 여객선도 그럴 경우 질서가 무너질 수 있으나 공포에 떠는 사람들을 위해 연주에만 몰두했던 하틀리와 그 단원까지도 한 차원 승화된 모습을 보는 것 같은 느낌.

하틀리는 1878년 영국 콜른에서 태어나 바이올린을 전공한 뒤 호화선박의 항해에서 연주를 맡아왔다. 마리아와의 결혼을 앞두고 역사적인 선박의 항해 도중 변을 당한 것이었으나 아름다운 연주로 죽음의 공포에 떠는 사람들을 위로하고자 했던 타이타닉 영웅이다. 고향에는 그를 기념하는 동상이 세워졌으며, 장례식에는 4만 명이 몰려들었다. 나 역시 가끔 그때 연주되었다는 찬미가에 빠지곤 했으니 타이타닉 여파는 상상을 초월했던 것일까.

하틀리 바이올린은 오랜 날 바닷물에 잠겨 있었기 때문에 온통 낡고 녹슬어 있는 상태였다. 당연히 연주는 불가능한 상태였다. 그렇게 오래되고 낡은 바이올린이 15억 원이라는 어마어마한 가격에 낙찰된 이유는 슬프고도 아름다운 사연 때문이다. 약혼한 상태에서 끝난 젊은 남녀의 사랑도 물론 숭고했다. 더구나 무엇보다 감동적인 것은 잠시 후에는 바다에 빠져 죽게 될 승객들을 위해 아름다운 연주를 하면서 죽음에의 공포를 덜어 주었기 때문에 더더욱 세기적인 명품 바이올린이 되었을 거다.

가끔 대서양 한복판에서 하틀리와 그 단원이 연주했다는 곡이 떠오른다. 한밤중 수많은 사람이 갑판에 모여들었다. 3층까지 물에 잠기면서 이제는 죽음의 바다 검푸른 대서양 한복판에서 얼마나 춥고 슬퍼했을지 상상이 간다. 살아남은 사람들의 증언이 아니어도 그즈음의 음악사적 배경을 보면 경쾌한 왈츠풍과 행진곡 등이 많았는데, 죽음을 앞에 두면 너나없이 비장해지고 애절한 노래가 연주되었을까.

 특별히 하틀리와 그 단원들이 비장한 마음으로 연주했을 정경이 생각할수록 숙연해진다. 그런 상황에서도 연주하고 감상하는 마음은 또 얼마나 착잡했을까. 연주자들이나 듣는 사람들 모두는 살아 온 여건과 취향과 정서 등은 서로가 달랐지만 죽음을 목전에 둔 상황에서는 너나없이 똑같았다.

 그 바이올린 소리가 이승에서 듣는 최후의 선율이었음을 생각하면서 죽음의 공포를 잊었을 테지. 음악의 힘을 다시금 보았다고나 할까. 바이올린의 가치는 역사적으로도 중요한 물건이지만, 죽어가는 사람들을 위해 마지막까지 연주를 담당했던 모습 때문에 더욱 값진 유품이었다.

 가끔 눈물로 연주되었을 타이타닉 바이올린 소리가 들린다. 거대한 난파선에서 모두가 우왕좌왕하는 가운데, 침몰 직전까지 연주했던 윌리스와 단원 그리고 감상하는 사람들 모두 음악으로 하나가 되었다. 그에 대한 동서고금 일화는 많고 많지만 100년 만에 드러난 하틀리 바이올린은 가히 특별하다. 죽음의 그림자도 그 순간은 바다 한가운데서의 연주를 지켜보았으리. 엄청난 비극의 주인공들이지만 마지막을 아름답게 장식하면서 세기적 명품이 되었을 거라는 상상이 바이올린 소리만치나 아름답다.

죽음, 시간을 추월하다

영정 사진 속에서 육촌 오빠가 웃고 계신다. 형부가 부쳐 온 300$를 봉투에 넣으면서 순간 착잡했다. 엊그제도 전화 통화를 했었다. 이승과 저승은 눈 깜짝할 동안의 일이고 그렇게 천양지차로 바뀐다.

오빠는 올해로 여든이시다. 젊은 시절 형부와 같은 회사에 근무했었다. 그러나 형부는 사정이 생겨서 5년째 되던 해 미국으로 이민을 떠났다. 그리고는 45년이 지났으나 함께 지냈던 우의를 잊지 못하고 고향에 올 때마다 선물과 용돈을 챙겨 주신다.

며칠 전, 건강이 나빠졌다는 말씀을 전해 듣고는 보약이라도 사 잡수라고 돈을 보내주신 터였다. 하룻밤 새 돌아가셨으니 부의금으로 넣을 수밖에. 운동을 한다고 현관을 나서는데 늘 신던 신발이 들어가질 않더란다. 왜 이러지 왜 이러지? 하고는 쓰러지신 뒤 그대로 돌아가셨다.

좀 더 사셔도 될 법한 나이라고 모두들 아쉬워했다. 돌아가시고 나면 하나

같이 훌륭하고 무던한 사람으로 기억되지만, 유난히 너그러웠다. 당숙모는 아들만 일곱을 두었는데 여덟 번째로 오빠 혼자 남았다. 금이야 옥이야 쥐면 꺼질까 애지중지 키우셨고 손자 일곱을 잃으신 큰할아버지는 열여섯 되던 해에 결혼을 시켰다.

 초등학교만 나온 언니는 대학생 남편과 남부럽지 않은 신혼을 보냈다. 하지만 예쁜 여대생과 바람이 나지 않을까 불안했단다. 언니도 제법 예쁘고 훤칠하게 생겼지만, 나이도 세 살이나 더 많고 60년대 초반에 대단한 인텔리 시댁인 것도 힘들었을 건데, 오빠는 경주이씨 집안의 아들답게 학벌 낮고 가난한 집안의 딸이라는 약점을 덮어주고 살았다.

 언니는 늘 평생을 고마워해도 갚지 못할 거라고 했다. 그 때문이었을까. 남편을 하늘처럼 받들고 산 것은. 얼마 후 딸이 태어나고 내리 아들 삼 형제를 두었다. 열여섯 된 손자를 결혼시킨 보람은 있었으나 어린 나이에 아버지가 되었으니 황당했겠다. 큰딸하고는 17년 차이밖에 나지 않는데도 또래 조카는 명랑하게 자랐다.

 남들은 끼니도 어려웠던 시절 조카는 피아노 학원에 다녔다. 집에는 피아노에 냉장고, 미쯔비시 밥솥까지 있었다. 누가 봐도 금슬 좋고 화목한 집안이다. 책꽂이에는 국문학과 다니던 시절 오빠가 소장했던 전집류가 가득했다. 우리 오빠는 더 알려진 명문 고려대를 졸업했지만 7살이나 어렸다. 시대적 배경을 생각하면 뜨르한 일이다. 부잣집 아들에, 머리 좋고 잘생긴 수재라도 옛이야기가 될 테니 죽음 앞에는 속절없다.

 특별히 형부가 보내주신 용돈이 부의금으로 바뀐 데 대한 충격도 적지 않다. 돈이 대단해서가 아니라 삶과 죽음은 레일처럼 나란히 가는 동반자였을까. 살아 있다고 산 게 아니라는 뭐 그런 느낌? 삶이 튕겨져 나가는 순간 죽음이 따라붙는 거지만, 레일은 끝없이 이어지듯 또 다른 삶이 그 전철을 밟아나가는 인생사 수레바퀴.

 구두 직공 세몬이 하루는 벌판에 쓰러져 있는 사람을 보았다. 불쌍한 마음에 집으로 데려왔다. 몸을 회복한 미하일은 구두 만드는 일을 도왔다. 솜씨가 좋은지 금방 소문이 퍼졌고 손님도 늘었다. 어느 날 한 부자가 비싼 가죽을 가져와서는 장화를 주문했다. 그 날따라 세몬은 일찍 들어가면서 미하일에게 작업을 맡겼다.
 다 만들어진 신발을 본 세몬은 파랗게 질렸다. 미하일은 장화가 아닌 죽을 때 신는 슬리퍼를 만들어놓았다. 인근에서 뜨르한 부자이다. 어떤 봉변을 당할지 전전긍긍인데, 그 집 아들이 찾아와서는 아버지가 별안간 죽었다며 슬리퍼로 바꿔 만들어달란다. 말이 끝나기도 전에 이미 완성된 슬리퍼를 꺼내면서 빙그레 미소 짓던 미하일.
 장례식장을 향하면서 왜 그 동화가 생각났는지 몰라. 비싼 가죽 장화를 신고 뽐낼 생각에 의기양양했지만 갑작스러운 변고에 죽은 자의 슬리퍼가 될 수밖에 없었다. 미하일은 종이 한 장보다 얇은 삶과 죽음의 경계를 파악하면서 슬리퍼로 만든 것일까.
 삶을 뒤집은 게 죽음이다. 결코 먼 곳에 있지는 않았다. 죽은 사람 묻히는 북망산도 늘 보는 앞산이었다. 진달래 꺾고 물장구치던 골짜기도 죽은 사람에게는 정적만 떠도는 북망산이다. 보약 사라고 보내준 돈은 환전도 되기 전에 부의금으로 들어갔다. 엄청난 재산도 유산으로 바뀔 테니 속절없다.

 오빠는 돌아올 수 없는 강을 건넜다. 누구든 죽음은 태어난 자의 몫이었거늘, 백 년도 못 살면서 천년만년 살 것처럼 군다. 피할 수는 없지만 사는 법을 배우면 죽는 법도 알게 되고 사는 게 수월해진다. 살아서는 말 타고 수레 타고 둘이 셋이 함께도 가지만 마지막 그 길은 혼자이다. 우리는 매일 잠을 통해서 이미 죽음을 겪었으나 막상 닥치면 불가항력이다.

 구둣방에 올 때도 멀쩡했던 신사는 집으로 가는 도중에 죽었다. 영혼이 있었다면 그 좋은 가죽으로 슬리퍼를 만든 속내를 눈치채고 인생무상을 느꼈겠지. 죽음은 시간을 추월하는 나그네였을까. 자식이 부모를 앞세우고 오늘 만난 사람도 밤새 안녕이 된다. 순서도 없이 돌아가고 질러가면서 뒤죽박죽 한 치 앞도 모른다.

 느낌이 묘하다. 내일이면 고향마을이 보이는 뒷산에서 한 줌 흙으로 뿌려지겠지. 경주이씨 집성촌인 우리 마을에서 참 여러 가지로 유명했었다. 아들이 자꾸 죽는 바람에 마지막으로 태어난 오빠는 바위처럼 튼튼하라고 아명이 바우인 것도 온 집안에 알려진 사실이다.

 그런 분이 병원에서 그 밤도 못 넘기고 돌아가셨다. 누군들 죽음 앞에 무사하랴만 형제 중에서 유일하게 남은 분이라 더 각별한 느낌이었을 거다. 끝내는 미국에서 보내온 용돈까지 부의금으로 뒤집고는 형부와의 후일담까지 보태셨으니 끝까지 유명세를 치렀다. 한동안 슬프고 울적했지만, 살짝 미소가 떠오르기도 하는 기억 하나 새겼다.

어떤 사람

한 사람이 사형 선고를 받고 드디어 집행하는 날이 되었다. 마지막으로 할 말이 있으면 해 보라고 하자 금덩이를 한 개 꺼냈다. "이것을 심으면 금 열매가 달리는 보배입니다. 하지만 죄지은 사람일 때는 달리지 않습니다. 저는 이미 죄인이니 임금님께 드리겠습니다."라고 하는 것이다. 임금은 자기가 심어 봤자 열리지 않을 거라고 생각했는지 옆에 있는 벼슬아치에게 "나는 금이 많으니까 자네가 심어서 따게."라고 했다.

그러자 "저도 많습니다."라며 동료를 보고 "자네가 심게"라고 거부했다. 다음 다음 사람들 역시 사양했다. 금은 결국 임금에게 돌아왔고 이 사람을 사형에 처하기에는 자신을 비롯한 모두가 난처한 상황이 되고 말았다. 임금은, "너는 참 지혜롭구나. 죄는 지었지만, 그 때문에 방면하노라."라고 하면서 그를 풀어줬다. 모두 죄의 문제에서 자유롭기는 힘들었던 것일까.

사실이 그렇더라도 권력을 내세워 감행할 수도 있었다. 우매하지 않은 만큼 풀어주면서 난처한 지경을 모면했다. 하지만 고작 사형수에게 당했다. 찜찜

하면서도 심리를 꿰뚫어 볼 줄 안다고 혀를 내둘렀을까.

 사형까지 언도받은 내막은 모르겠으나 범죄심리학을 정립해도 되겠다. 그의 제안대로라면 이래저래 풀어줄 수밖에 없는 상황이다. 막상 받을지언정 그 조건으로 살려줄 수밖에 없고 받지 않아도 자기 양심 때문에 풀어줘야만 하는 복선을 깔아두었던 거다.

 한낱 금덩이 테스트에서 쩔쩔매는 사람들을 보면서 죄도 결국 오십 백 보 아니겠느냐고 쾌재를 올렸으리. 뇌물인데도 받을 생각이 없게 만들었다. 금덩이 어쩌고 할 때부터 허튼수작이냐고 출처를 캐물을 수 있건만 은근 제 발이 저렸던 것일까.

 정당한 소유라 해도 사형수의 재산이라고 압류에 들어갈 수 있다. 하지만 어찌 금덩이가 생겼는지 몰라. 동화가 아니면 가당치 않으나 목숨을 흥정하면서도 자기에게 유리한 쪽으로 이끌었다. 앞으로의 추이를 손바닥에 놓고 들여다보았다. 능수능란한 사람이다.

 사형을 받고 죽을 목숨이었건만 거기 모인 기라성 같은 인물들은 그로써 잠깐 지난날을 돌아보기도 했으리. 한낱 사형수의 말장난에 휘말렸던 거다. 그냥 금덩이였으면 서로들 차지하려고 야단이었을 텐데 죄의 문제를 들먹이면서 꼼짝달싹 못 하게 만들었다. 모여 있는 사람들 역시 오금이 저렸을 것이다. 문맥상으로 보면 사형을 면하고 금덩이까지 가져가서 잘 살았을 테니 뛰어난 전략이다.

 금덩이라고 하니까 열매는 나중이고 냉큼 받아서 심을 수는 있었다. 하지만 누구도 그럴 엄두는 내지 못했다. 재물을 보면 눈이 먼다지만 아무리 탐욕스러운 사람도 자기 양심까지는 속일 수 없다. 어릴 적 학용품을 살 때는 용돈을 올려서 말한 일도 있었다. 딱히 죄는 짓지 않았다 해도 본의 아닌 거짓말 한번 없는 사람 또한 있을까?

 멀쩡한 금덩이를 사양하는 모습은 그래서 더 인간적이었다. 사형을 언도 받을 정도로 죄에 베테랑인 사형수는 아무도 선뜻 받지 못하리라는 것을 정확히 꿰뚫었다. 범인을 추적하는 프로파일러 못지않을 정도로.

 들키지 않아서 그렇지 임금이든 누구든 자기만 아는 소소한 잘못 하나 없다면 거짓말이다. 죄라고 할 것도 아니지만 가랑비에 옷 젖는다. 절대 권력을 가진 임금조차도 원초적인 문제 앞에서는 망설이고 주저한다. 자기가 심었다가는 달리지 않을 거라고 미룬 양심 때문에 그나마도 중압감에서 벗어나게 되었다.

 우연히 읽은 동화에서 많은 것을 보았다. 죄가 있는 사람이 심을 때는 열매가 달리지 않는다는 착상이 기발하다. 금 열매를 받고 풀어주거나 너도나도 심겠다고 하면 무의미하게 끝났을 내용인데 아무도 선뜻 나서지 못하면서 명쾌하게 결말이 났다. 죄라고 하니 나 자신도 떳떳할 게 없으나 죄의식 때문에 선뜻 받지 못하는 것만도 약간은 도덕적이라고 보는 것이다.

자연으로 보는 풍경 메시지

 개울가에도 봄이 무르익었다. 풀덤불 사이로 헤엄치는 물오리가 보이고 돌막에 부딪치면서 물보라가 하얗게 부서진다. 물에도 봄빛이 들었는지 코로나19 때문에 어수선한 중에도 절기는 찾아왔다. 물가에는 바싹 마른 갈대가 어우러지고 버들까지 푸르러졌다. 파아란 하늘과 연둣빛 차일이 어우러지면서 전형적인 봄 풍경을 자아낸다.

 물은 다양한 움직임으로 계절 감각을 연출한다. 이른 봄 어느 날 얼음 녹은 물과 봄비가 어우러져 벌창을 하면 톡톡 튀는 버들강아지와 산수유꽃이 보였다. 날씨는 쌀쌀해서 풍경은 을씨년스럽더니 민들레가 흐드러지면서 무척이나 서정적이다.
 앞으로 장마철이 되면 흙탕물로 뒤집어질 게다. 얼마 후에 보면 크고 작은 돌섬이 삐죽 나와 있겠지. 장마가 끝난 뒤 모래와 토사물이 쌓이다 보면 섬도 아닌 섬이 생겼다. 이따금 왜가리와 백로가 드나들면서 제법 물새 우는 강변처럼 보였다. 무더위가 끝나고 가을에는 참빗질이나 한 듯 빤질빤질했다. 가랑비 뿌릴 때도 얼레빗으로 넘긴 듯 어글어글하더니 단풍이 지고 철새가 드나들 즈음에는 그믐달마냥 새치름했다.

가끔 보면 드나드는 새들까지 패가 나뉜다. 요즈음 같은 봄에는 아기자기 산새가 날아들었다. 꽃 피고 새 우는 봄 그대로다. 초여름 신록을 담을 때는 물도 플라타너스 우듬지가 보이도록 싱그럽고 당연히 작고 귀여운 물새가 찰박인다. 장마가 지기 전까지는 개울도 잠잠해서 물새가 헤엄치는 모습이 그림처럼 정겹다. 그러다가 한겨울에는 뚝심이 있고 억세 보이는 청둥오리가 날아들곤 했으니 참으로 자연스럽다.

구름도 철철 바뀐다. 봄에는 황사에 꽃샘추위로 어수선했다. 여름 하늘의 구름은 잔물결 하나하나를 일으킬 것처럼 세밀해진다. 더위가 시작되면 목화솜처럼 풍성하고 얼마 후에는 먹장구름에 덮이면서 바람까지 설쳐댄다. 뒤미처 초가을에는 새털구름이 진을 치기 시작한다. 백로와 해오라기가 하늘 가장귀를 폭폭 수놓을 때는 흩어 뿌린 듯 고왔다. 가으내 푸르렀던 하늘도 단풍철에는 잿빛으로 가라앉고 철새가 오가는 길목으로 바뀐다.

절기에 맞춰 뜨는 셈이다. 장마철이라면 명주이불 같은 구름은 겉돌 테고 폭풍이 지나갈 때 풀 먹인 듯 화사한 새털구름은 어쩐지 생뚱맞다. 귀엽고 아기자기한 초가을 구름이 겨울 하늘 드리워지면 허구한 날 추워 떨지 않을까. 따스할 때는 얇은 옷을 입고 썰렁한 날은 바람막이 휘장을 치고 방어한다.

바람도 계절풍이다. 봄에는 약을 올리듯 살랑대는 샛바람이 있다. 꽃은 피었어도 이따금 불어대는 바람의 기세는 굉장했다. 비닐 덮개가 날아가고 가건물 등은 형체도 없이 분해된다. 장마철이 가까워지면 축축한 마파람에 곡식이 우긋해지고 가을 하늬바람은 곡식을 단단히 영글게 한다. 뒤미처 겨울이면 높바람이 파고든다. 어찌나 극성인지 그 별명은 된바람에, 겨울나무를 죄다 악기로 만드는 주범이었다.

 물과 구름과 바람의 변화도 우리들 속내와 비슷하다. 살다 보면 잔물결에 감동을 받기도 하고 사나운 먹장구름에 시달리듯 곡절도 많고 사연도 많다. 한 가지 모습으로는 단조롭기 때문에 풍경도 골고루 다양한 거다. 우리 꽃처럼 예쁜 구름을 좋아하지만 먹장구름이 아니면 비도 오지 못한다. 소망은 곧, 아무리 불행도 한걸음 물러날 때 보인다.

 오늘따라 개울이 참 맑다. 바람도 구름도 참 다양했으나 그래서 사철 풍경이 곱다. 산들바람도 좋지만, 폭풍도 지나가야 깨끗해지듯 살 동안의 깨우침도 곡절에서 얻는다. 누군가는 또 인생은 슬픔과 기쁨으로 짜는 옷감이라고 했으니, 먹구름이 있어야 푸른 하늘의 진가를 안다. 고난보다 최상의 교육은 없다. 행복으로 가는 길은 고난의 오솔길뿐이다. 그것을 인생 목록에 추가해 본다.

금 달걀 행복

바야흐로 새해 첫날이다. 잠이 깨고도 이불 속에서 늑장을 부린다. 카톡으로 예쁜 복주머니가 날아왔다. 참으로 앙증맞고 예쁜데 씨암탉 한 마리가 잔뜩 물고 있다. 어릴 적 '근하신년' 엽서에도 복주머니를 새겨 놓고는 구슬 달린 끈으로 묶어 놓았다. 복을 받아 잘 살라고 하면서도 볼 수 없게 차단했다. 어찌 된 거지?

　복 중에서도 행복을 으뜸이라고 생각해 본다. 묶어 놓기만 하면 그래 안에 잔뜩 들었으니, 더구나 새 나가지 않게끔 묶어 두었으니 나름 느끼고 생각하라는 뜻이겠지. 궁금해서 열어본들 텅텅 비어 있을 테고, 주머니라야 손바닥만 해서 뭔가를 넣기도 힘들다. 일일이 확인할 수도 없고 이래저래 복잡해서 꽉 묶어버렸다.

　어떤 사람에게 금 달걀 낳는 암탉이 있었다. 하루도 빠짐없이 낳는 걸 보고는 금덩이가 있을 거라고 생각했다. 배를 갈라 보았더니 세상에나 텅텅 비었다. 얼마나 놀랐을까. 날마다 빠짐없이 낳는 것을 보면 굉장한 숫자일 텐데 정작 한 개도 없었으니. 행복의 주머니도 묶어 놓았기 망정이지 깡그리 달아날 수 있다.

 금 달걀을 팔아서 살림에 보태 쓸 동안은 딱히 귀한 줄 몰랐다. 남들도 복을 받아 잘 사는 거라고 엄청 부러워했겠다. 그래도 가끔은 왜 이렇게 적은 거냐고 좀 더 커다란 행복을 원했을 테지. 급기야는 땅을 치고 후회했지만 때는 이미 늦었다. 괜한 욕심이 금덩이는커녕 뜻하지 않은 화를 낳았다. 욕심을 단속하지 않은 결과다. 복주머니 끈은 장식 효과를 떠나 단속 차원도 있었다.

 그 새 창문이 훤하다. 밝아오는 하루가 창가를 서성인다. 행복 외에 시간의 금 달걀까지 덤으로 받는다. 시간은 금이라고 했으니까. 아침이면 습관적으로 받기 때문에 의미도 뭣도 없는 것 같지만 행복이 하루치면 시간도 하루치였다. 날마다 주어지는 하루가 무에 대단할까만 어제 죽은 누군가에게는 천금 같은 내일이었다.

 금 달걀 얘기는 모르는 사람이 없는데 하루치 행복과 시간으로 연결시키고 보니 느낌이 많다. 오늘 행복한 사람이라야 내일도 행복하다. 참 유감스럽게도 노부부는 잠깐 잊었다. 오늘 만족하지 않으면 내일도 행복할 수 없다는 것을.

 멀리 볼 것도 없이 지금 이 시간을 금쪽같이 쓰는 것이다. 내일의 꿈도 중요하지만, 오늘은 더더욱 소중하다. 동화대로 시간 역시 금 달걀이면 더도 덜도 말고 딱 하루치 행복이다. 그 나머지는 거품에 지나지 않는다. 황금 닭의 배를 갈라 본 순간 노부부의 행복도 산산이 깨져 버린 것처럼.

 그 행복은 또 하루하루를 곶감 꼬치 빼 먹듯 하는 모습이다. 재물이라면 감질이 나겠지만 그게 아니라서 오히려 절도가 있고 탄력적이다. 금 달걀은 황금 닭이 낳는 이자 같은 것일까. 행복도 불행의 지분에서 나오는 이자 같은 거라면? 당연히 원금에 따라 늘어날 테니 힘들고 어려울수록 최대한 만족하는 금 달걀 행복이 아쉽다.

 금 달걀 낳는 암탉이라고 황금처럼 번쩍이지는 않는다. 그랬으면 닭을 내다 팔았을 것인데 외관상으로는 물론, 갈라보니 보통의 닭이나 똑같다. 행복도 특별한 것은 아니었다. 매일 매일 선물로 하루를 받아 온 우리 또한 행복의 닭을 키워 왔다. 행복은 그런 거였다. 집착해서 열어보느냐, 별거 아니려니 하면서 오늘의 금 달걀에 만족하는 그 차이였다.

 행복이 온전한지 살피는 것은 황금 닭의 배를 갈라 보려는 속셈과 같다. 부족한 대로 만족하면서 1년 치 계단을 밟아가는 행복이 아쉽다. 시간의 계단 역시 급한 마음에 건너뛰기라도 하면? 피치를 올릴 동안 가속은 붙겠지만 잘못 넘어지기라도 하면 서두른 만큼 늦어진다. 욕심을 부리지 않는 한 황금 닭이 금 달걀 하나쯤은 낳는 것처럼 무리하지 않는 이상 시간의 금 달걀도 수많은 오늘을 선사한다.

 두 가지 모두 날마다 빠짐없이 주어질 테니 대단한 축복이다. 조건도 까다롭지 않고 단순했으나 딱 하루치라는 게 함정이다. 깜빡 잊고 무리를 할 경우 끝내는 건강을 상한다. 노부부도 그렇게 딱 하루치라는 덫에 걸려서 낭패를 보았지 않은가. 시간에 대한 욕심도 금 달걀에 대한 욕심만치나 후환을 낳는다.

 새해 첫날의 복주머니든 금 달걀 암탉이든 열어보면 안 되는 거였다. 귀한 것이라서 금기사항도 되지만 거기 들어있는 행복과 시간 또한 하루치씩 유효 적절 써야 하지 않을까. 행복이든 시간이든 한꺼번에 대여섯 개씩은 이미 주어진 상태일 수도 있기 때문에.

 암탉을 잡을 때 보면 노랗게 반짝이는 덩어리가 있었다. 달걀이 되기 전 모습인지 콩알처럼 자그마했다. 시간도 미리 감치 준비된 거라면 욕심은 금물이다. 어떤 경우든 하루치 행복으로 끝내야 하리. 그렇게 꺼내 쓰면 동티가 날 리 없는데 한꺼번에 욕심을 내면서 사달이 났다. 잘못하면 황금 닭의 배를 가르고 난 때처럼 후회막급이다. 행복의 금 달걀이든 시간의 금 달걀이든, 내일도 모레도 아닌 오늘 딱 하루치였거니.

 상징이라 해도 날마다 금 달걀 정도면 충분히 괜찮다. 하루도 빠짐없이 받아 왔으니 우리는 모두 하루치 행복을 낳는 특별한 암탉을 키웠다. 새해 첫날 받은 하루치 시간의 행복도 잘 간수해야겠다. 한 달 내 일 년 내 낳아도 하루 한 개였던 그만큼. 노부부의 행복은 금 달걀에 만족하고 살 때였다. 욕심 때문에 그마저도 잃고 말았지만……

뿌리를 읽다

밭둑에 산수유나무가 한 그루 있다. 흐드러진 꽃망울이 좁쌀 한 동이는 구워냈다. 꽃이 지면 그늘도 넓어질 게다. 양지바른 곳에 핀 꽃은 그 새 떨어지는 듯 보푸라기처럼 날린다.

메마른 자갈밭에서 흐드러진 꽃잎과 튼실한 가지가 탐스럽다. 눈 감으면 물을 끌어와서 나무를 키우는 뿌리의 기척이 들린다. 봄이 되자 마중물 길어 올리면서 꽃 피울 준비를 해 왔다. 바람과 꽃샘추위를 견딜 동안 뿌리는 더욱 튼튼해졌다. 꽃과 열매는 물론 그늘까지 좋게 하려니 그럴 수밖에 없다. 이 봄에 산수유꽃이 그처럼 예쁜 것은 보이지 않는 데서도 보이는 이상의 역할을 하는 뿌리 때문이리라.

뽐내는 꽃과 열매 앞에서도 자기가 했다고 가로막지 않는다. 오히려 더 고운 꽃과 열매가 달리도록 도와줄 것만 생각한다. 흙을 뒤집어쓴 채 일하기 때문에 모습은 또 얼마나 흉한지 모른다. 탐스러운 꽃과 열매도 뿌리가 없으면 금방 시들 텐데 흉이나 잡히지 않으면 다행이다. 그래서 얼결에 맡은 일이 아니면 자처하는 사람이 드물다.

 중요한 일은 혼자 하면서도 정작 뽐내지는 않는다. 그럴 거면 애초 땅속으로 뻗지도 않았다. 가끔 죽은 것 같은 나무에 싹이 돋기도 하는데 당연한 일로 뿌리 때문이다. 뿌리만 있으면 언젠가는 싹이 돋는다. 대부분 꽃이나 열매 또는 잎이나 줄기를 꿈꾸지만, 알아주지 않아도 묵묵히 감수하는 역할이 어기차다.

 어린나무라도 강한 게 있고 커다란 나무라도 약한 게 있다. 뿌리가 강하면 발육이 늦어도 걱정 없다. 반면 허우대가 멀쩡해도 뿌리가 약할 때는 불안하다. 꽃은 예쁘고 열매는 탐스럽지만, 뿌리가 없고서는 아무리 화려한 꽃과 풍성한 열매도 시들어버린다. 꽃과 열매에 집착한 나머지 뿌리를 등한시하면 그야말로 무익한 일이었으리.

 가물 때 잎이나 꽃은 그냥 말라버리지만 뿌리는 타개책을 강구한다. 밭둑의 산수유는 열악한 조건이었으나 가물수록 뿌리는 더 멀리 뻗어갈 테니 걱정은 덜었다. 뿌리라고 힘든 게 없었을까. 가끔은 꽃이나 열매처럼 볕도 쬐고 바람도 쐬고 싶었겠지만 땅 위로 뻗어나가는 경거망동은 저지르지 않았다.

 잎이나 줄기가 아닌 뿌리가, 땅속이 아닌 하늘을 향해 뻗는다면 꽃을 피우고 열매를 달기 전에 나무는 벌써 죽어버릴 것이다. 어려움과 시련도 행복이 꽃피는 나무의 뿌리라고 보면 어떨까. 불행과 어려움으로 뿌리심을 높이고 나면 행복의 꽃은 훨씬 예쁘고 탐스럽다. 뿌리 깊은 나무의 저력을 보는 것 같다. 우리 또한 삶의 뿌리를 넓힌다면 산수유처럼 깔축없이 견디련만…….

 인생나무 또한 뿌리심으로 자란다. 나무를 보면 하늘로 뻗은 가지와 뿌리의 면적이 같거나, 지상의 면적이 더 넓거나 뿌리의 면적이 더 넓거나 등 세 가지 유형이다. 우리 삶의 뿌리가 역경이고 시련이라면 불행이 더 많이 차지한들 뿌리심을 키우게 될 테니 오히려 축복이다. 행복은 불행의 뿌리가 키우는 열매와 잎 또는 꽃이었기 때문에.

 아름다운 꽃 열매가 행복이면 불행과 시련은 자연스럽게 뿌리로 낙착된다. 불행과 시련의 뿌리도 소망을 피우는 원동력이다. 불행을 외면하고 행복만 추구해서는 뿌리 없는 나무처럼 무의미했다. 행복이 찾아왔다면 적어도 그 이상의 어려움을 참고 견딘 끝이다.

 새삼스럽게 산수유꽃이 예쁘다. 꽃이 떨어지면 새들이 와서 노래하겠지. 열심히 했는데도 대가가 없을 때는 그렇더라도 참고 일하는 자세가 아름답다. 어려움이 닥칠 때마다 인생 나무의 뿌리가 한 마디쯤 더 뻗어나가는 것으로 생각하고 싶다. 잎은 물론 꽃이나 열매까지 달아 즐겁게 하는, 그게 목적은 아니지만, 저절로 그리되는 원초적 힘을 깨우치는 것이다. 뿌리 깊은 나무는 바람에 흔들리지 않는다.

자반뒤집기

 벌써 아홉 번째다. 워드 작업 중 마지막 부분이 거슬린다. 되돌리기 끝에 처음으로 돌아갔다. 워드 작업에는 교정이 필수적이다. 원래 문장으로 가고 싶은데 생각은 나지 않고 그럴 때 편리하다. 처음으로 돌아갈 때까지 차례차례 클릭인데 우리 인생 되돌리기는? 배우자 선택을 잘못했어? 시간을 되돌려 다시 결혼한다면? 사업가는 또 창업 당시로 가서 아이템 고치면 급한 불은 끌 것 같은데. 대학을, 그리고 전공과목 바꾸면 성공할 텐데…….
 하지만 정말 그럴까. 잘못된 선택으로 인생이 꼬인 사람도 물론 있다. 어차피 후회의 연속인데 그럴 때마다 되돌리기는 쉽지 않다. 번거로운 건 물론 자기 안목 바꾸기도 어렵다. 나 같은 경우 패션을 바꾸고 싶어도 항상 그 스타일이다. 모처럼 용기를 내도 끝내는 후회하고 환불이다. 재혼하는 사람들 배우자를 봐도 대부분 처음 유형이란다. 안목이 바뀌지 않는 한 되돌리기라 해도 달라질 게 없다. 방법을 찾아보았다.

주영이는 뒤집기를 잘한다. 모처럼 가족이 모인 그날 녀석은 뒤집기 삼매경에 빠졌다. 멀뚱히 누웠다가 뜬금없이 굴려서 뒤집는다. 잠시 후 생각난 듯 또 시작이다. 한 번 두 번 뒤집기가 세 번 네 번, 7개월 된 녀석의 재주가 끝내 준다. 그렇게 방향을 바꿔 거듭하더니 좌중을 훑어본다. "내 실력 어때?"라고나 하듯.

뒤집기 뒤집기에서 둥글레 둥글레 이어질 때는 자반뒤집기였다. 첫 돌도 안 된 녀석이 땀 뻘뻘 흘리면서 딴에는 아주 열심이다. 무술에 입문하기 전의 기예를 보는 듯하다. 귀엽고 유희적인 옹알이 배밀이와는 차원이 다르다. 기技로 끝나는 일종의 기술이었으므로.

자반은 소금에 절인 생선이다. 자반뒤집기는 이짝저짝 뒤집어 익히는 모습과 몸이 아파서 엎치락뒤치락 잠을 이루지 못할 때 또는 몹시 아파서 뒤척이거나 생각과 행동을 뒤집을 때 쓰는 말이다. 이따금씩 상황 반전이라면 획기적이다. 북춤에서 앞뒤로 치고 도는 춤사위 또는 씨름판에서 몸을 젖혀 공격하는 재주도 아우른다. 녀석도 초보 실력치고는 보통은 아니다. 그냥 뒤집는 거지만 되돌리기에 되돌리기가 있는 것처럼 뒤집기에 뒤집기 연속이라서 나온 자반뒤집기.

누구나 어린 시절이 있었다. 한때는 모두 프로급이었을 텐데 왜 우리 손자만 전문가를 뺨친다고 생각하는지 몰라? 특별한 인물은 또 있었다. 유사 이래 최고의 자반뒤집기 선수였던 새옹지마의 주인공 새옹이다. 말 한 필 생겼을 때 웬 횡재냐고 모두가 법석이었지만 끝까지 덤덤했다. 아들이 말에서 떨어질 때도 길흉화복은 바뀐다고 태연자약했겠지. 이후 난리 통에 젊은이란 젊은이 모두 끌려갔는데 그 아들만 무사했다. 올림픽에 자반뒤집기 종목이 있었다면 금메달감이었을 거다.

 인생의 성공 주자 가운데는 뒤집기 선수가 많았다. 역경이 닥치면 성공의 기반으로 바꾸었다. 인생의 가치는 얼마나 역경 시험을 통과했느냐에 따라 결정된다. 고난과 눈물이 높은 예지로 이끌어 올렸다고 하지 않았을까. 고난이 없으면 성공도 없다. 실패의 원인은 많지만, 성공의 길은 단 하나 실패에 굽히지 않는 거다. 고난은 사람의 참된 값어치를 측정한다. 오죽하면 우리 태어나서 처음 묘기는 주영이가 보여준, 뒤집기에서도 자반뒤집기였다.

 나도 약간은 그런 식이다. 이루지 못한 게 있으면 미완의 꿈으로 남겨둔다. 아쉬움 때문에 추억에 잠길지언정 더 이상은 아니다. 돌아가고 그러느니 새로운 길 찾는다. 승산이 없는 일에는 집착하지 않는다. 되돌리기 기능보다는 어릴 때부터 비장의 카드 자반뒤집기를 믿었다. 생각이 나지 않아서 그렇지 주영이뿐 아니라 누구든 그 또래의 특기였고 어떤 경우에도 인생의 반전을 터득한 걸까.

 자반뒤집기가 없었다면 인생은 되돌리기 판 날 것이다. 노트북에서는 이중 삼중 가능하지만, 인생은 글쎄, 에라가 난들 생방송처럼 나갈 수밖에 없는데 정정이라? 되돌리기만 믿고 무책임해질 것도 문제다. 불행을 뒤집어 소망을 끄집어내듯 뒤집기 중에서도 순간순간 자반뒤집기야말로 우리들 인생 버팀목이다. 중대한 약속이나 계약 파기가 아닌 어려움 닥칠 때는 최고수 방법이었으므로.

되돌리기 기능도 대단하다. 워드 작업한 것이 깡그리 날아가도 창을 열어둔 채 순간 클릭하면 무사했다. 하지만 그게 전부는 아닐 것이다. 가끔 인공지능이 앞선다고들 하지만 상황에 따른 뒤집기 반전은 꿈도 꾸지 못할 것이다. 기능은 참 많은데 정작 중요한 하나가 빠진 느낌이다. 제아무리 기능도 외부에서 주입한 것일 뿐 자율적 생각은 아니었다.

 바둑이나 운동경기 영화나 드라마처럼 각본에 의한 행동이나 표정은 가능하다. 배가 난파되었을 때, 풍랑에 맞춰 돛을 올리고 키를 조절하는 등 돌발사태 극복 의지는 나름 철학에 노하우였다. 기계적일 수 없다. 컴퓨터가 만든 인공지능 보유자들은 자반뒤집기를 해 본 적이 없다. 우리 인생 줄거리도 역경과 시련이다. 장미의 핵심은 가시였던 것처럼.

 그 핵심은 또 실패를 두려워하지 않는 의지와 순발력이다. 단순한 옹알이니 배밀이에서 이름도 특별한 자반뒤집기였다. 꼭 필요할 때가 아니면 되돌리기는 삼가는 게 좋다. 문장도 참신한 내용은 되돌리기 없이 나온다. 사라진 단락 복원이 아니면 새로운 문장 구사가 낫다. 계속될 경우에는 순간 기능 마비도 온다. 그럴 리는 없겠지만 되돌리기 되돌리기 끝에 원위치도 되지 않을 때는 아찔하다. 선택이 중요하구나. 노트북 컴퓨터는 몰라도 우리 인생 되돌리기는 금기사항일 수 있겠구나.

 인생 사전에 설령 되돌리기가 있다손 쳐도 미심쩍을 때는 그래 주영이처럼 뒤집는 거다. 가시밭길에서는 가시 때문에 예쁜 장미를, 태풍이 몰아칠 때는 곧 드러날 푸른 하늘 생각하리. 백합화는 덤불에서도 핀다. 어둠을 뒤집으니 아침이라던 것도 소망이다. 길 잘못 들어서 U턴이 아닌 습관적 되돌리기는 악순환이다. 돌이키지 못해서 자반뒤집기는 꿩 대신 닭이었는데 훨씬 좋았다. 되돌리기와는 달리 뒤집기는 단번에 끝난다.
 어릴 때 기억이지만 상황만 되면 뇌리에 박혀 있던 기량이 나온다. 주영이 또한 천진난만 시절과는 달리 눈보라 치는 날이 올지언정 자반뒤집기 실력이면 겨울에도 꽃 피고 새 우는 봄 생각하겠지. 당차고 야무지던 즈 애비보다 한술 더 뜨고 있다. 저 기세로 결정타 날린다면 성공할 거다. 특별히 새옹지마처럼, 말이 생기고 아들이 다친 것은 사건인데도 늘 자반뒤집기였던 그런 삶이면 좋겠다. 가시밭길에서도 어디쯤 가면 꽃길이 나오고 시원한 샘물도 솟아날 거라면서 그렇게.

눈사람에 투영된 세상

 민낯이다. 화장 문제가 아니고 이목구비가 없다. 눈덩이 세 개를 이어 붙여서 키도 무척 크다. 뺨 언저리에는 막대기 하나를 꽂아 두었다. 볼수록 희한한 눈사람이다. 큰 키는 평균 신장 탓이겠지만 매초롬한 이것은 정체가 뭐람?

 오늘 아침 함박눈이 내렸다. 근처의 어린이 하나가 좋아라 달려 나왔겠지? 머리, 가슴, 몸체랍시고 눈덩이 세 개를 뭉쳤다. 나 어릴 때의 눈사람은 크고 작은 항아리를 포갠 것처럼 아담했다. 그에 비하면 물색없이 껑충한 게 영 낯설다. "눈사람이 너무 크잖아??"라고 생각이 들만치.

 눈사람도 조각품이라면 균형을 본다. 내가 봐도 다부진 맛이 없다. 두루뭉술한 얼굴의 막대기도 서툴기만 했다. 위치로 봐서는 하아프니 기타를 뜯으면서 노래하는 가수들의 무선 마이크 같다. 이어폰 또는 안테나처럼도 보인다. 소리 집약 장치라는 뜻일까. 특별히 우주 비행사들의 전용 산소호흡기 같다. 어릴 때부터 본 기계문명 탓이었으리.

인근 회사 직원들의 전용 주택이다. 출입하는 사람들도 젊은 애기 엄마가 많다. 보나 마나 2000년도 이후 태어난 누군가의 작품일 거다. 가령 그 애가 열다섯이면 부모님은 최소 마흔 살 이상이다. 다 만들고는 후줄근해서 들어가는데, "무슨 눈사람을 그렇게 만들어?"라고 지청구 소리. "짜증나게 보고 있었어?" "그냥 우연히 봤어. 그런데 키가 커서 불안한 느낌이네?"

아들은 일리가 있다고 했지만 자기 딴에도 자꾸만 커지던 것을 돌아봤겠다. 두 개를 이어붙일 수도 있지만 자기 안목과 정서와는 맞지 않는다. 말 그대로 3층이라 감안하고 짧게 뭉친들 숫자적으로는 세 개다. 커질 수밖에 없다. 어떻게 이어 붙였는지 당혹스럽다. 두 개를 얹을 때보다는 훨씬 복잡하다. 하반신에 몸통까지는 너끈했겠지만, 두상을 얹을 때는 의자 등 받침도 준비해야 할 거다. 우리가 만들 때는 한 번 척 얹었건만 눈사람조차도 세대 차이가 왜 그렇게 어색한 건지.

더구나 이것은 눈 코 입도 없다. 나 어릴 적에도 고작 숯 검댕으로 눈썹과 코를 붙이고 턱 부분에도 대략 맞춰서 입이라고 붙여놓았다. 그 위에 모자 한 개 덜렁 씌우는 게 유일한 패션이었는데 멀리서 봐도 표정이 나왔다. 어찌나 우스웠던지.

밤이면 눈사람이 꿈에 어렸다. 영문은 모르겠지만 숲속 골짜기를 헤집고 다녔다. 팔다리도 없이 몸통과 머리만 뒤뚱뒤뚱하는데 눈사람을 만든 날 밤이면 환상처럼 추억이다. 히말라야산맥에 설인이 살고 있다지. 가끔 오지 마을 내려와서 식량을 구걸한다는 얘기가 어릴 적 만든 눈사람에 오버랩 되곤 했다. 우연인지 요즈음 아이들이 만든 눈사람을 보니 커다란 게 사진 속의 설인처럼 닮기는 했는데…….

 그들도 나처럼 꿈을 꾼다면? 더러는 하늘 높이 초고공을 날고 있지 않을까. 보통 2만 km 이상이 되면 산소 부족 현상이 나타난다. 그 정도 높이라면 우주 여행선일 수 있다. 꿈속에서나마 이어폰도 같고 산소호흡기도 같은 첨단 기기를 통해서 우주여행 중이라면 눈사람 후일담으로는 괜찮다. 수많은 부품 중에서 하필 그 요상한 기기를 꽂아 둔 것을 보면.

 요즘 아이들 휴대폰으로 음악을 들을 때도 이어폰을 꽂는다. 가끔 보면 통화라도 하는 듯 물색없이 웃는 일도 다반사이다. 하도 봐서 이제는 무덤덤해졌지만 눈사람 만들 때도 강조했다. 이목구비도 없이 첨단 문명 기기만 봐도 디지털 세대인 건 확실하다. 모처럼 제작한 눈사람에 딱 한 개 막대기로 디지털 문명의 전부를 나타냈다. 어련했을까.

 보아뱀 화가를 알고 있다. 한 어른이 보고는 "모자를 그렸어?"라고 퉁명스레 묻는다. 보아뱀은 코끼리를 통째로 삼킨다. 불룩한 배가 내 눈에도 모자처럼 생겼다. 커다란 코끼리를, 그것도 통째로 먹다 보니 허리는 활처럼 휘고 불룩해졌다. 어른들은 보이는 것만 안다고 답답하다고 그 때문에 화가를 포기했다는 투정이 선하다. 이목구비도 없고 막대기는 또 뭐야? 라고 핀잔은 정말 답이 없다. 바람만 불어도 쓰러질 듯 위태롭다.

 더구나 양지쪽에 두었다. 우리 어릴 적 눈사람과는 딴판이지만 금방 녹을 거라고 미주알고주알 타박이면 보아뱀 화가처럼 조각가의 꿈이 무산되기도 한다. 그림이라 해도 겉으로 드러난 겉보다는 속에 든 것을 꿰뚫어 보고 표현하는 것도 하나의 방법인 것을.

보아뱀 화가의 특기는 감춰진 뭔가를 그리는 거였구나. 힘들 때도 어둠 속의 별은 꺼낼 수 있겠구나. 보이는 게 전부가 아니라면 행복도 보아뱀 속에 똬리 튼 코끼리였다. 불행이 닥친들 보아뱀 행복이라고 능갈치면 되겠다. 아무리 봐도 이상한 눈사람인데 요모조모 뜯어보니 과학적이고 상상력까지 뛰어난 수작이다. 눈사람을 만든 어린이도 표현대로라면 언제나 꿋꿋이 살 법하다. 운명의 초강력 백신은 감춰진 뭔가를 보는 안목이라면서. 길처럼 쌓인 눈 속에서도 봄 꿈은 피어나고 찬바람 또한 그리움으로 꽁꽁 떠오를 테니.

삶이 굴곡을 말하다

　겨울이면 몸에 굴곡이 없어진다. 운동량이 부족해지는 데다가 옷까지 두툼해지다 보면 군살이 붙고 어깨까지 비대해진다. 옷맵시는 물론이고 일단은 건강에 무리가 온다. 그나마도 겨울 한 철뿐이라 걱정은 덜었다. 여름에 입던 얄상한 옷을 어찌 입을까 싶지만 봄이 되고 여름내 땀을 내다보면 거짓말처럼 치수가 줄어든다.
　친구도 체중이 자꾸 늘어난다고 걱정이다. 애당초 호리호리했던 사람인데 수술을 받으면서 믿기지 않을 만치 몸이 불었다. 허리선은 아예 찾아볼 수가 없고 배까지 나와서 보는 게 다 불편하다. 그 위에 건강까지 악화된다니 비만을 병이라고 하는 이유를 알겠다.
　손발이 차가워지는 건 물론 호흡이 가빠지면서 사흘돌이로 병원 출입이라니 남의 일 같지가 않다. 굴곡이 없어지는 것은 건강의 적신호를 예고하는 것일까. 살집이 별로 없는데도 체중이 늘 때마다 걱정인 걸 보면 허구한 날 비만에 시달리는 친구는 얼마나 심란할지 상상이 간다. 굴곡이 없다는 것은 맵시를 떠나 뜻하지 않게 아픈 곳이 생기는 등 여파를 가져온다.

 살다 보면 굴곡이 있게 마련이고 얼마만 한 축복인지를 느끼곤 한다. 굴곡이 없어지면서 적신호가 오듯 매일 매일 단조로운 일상에 문제가 생긴다. 좋은 일에 마가 낀다. 좋은 일이 생길 때 조심하라는 뜻도 있지만, 물결이 치면서 정화되듯 어려움과 우여곡절 속에서 물갈이가 되는 변화를 의미한다. 하루 이틀 살고 말 거면 단조로운 날도 괜찮으나 몇십 년 이상 쇠털같이 많은 날들이라 곡절이 필요하다.

 사람이 살 수 없는 불모지에는 기후의 변화가 없다. 춥든 덥든 똑같은 날씨다. 사막을 봐도 모래바람 아니면 뜨거운 열풍에 시달린다. 이따금 오아시스가 나오기는 하지만 대부분 끝없는 모래사막이다. 남극이나 북극만 봐도 허구한 날 춥다. 보이는 거라곤 끝없는 빙산과 빙하뿐이다. 거대한 눈의 산맥을 보면 사막보다 장엄하기는 해도 터를 잡고 살기는 어렵다.

 하지만 온대지방의 날씨는 들쭉날쭉이다. 비약해서 말하면 변덕이 심해서 여름에는 덥고 겨울에는 무지하게 춥다. 말이 좋아 뚜렷한 사계절이지 태풍과 장마와 겨울의 혹한과 눈보라까지 겹친다. 적응이 안 될 때가 많지만 봄가을의 아기자기한 날씨를 보면 그럴법하다. 꽃피고 새우는 봄은 얼마나 춥고 지루한 겨울이었느냐의 문제였다. 초가을 짙푸른 하늘과 황금물결도 여름내 휩쓸어 간 태풍 때문이었다. 겨울이 춥지 않으면 따스한 봄이 될 수 없고 여름이 덥지 않고 태풍이 적으면 그해 가을의 결실은 보잘것없다.

 겨울 또한 희망찬 봄을 위해 추울 수밖에 없다. 춥고 지루한 겨울 뒤에 맞는 봄과 춥지 않았던 겨울 다음의 봄은 이미지부터 다르다. 단순히 따스한 것뿐이 아닌 겨울의 꿈을 피울 수 있는 생명의 온상이라는 것까지 터득하려면 겨울 중에서도 혹독한 겨울을 나야 가능하다. 바로 그 무더위와 강추위가 우리 삶의 굴곡이 되는 게 아닐까. 매서운 추위를 모르고는 따스한 봄을 실감하지 못하듯 시련의 채찍을 맞아 봐야 삶의 진실이 나온다.

 사는 것도 굴곡이 있을 때가 좋았다. 연세 드신 분들이 가끔 사는 게 재미없다고 푸념하는 걸 들을 때가 있다. 자식들 다 키우고 난 다음에는 할 일이 없고 그러다 보니 매일 매일 똑같은 날 때문에 무료해진다. 나무조차도 바람을 맞아야 큰다. 우리 역시 곡절이 많은 삶 속에서 성장을 한다는 그 말이 맞지 않을까.

 우리 힘들다고 타박이지만 그래서는 굴곡이 없어지면서 병이 찾아오는 것 같은 결과를 초래한다. 시련이고 역경이라 해도 단조로운 삶이 되는 걸 막을 수 있다. 고여 있는 물은 썩는다. 냄새가 나고 썩은 다음에 구답을 치르느니 평소 조금씩 치러가는 단련이 수월하다. 우리 몸도 굴곡이 없어지면 그때부터 건강에 적신호가 온다. 매일 보는 하늘도 태풍이 지나가면서 푸르고 맑아졌다. 오늘은 어떤 일이 잔물결로 찰싹이려나? 내 삶이 조금씩 정화되기를 소망해 본다.

어린왕자에게

 오늘도 반짝이는 별을 보며 너를 떠올린단다. 그 많은 별 중 어딘가에 네가 살고 있다고 생각하면 설레는 느낌이었지.
 너는 우리 사는 집보다 더 작은 별에서 왔다며? 그렇다면 정말 멋진 일이구나. 별 하나가 온통 자기 집이라는 욕심 많은 왕자, 하지만 네가 별의 주인이라는 것과 거기서 자랄 화초를 생각하면 이해할 수 있었어. 어른들은 가당치 않다고 하겠지만 나는 너의 꿈꾸는 모습을 그려보곤 했단다.
 네 꽃은 아주 약하다고 했지. 몸을 지킬 무기라곤 네 개의 가시뿐이라고 했지만 어떻게든 필 테니 걱정은 마. 예쁜 꽃일수록 벌레가 먹는 게 속상하지만 꺾이면서 피는 걸 보면 괜한 투정이었어. 아무려나 애틋한 손길로 보듬어질 테니 너의 꽃은 세상에서 가장 고운 존재로 남겠구나.
 너는 엉뚱한 요구를 잘했어. 사막에서 만난 비행사에게 양을 그려 달라고 했다니, 길을 잃고 헤맸을 텐데 어디서 그런 용기가 났을까. 그림을 받고 기뻐하는 것도 의외였어. 속 내용이야 어쨌든 그냥 상자였으니 귀찮다고 대충 그려 준 게 속마음을 꿰뚫었겠지. 양이라면 뿔과 털을 생각할 텐데 속에 있는 만큼 상상을 했을 테고 천진한 마음이 드러났다고 봐. 널 높이 사는 이유도 침착성과 상상력 때문이었어. 고루한 생각은 딱 질색이거든. 공부나 잘 하고 말썽부리지 않는 게 최고라면 그야말로 억지야. 중요한 건 개성이고, 특기라는 것도 있잖아. 나도 어른이 될 거면서 이러는 건 어폐가 있지만 우릴 위해서라는 이유로 똑같이 평할 수는 없다고 봐.

 어른들은 숫자를 좋아했지. 어쩌다 친구들 얘기를 하면 '몇 살이니? 키는 얼마나 되지?' 등등 판에 박은 질문을 했더랬지. 나 같으면 "그 애는 그림을 잘 그리니? 시나 음악은 어때?"라고 물을 텐데 말야. 집을 말할 때도 우리는 창가에 무슨 꽃이 있고 뜰에는 어떤 새가 날아드는지에 신경을 쓰는데 집값이나 평수만 묻는다니까.

 "그 집 창가에는 제라늄이 피어 있어요."라고 대답하면 이상한 애 취급을 받았지. 그걸 아는 내가 우정 "그 집은 십만 프랑짜리래요."라고 허풍을 떨면 그제야 "정말 훌륭한 집에 사는구나."라며 무릎을 친다니까.

 사는 게 급급해서라지만 중요한 건 두고 하찮은 일만 생각하는 건 속상했어. 내 마음은 아랑곳없이 그래야만 풍족한 삶을 사는 데 지장이 없다며 역사나 지리 공부만 하라고 성화였으니 짜증이 날 수밖에.

 자기가 아이였다는 사실을 기억할 수는 없겠지만 꿈과 이상을 무시하는 건 안 될 줄 알아. 오래 살아온 만치 말씀이 타당하고 결국 그대로 되지만, 이유 없는 반항과 모험도 우리의 상징일 수 있는 것 아냐? 자기를 지키려는 노력만 있었어도 그렇게까지는 아니었을 테지만 어떤 어른은 그렇지 않다는 점은 이해하기로 했어.

 자기가 쳐 둔 금 안에 세워두는 경향이었지만 우리 어린이가 어른의 아버지라고 하는 것처럼 정성을 다하면 고쳐질 것도 같았어. 너 역시 비행사 아저씨 때문에 무사했던 걸 보면 옳지 못한 그 이면에는 특유의 장점도 있었던 게지.

 가끔 사막이 아름다운 것은 물을 숨기고 있기 때문이라던 네 말을 뇌고는 해. 그 말을 남긴 채 떠나고 말았지만, 그때마다 빛나 보이던 별들의 의미는 점점 새로워졌지. 꿈이 많고 노을 지는 광경을 좋아했던, 너 어쩌다 꽃과 말다툼을 한 끝에 고향을 등졌을 테지. 그 마음도 잠시 두고 온 꽃을 양이 먹어 버리면 어쩌나 하고 걱정하다가 길들인다는 의미를 깨닫고는 떠날 결심을 굳혔을 테고.

 지금도 사막 어딘가를 배회하고 있을 모습이 그려진단다. 찾는 의미는 한 송이 꽃 몇 모금 물에도 있다면서 천진스러운 질문을 계속할 테지. 별을 보면 세상이 달라져 보일 테고 아울러 그보다 소중한 일은 없다면서 꿈이 있는 한 하늘의 별은 그만큼 빛나 보일 거라고도 했지. 무엇이든 신기하게 여기며 새로운 의미를 찾다가 두고 온 별을 생각하며 잠 못 들겠지.

 가끔 사람들에게 그렇게 일러두곤 했어. 어린왕자를 만나면 친절히 대해 주라고. 우리의 표상이 될 정도로 맑은 심성 다치지 않도록 귀 기울여 달라고 할게. 네 말은 엉뚱했지만 돌이킬수록 오묘한 뜻이 있었거든.

 우리 언제든 다시 만날 수 있겠지. 꿈이라는 날개 있으니까. 게다가 낮과는 또 다른 세상으로 되는, 너 알고 있니? 하늘엔 별이 빛나고 우리 가슴마다 고운 꿈 피는 신비의 장 있잖아. 우리 거기서 상상의 나래 마음껏 펼치자꾸나.

별이 빛나는 밤

너를 잊지 못하는 친구로부터

아름다운 인연

　세상에는 온갖 만남이 있다. 미국의 링컨 대통령과 '엉클 톰스 캐빈'을 쓴 스토우 부인과의 만남은 노예 해방이라는 극적인 사건의 효시가 되었다. 의사 퀴리와 마리 스클로드푸스카와의 만남은 '라듐의 발견'이라는 획기적 이슈를 낳았다. 패기만만한 청년 서백과 강태공의 만남은 주나라 팔백 년의 기업을 일으키는 초석이 되었다.

　귀족의 아들 하나가 수영을 하다가 물에 빠졌다. 근처를 지나가던 마을의 소년이 물에 뛰어들어 구해주었다. 귀족의 아들은 시골 소년과 친구가 되었다. 어느 날 소년은 의사가 되고 싶은데 식구가 많고 가난해서 대학을 갈 수가 없다고 했다. 귀족의 아들은 아버지를 졸라 런던의 의과대학에 입학시켰다.

　소년은 대학에 다니면서 '페니실린'을 만들었고 그가 유명한 '알렉산드르 플레밍'이다. 귀족 소년은 국회의원으로 활약하다가 폐렴에 걸려 앓아누웠다. 그때는 불치병이었으나 페니실린으로 생명을 건질 수 있었고 그가 곧 '윈

스턴 처어칠'이다.

 처어칠과 플레밍의 만남에서 인연의 소중함을 본다. 플레밍이 재주는 있었다 해도 처어칠의 도움이 없었다면 가난한 농부의 아들이 의과대학에 가기는 어려웠을 것이다. 물에 빠진 귀족 소년을 구해 준 게 인연이 되어 소원했던 의과대학에 들어갔다. 그로써 의학계의 화제가 된 페니실린을 만들어서 또 한 번 처어칠의 목숨을 구할 수가 있었다. 두 사람의 우연한 만남은 생사를 결정하는 인연으로 발전했다.

 도움을 받는가 하면 어느새 도움을 주는 처지가 되듯 주는 것으로 끝나지 않고 은혜를 끼치며 받는 상대적 입장으로까지 되었다. 물에 빠졌을 당시에 구해 준 소년을 가난뱅이라고 멸시했다면 폐렴에 걸렸을 때 도움을 받기는 어려웠을 것이다. 달리 치료를 받을 수도 있으나 불치의 병이라고 해 온 만큼 어려운 일이었다.

 내게도 소중한 만남은 있었다. 졸업을 앞둔 어느 날 선생님은 각자의 희망을 적으라고 하셨고 나는 어린이에게 꿈을 심어주는 동화작가가 되겠다고 적었다. 선생님은 참 잘 썼다고 앞에 나와 읽게 하신 뒤 작가로 성공하라고 격려해 주셨다. 그 후로 나는 선생님 말씀을 잊지 않았고 그때의 소망대로 글을 쓰고 있다. 동화작가가 되지는 못했으나 시를 쓰는 일에 나름대로 보람을 느끼며 산다.

 그다음 손꼽을 만한 인연이라면 마흔이 넘어서 시작한 플롯과의 만남이다. 오래전 여동생 딸의 친구가 연주하는 걸 듣고는 즉시로 달려가 그 비싼 악기를 샀다. 어설픈 대로 지금 초급 과정을 끝냈다. 어릴 때 했더라면 좋았을 거라는 아쉬움도 있으나 배우고 연습하는 재미를 생각하면 마흔네 살 된 그때 조카의 친구를 만난 게 참 다행이다.

 인연보다 아름다운 말이 또 있을까. 그 위에 더 중요한 거라면 보다 높이 승화시키는 과정일 거다. 인연을 미화시키는 것은 곧 자기 자신이다. 처어칠의 도움도 무색하게 공부를 팽개쳤다면 페니실린이라는 기적의 약은 나오지 않았다. 나 역시 담임선생님의 간곡한 말씀을 잊었다면 글이라고 쓰지는 못했다. 자신을 높이려는 게 아닌 좋은 인연이라고 생각했으면 끝까지 유지하도록 노력하는 게 우선임을 배웠다.

 뭐 대단히 성공한 건 아니지만 힘들 때 글을 쓰면서 힘을 얻는 특혜는 받지 못했을 게 아닌가. 그 외에 풀잎 맺히는 이슬과 하늘만 봐도 행복을 느낄 수 있는 운치는 모르고 살았을 테니 참으로 행운이었지 싶다. 오랜 세월이 흘렀으나 그때의 기억이 생생한 것도 남은 날 역시 그렇게 글을 쓰면서 윤택한 삶이 될 거라는 조짐으로 생각되어 언제나 뿌듯한 마음이다.

 플롯만 해도 비제의 미뉴에트를 들으면서 매료되었던 감수성을 소중히 생각했다. 아름다운 선율이라 해도 무심히 흘려들을 경우 무슨 의미가 있을지 생각하면 참 다행이다. 잘하지는 못해도 고급 악기라고 할 플롯을 교재 하나에만 의지해서 연습하는 배짱은 부리지 못했을 거다. 인연의 시작도 중요하지만, 더욱 중요한 것은 뜻깊은 의미로 승화시키는 자세였으리. 아직은 서툴지만, 기량을 익히면서 아름다운 인연을 돌아보고 싶다.

 나는 또 좋은 인연을 만난 대신 남에게는 그리 만들어 주지 못했다. 인연의 싹이 트는 것은 우연이지만 잘 가꿔서 뿌리내리게 하는 것은 저마다의 몫이다. 어떤 사람은 악연도 좋게 만들지만 유익한 인연을 흐지부지 만드는 사람도 있다. 어떤 만남이든 잘 보듬어가는 게 관건이라면 인생의 성패 여부도 그로써 판가름 날 거다. 악연은 물론이고 옷깃만 스쳐도 인연을 살려낼 수 있으면 나름 성공한 삶일 테니까.

뽀글뽀글 소리를 듣다

밥 한 숟갈 넣자마자 자글자글 소리가 났다. 속이 언짢은 날은 간단히 동치미에 밥을 말아 먹는데 그럴 때마다 자글자글인지 뽀글뽀글도 같은 야릇한 소리. 먹고 나면 속이 시원해진다. 한여름이 아니면 1년 내 먹을 정도로 자주 담근다. 과민성 소화불량인데도 동치미를 믿기 때문에 걱정은 없다. 출처가 궁금하다.

정체불명 진원지를 추적해 보면 사이다가 생각난다. 사이다의 특징은 마실 때 '톡' 소리였지 않은가. 밥 한 숟갈 넣으면서 쑤얼쑤얼 낭자했던 거품과 컵에 따를 때의 울림이 똑같다. 사이다는 전형적인 탄산음료였고 먹자마자 속이 편해지던 동치미도 별나게 톡 쏘는 탄산수였다.

우리 동네 온천도 탄산수란다. 물방울이 올라올 때마다 동치미처럼 사이다처럼 뽀글뽀글 소리가 장난스럽다. 온천만 다녀오면 머리는 더 뻣뻣하고 피부도 거칠어졌다. 남들은 괜찮은지 멀리서 원정을 오는 관광버스가 줄을 이었다. 참 별나지 하면서 발을 끊었다가 오랜만에 갔더니 근육도 풀리고 머리가 맑아진다.

  머릿결이며 피부는 여전했지만 난데없는 변화에 살짝 놀랐다. 탄산음료의 탄산이 소화를 돕듯이 탄산수로 된 온천물이 근육을 풀어주는 것일까. 손님들도 연세 드신 분이 많았다. 혹간 젊은 층이라고 해야 부모님을 모시고 온 듯한 처자들이다. 수긍이 간다. 15년 전만 해도 오고 싶지 않은 곳인데 지금은 가끔 온천을 다녀오면서 충전을 한다.

  오후에는 벼르던 청소를 시작했다. 난蘭 화분을 화장실로 옮긴 뒤 물을 뿌렸다. 늘 그랬듯이 예의 또 뽀글뽀글 소리가 난다. 난 화분에는 흙 대신 동글동글한 경석을 채운다. 가뭄에 콩 나듯 물 주어도 깔축없이 버틴다. 화산이 폭발하면서 구워진 돌이라고 상상해 본다. 불붙는 장작에 물을 끼얹을 때처럼 제풀에 짝짝 갈라졌으리.

  콸콸 흘러내리던 용암도 식으면서 잠깐 그 소리가 나지 않았을까. 그런 자리마다 온천이 나오고 더러는 우리 동네 온천마냥 탄산 성분이 되었을 거다. 소화를 돕는 것은 음식물 분해과정을 쉽게 만드는 일이다. 딱히 그 때문은 아니어도 갈 때마다 습관적으로 마시고 물병에도 담아오곤 했기 때문에.

  난蘭 역시 까칠한 줄기와 뿌리를 보면 민감성 체질이다. 꽃은 참 예쁘지만 물 한 모금 먹지 않고도 석 달은 살 수 있다. 사이다처럼 탄산수 흉내를 내는 경석이라야 마른 뿌리를 보호하고 그게 꽃피우는 원동력이었으리. 삶도 일종의 소화 기관이고 탄산 성분이 필요한 거라면 톡 소리가 날 정도의 자극이 필수라 하겠거니.

소화 기능이 약하다. 조금만 과식에도 체했다. 가스가 차면서 더부룩할 때는 약을 먹어도 시원치 않다. 어찌어찌 소화가 되는 듯 쓴 물이 고일 때는 쓸개즙이 나오는 중이었다. 위액과 이자액으로도 충분했던 게 쓸개즙까지 지원되는 일련의 상황들. 간에서 만들어진 뒤 저장할 때는 쓸개로 옮겨진다. 그래서 간에 붙고 쓸개에 붙는다. 얼마 후에는 속이 가라앉고 체기가 없어진다. 그때의 기분이 사이다를 먹는 것처럼 싸했다.

강가의 논도 툭하면 물방울이 올라왔었지? 벼 포기가 꽉꽉 들어찼으니 오리를 시켜서 벌레도 잡고 숨통을 열어주는 오리농법이다. 논둑의 수명에는 우렁이가 뽀글거렸다. 아침나절 태어난 애기가 저녁에 인사할 정도의 하짓날 고요를 깨는 유일한 자극음이었다. 어려움과 시련도 소화를 돕는 탄산음료일 게다. 우리 또한 불행과 행복을 전전하고 속된 말로 빌붙기도 하면서 적응해 간다. 그럴 때를 위해서 설상가상과 엎친 데 덮치는 불행이 등장했다.

복은 혼자 오지 않고 나쁜 일은 친구까지 동반하지만, 그 때문에 강해진다. 순풍에 돛 단 항해는 지친다. 꿈을 이루고 성공한 뒤에도 자중할 수 있는 저력은 뭘까. 불행 앞에서도 낙심하지 않았고 일이 잘 풀려도 필요 이상 기뻐하지 않았다. 맑은 날이 지속될 때는 강에도 물풀만 얽히고 노 젓기가 힘들어진다고 하면서.

힘들 때도 목표를 믿었던 거다. 항해하는 배가 풍파 없이 갈 수 있을까. 고난이 제거된 인생은 무의미하다. 파도가 사라진 물결은 헤쳐 가야 할 이유가 없다. 진정한 강자는 눈물을 머금고 달리는 사람이었다. 원활한 삶의 신진대사 때문에도 기쁨과 슬픔 등 여러 가지가 등장했다. 모진 풍파는 전진하는 자의 몫이었다. 음식을 먹을 때 보면 침샘에서 이자액 쓸개즙 등의 소화액도 갈수록 함량이 높아지고 다양했던 것처럼.

진고개 연서

 해발 963m에서 벗어난 봄의 궤도는 화려했습니다. 오대산 타고 누운 등허리에 비늘 같은 햇살이 박히면, 계곡의 은하수가 천 길 절벽 바위를 깎아내립니다. 겨울의 파편이 빙벽에 낱낱 박히는 것 같은 진풍경입니다.
 사월도 중순에 들어선 강원도는 꽃보라에 묻혔습니다. 언제부터 눈발이었는지 유리창 너머 구름을 걷어 올린 설편이 은구슬 꽃송이로 얼어붙는군요. 지상의 꽃 여울도 모자라 눈꽃을 피워 올린 모습에서 느닷없이 뛰어든 불청객을 봅니다. 사월에 초대받은 겨울의, 빈자리 없이 채워진 눈밭 역시 자연의 유희로 한 겨울 묻어둔 꿈을 돌려받은 것 같습니다.
 자연은 위대했습니다. 흐드러진 봄날 밀쳐진 겨울을 불러들인 눈꽃의 축제를 상상이나 했을까요. 눈부신 백설의 세계는 뜻하지 않게 터뜨려지는 자연의 아름다움 그대로였습니다. 봄을 허락한 자연인데 물러난 겨울의 잔류 병력이 봄의 퇴로를 차단한 것 같습니다. 봄은 봄이되 봄을 만든 겨울의 단면을 재현하면서 마찰을 완화시키는 격이지요.

어쩌면 깊은 산을 용케도 찾아왔군요. 새싹이 푸르러진 게 자주 눈에 띄면 봄이 이겼지 싶다가도 추운 날이 더 많았습니다. 오늘처럼 눈이 잔뜩 쌓였어도 한결 푸근해 보일 때는 봄 속의 겨울을 보는 것처럼 경이롭습니다. 승부를 예측할 수도 없이 뒤죽박죽이지만 봄도 겨울도 아닌 풍경 속에서 숙성된 봄이라 한결 따스합니다.

눈 덮인 나무를 배경으로 사진을 찍었습니다. 진달래와 꽃등을 피워 올린 목련 가지마다 눈이 소복하군요. 봄의 액자에 들어간 겨울을 현상하고 보니 겉도는 두 계절의 이미지가 더욱 뚜렷해집니다. 둘이면서 하나로 또는 하나면서 둘로 보이는 풍경이 봄 속에 안쳐진 겨울을 여실히 드러내고 있습니다.

말하자면 봄과 겨울의 추월 현장이었죠. 그런데도 난장판은 아닌 게 무질서한 혼란 속에도 엄연히 자리 잡은 질서 때문입니다. 어울리지 않는 이질감도 부딪칠 때는 아름답게 보이는 걸 알았습니다. 보편적인 조화는 편안하지만 예기치 않은 어울림은 훨씬 자극적이거든요.

고개를 내려가니 물결치는 바다가 나옵니다. 눈 쌓인 육지의 풍경은 아랑곳 없이 바위에 부딪힙니다. 빙점의 잔해가 낙화로 새겨지듯 부서지지 못한 몸부림이 구슬로 흩어집니다. 육지에서는 난데없는 춘설에 야단법석인데 물보라만 토해냅니다. 검푸른 물결이 밀려나면서 반항하는 겨울의 모습입니다.

빙점의 잔해가 낙화로 새겨지듯, 부서지지 못한 물결이 구슬로 흩어진 걸까요. 그래, 세상은 본래 하나였어. 수많은 물줄기가 모여 바다에 이르듯 우리도 운명의 물결에 표류하는 한 척 조각배였다는 몸부림이 그려집니다. 비정할 정도로 차가운 풍경이지만 그게 개울이란 개울 물줄기란 물줄기를 쟁여두는 바다의 위력일 테지요.

 문득 노을이 집니다. 거대한 물의 정거장과 하늘에 그어진 수평선 위로 쑥쑥 가라앉는 태양이 보였습니다. 눈꽃의 축제가 있기 전만 해도 엎치락뒤치락 실랑이를 벌이던 봄과 겨울처럼 노을을 기점으로 어둠과 밝음의 각축전도 만만치 않다는 생각이지만 그게 곧 삶이 아닐는지요.

 지금 물러나는 밝음도 새벽이면 다시 또 찾아옵니다. 어느 한 곳을 기점으로 끌려가고 끌려오는 상황의 연속입니다. 끝없는 시소타기에 줄다리기였지요. 겨울에 밀려나기는 했지만, 그 때문에 훨씬 아름다운 풍경으로 바뀌었습니다. 산그늘이 오늘의 페이지를 덮는 휴식의 장에서 잠시 나를 돌아봅니다. 수평선을 걷어치우는 시간의 추월선에서……

야누스의 일기장

 또 하루가 시작되었다. 1월도 벌써 열흘인데 아직도 어설프게 새해 같다. 누가 나이를 물어도 얼핏 작년 나이를 들먹인다. 며칠 전까지도 한 해를 보내는 시점에서 동동거렸다. 무엇 하나 끝낸 것도 없이 2021년을 맞고 보니 어쩐지 수수롭다. 1월을 나타내는 'January'도 야누스 즉 '야누아리우스(Januarius)'에서 유래되었다.
 야누스는 두 얼굴 가진 고대 로마의 신이다. 보통 이중인격자를 뜻하는데, 제사를 지낼 때 야누스 신이 가장 먼저 제물을 받았다. 시작을 주관하는 까닭에 새해의 첫 시작을 뜻하게 되었으나 한편으로는 출입문의 신으로도 일컫는다. 며칠 전인 2020년 마지막 날도 신년 맞이 설렘과 한 해를 보내는 아쉬움으로 착잡했다.
 야누스적 인생도 두 가지였다. 불행이라고 하지만 행복도 따라온다. 슬픔 또한 기쁨을 동반한다. 어둠이지만 지나가고 밝음이 온다. 오랜 절망에도 소망이 따른다. 바늘과 실처럼. 가끔 불행 때문에 힘들지만 슬퍼만 하는 것은 인생에 대한 모독이다. 바다의 눈물 진주가 아픔 끝에 만들어지듯 불행이 아니고는 말할 수 없는 그 무엇이었다.

 행복이니 불행도 본질은 똑같다. 행복은 당연히 행복으로 그릴 수 있고 불행 역시 행복으로 바꿔 그리는 거다. 고난이 닥칠 때도 뒤집어서 행복을 보는 야누스적 인생관이다. 행복의 문 아이디는 슬픔이고 행복이 꽃피는 비밀의 화원은 눈물로 얼룩진 지문이라야 따고 들어갈 수 있다. 불행 속에서도 행복을 찾아내는 그 또한 야누스적 인생의 묘리라면 새로운 반전이다.

 화가들도 그래서 야누스의 얼굴을 각기 표현했을까. 드나드는 사람을 동시에 배웅하고 검문하면서 얼굴은 또 부드러운가 하면 험상궂다. 그 얼굴은 이중인격도 되지만 힘겨운 삶에서도 용기가 생기고 소망의 횃불이 타오르곤 했다. 힘들어도 괜찮은 듯 살려면 아름다운 추억과 무지갯빛 꿈도 동시에 봐야 한다면서. 가장 큰 불행은 행복이 사라지는 순간 들어오는 소망을 놓치는 일이었다.

 두 개의 얼굴이라 혼란스러웠지만 그래서 인생 공부를 제대로 했다. 인생도 꽃피는 봄처럼 예쁘지 않았으나 기쁘고 행복하기만 해서는 향기로운 삶이 되지 못한다. 비바람 몰아쳐도 곧 지나가리라는 것도 그렇게 배웠다. 진주는 아름다움 자체였으나 그만치 고통스러운 거라면 야누스적 인생이다. 인생 또한 덧없고 후회스러워도 훗날을 보면서 참아야 하리. 기쁨의 바탕화면은 아픔이고 어떻게 극복하느냐의 문제였기 때문에.

 자칫 속을 것도 걱정이나 속아주는 방법도 있다. 특별히 우리는 희망에 속는다. 오늘은 힘들어도 내일은 괜찮겠지, 올해는 힘들어도 내년에는 잘 풀리겠지 하면서 충전을 받는다. 1월만 해도 우리를 속인다. 늘 떠오르는 태양인데도 해맞이를 꿈꾸고 매일 매일 주어지는 하루일 뿐인데 뭔가 꼭 이룰 것 같은 희망을 갖게 한다. 그러다가 갈수록 시들해지면서 속는 기분이었다.

문제는 일 년 365일을 새해처럼 살지 못한 자기 탓이지만 희망이라는 사기꾼에 속다 보니 모진 세월도 부드러워졌다. 희망도 인생도 속이는 게 일이지만 괘씸죄를 묻기보다는 속아주면서 행복의 기반을 다지는 거다. 말은 속인다고 하지만 선의의 거짓말이 있는 것처럼 무슨 일이든 헤쳐나가는 동안 인격적으로 훨씬 숙성되는 것이다.

가끔 야누스의 일기장을 꺼내 본다. 무심히 펼치면 그렇게 적혀 있었다. 행복의 이면에도 불행은 도사려 있고 그것을 볼 줄 알아야 제대로 산 거라고. 두 개의 얼굴은 모든 걸 동시에 꿰뚫어 보았을까. 1월 'January'야말로 지난해의 곡절과 신년도의 소망이 엇갈리는 '야누스의 달'인 것처럼 야누스의 인생 또한 행복과 불행과 기쁨 슬픔이 엇갈린다. 절망이 하나면 거기 빛나는 꿈과 소망은 헤아릴 수 없이 많았다. 행복은 고난의 성벽에 휘날리는 깃발 같은 거였다. 1월의 상징 야누스는 이중인격이지만 이중생활의 보루였으면 좋겠다.

야누스적 메시지가 신년 1월부로 적용되는 것도 보이지 않는 희망에의 암시였다. 그 뜻이 위선일지언정, 힘들 때도 능히 견딜 테니 나쁠 게 없다. 두 얼굴은 과거와 미래를 보면서 추억을 반추하고 소망을 꿈꾸는 동안 현실을 극복한다. 겨울에도 봄을 느끼는 사람은 얼음장 밑으로도 따스한 흐름을 듣는다. 갑자기 꿈이 보인다. 인생의 방정식에 대입하고 싶을 정도로.

네가 먼저 싹 틔우렴

5부

원격상담
해거리, 삶의 돌파구
오늘이 바로 그날
초겨울 어름에서
옻 수난기
집들이 유감
추워야 봄이 되지
현재 나이 배송 중
딱지
땅 내를 맡다
콩나물 사연
가을 고추장
장아찌 문화
설날 아침의 단상

원격상담

 노트북에 문제가 생겼다. 바쁘다 보니 직접 갈 수는 없고 원격상담을 받기로 했다. 문제의 전자 회사 홈페이지에 들어가서 20분 통화 끝에 원만히 해결되었다. 서비스 센터를 방문하지 않고도 여직원과 똑같은 화면을 켜 놓고 명령에 따라 진행하면서 상담을 받는 시스템이다.
 상담 도중에 깜짝 놀란 기억도 생생하다. 한창 진행 중인데, 어느 순간부터는 여직원이 조종하는 듯 화면이 막 움직인다. 당황스러운 마음에 얼핏 마우스를 건드렸다. 그러자 별안간 "마우스 건드리지 마세요!"
 갑자기 깜짝 놀랐다. 멀리 떨어진 상태에서 문제를 해결하는 방법이지만 그동안 여직원의 손바닥에 있었던 것일까. 원격상담은 자주 들어 왔지만 누군가 멀리서 내 모습을 조준하고 있다는 게 두렵다. 감시카메라처럼 계속 미행하는 것 같은 상상 때문이다.
 지난 3월 코로나19가 처음 확산될 즈음 미국에서 돌아온 사람도 그랬다. 하루는 마트로 가는 중인데 "어딜 가십니까?"라는 호통이 들리더란다. 깜짝 놀라 돌아보니 아무도 없었다지. 그제야 공항에서 입국 수속 끝에 손목에 무슨 장치를 했던 기억이 나더라나? "마우스 건드리지 마세요"라는 말에 당황한 나처럼 그랬겠지.

 원격 미사일이니, 원격 조종 모형 비행기 원격 폭탄이니 모두 그런 식이었을까? 복잡하게 현지에 갈 것도 없이 멀리서 조준하고 장착한다. 멀리서 보기 때문에 현장에서보다 시야가 넓어서 더 정확할 수 있다. 앞으로는 병원도 그런 식의 원격진료가 가능할 것으로 본다. 상대방을 보면서 영상통화를 하듯 그럴 거다. 무서운 세상이다.

 하지만 이 모두는 동화에서 이미 언급된 내용이다. 어릴 때 읽은 수많은 이야기의 공통점 하나가 곧 원격조준이다. 여행을 하던 나그네 한 사람이 문득 가족들의 안부가 궁금해졌다. 스토리대로 그릇에 물을 담아 놓으면 집안 전체가 보인다. 병석에 누워 있는 가족이 나타나면 서둘러 돌아가고 특별한 일 없으면 그냥 가던 길 간다.

 최근 아들네 집에도 그렇게 원격장치를 해 두었다. 아이들만 있을 때 잘 놀고 있는지 파악하는 듯하다. 노부모님 계신 집에서는 그런 식으로 부모님 생활상을 점검한다. 동화 속 상상의 세계가 실현된 거라면 우리 생각한 것은 모두 이루어진다는 뜻이었으리.

 그 외에 상대방의 마음을 읽는 것도 엑스레이와 초음파로 볼 수 있다. 몸 안의 장기를 찍는 엑스레이만도 대단한데 초음파는 그 움직임까지 찍어낸다. 거짓말 탐지기 역시 사람의 마음까지도 읽어내는 상상 그대로의 기구였던 것.

원격상담

이래 가지고는 남몰래 어떤 짓도 꾸미기 힘들다. 당연히 해서는 안 될 일이지만 어디서든 위치 추적이 되는 스마트 폰의 위력도 대단하다. 지금은 동화에서나 상상했던 일이 실제로 이루어지는 첨단 과학 시대였던 것.

동화를 읽기 시작한 게 초등학교 때부터라면 50년 동안 충분히 가능하다. 동화에서는 흥미진진에 스릴 만점이었던 상상의 세계가 정작 현실화되자 공포스러운 느낌은 왜일까. 범죄사건 같은 경우 유력한 용의자는 옴짝달싹도 힘든 세상이 올 것 같다. 어디 가서 뭔 짓만 해도 "당신 지금 뭐하는 거야"라고 호통이 떨어질 테니 잘 됐지 싶으면서도 한편 씁쓸하다.

요즈음에는 모임도 어지간하면 원격회의를 통해서 만난다. 코로나19 때문에 시작된 원격 수업도 비슷한 맥락이다. 동화 속에서의 일이 실제로 이루어진 것도 놀랍거니와 하필 코로나19 때문에 보급된 각종 원격 시스템도 묘하다.

어쨌든 앞으로의 귀추가 궁금하다. 다시 또 노트북에 탈이 생길 경우 직접 가자니 코로나19가 두렵다. 상황이 호전되지 않는 한 달리 방법은 없지만 그렇더라도 내 집에서 충분히 해결할 수 있으니 참으로 가공할 만한 세상이다. 과학의 힘은 역시 위대하다. 언젠가 들으니 로봇이 운전하는 고속버스가 나온다고도 하는데 사고 방지율 100%에 자동운전 시스템이라 해도 약간의 사고 발생이 낫지, 기계가 운전하는 차에 실려 가다니? 갈수록 늘어나는 기계 때문에 끔찍스럽고 숨이 막힐 것 같다. 아무래도 여기까지였으면 좋겠다.

해거리, 삶의 돌파구

 바닥으로 수많은 감이 떨어져 있다. 진즉에나 떨어지든지 마늘 통만 한 것들이 굴러다닌다. 아까운 생각이 들었으나 동생은 그렇게 해거리가 된다고 했다. 장마철도 되었지만, 날씨에 의해 떨어지고 나무가 우정 떨어뜨리는 경우도 있겠다. 이태 전에는 한 그루에서 무려 100접은 땄다고 한다. 곶감을 만들고도 남아서 홍시까지 안쳤나 본데 지금은 저절로 솎음이 되었다는 투다.
 아무리 그래도 많이 따는 게 좋을 테지만 나무로 보나 오래 먹는 거로 보나 해거리도 필요하겠지 싶다. 해거리를 통해서 원만한 성장이 이루어지는데 최근 과수원의 감나무는 해거리를 못 하게 거름을 잔뜩 주고 살충제를 친다고 한다. 여타 과일나무보다 유난히 해거리가 심한 나무에게 해거리를 하지 못하게끔 인위적으로 압박을 준다니 불쌍하다. 수확량은 늘어날지 몰라도 힘에 부칠 테니까.

몇 해 전 우리 집 뜰에 있던 대추나무가 생각났다. 언젠가 하도 많이 달려서 여기저기 나누고 참 맛있게 먹었는데 그다음 해는 드문드문 달려 있을 뿐 영 시원치 않았다. 왜 그런지 처음에는 영문을 몰랐는데 그 녀석도 해거리를 한 것이다. 더 많은 열매를 달기 위해 탈진해 버린 몸을 추스르고 있는 중이란 것을 몰랐다.
 나무는 그렇게 해거리라는 구실로 한 해 동안 열매 맺기를 과감히 포기할 줄 안다. 모든 에너지 활동을 늦추면서 내년을 충전하는 데만 심혈을 기울이는데 애꿎은 나무만 타박했었다. 거름이 부족한 거 아니냐고 잔가지가 너무 많은 거 아니냐고 거름을 듬뿍듬뿍 주고 멋대로 가지치기를 했다. 쉬고 싶었던 차에 얼마나 힘들었을까. 참고 기다려 줬으면 될 것을 아무 죄 없는 나무를 못살게 굴었으니 참으로 난감했을 것이다.

 요즈음 텃밭에 가면 호박이 지천이다. 가으내 비가 오질 않으니 꽃피는 대로 수정이 되는 까닭이다. 생각하니 지난 해는 호박이 이렇게 많이는 달리지 않았다. 나무처럼 해거리를 하는 것은 아니지만 날씨에 의해 자연스럽게 해거리가 되는 성싶다. 가지도 어찌나 많이 달리는지 초가을 흑단나무에 참기름을 친 것 같이 빤들빤들한 것을 보면 무쳐 먹고 싶은 생각이 저절로 들었다.
 지난해에 많이 달리지 않아서 해거리를 하는가 싶을 정도로 열심히 달렸다. 그리고는 가을장마와 함께 기세가 주춤하는 게 다행이다. 이 정도로 끝나야 내년에도 따먹을 수 있겠지 싶어진 거다. 너무 달리면 내년에는 작황이 떨어질 테니, 해거리야말로 모든 작물의 덕목이고 미덕이었다. 날씨조차도 그런 식으로 해거리를 돕고 있는데 변수를 쓰는 것은 무리가 따를 수밖에 없다. 감나무가, 툭하면 부러질 만치 약하다지만 그렇게 해거리 삼아 조율하는 것도 자동 조절 시스템의 일종이었으므로.

 과일이든 작물이든 번차례로 해거리가 되면서 균형을 잡아나간다. 구태여 해거리가 아니어도 겨끔내기로 적절히 달려야 괜찮다. 올가을 도토리가 흔하면 내년에는 밤 혹은 대추가 잘 달리는 격이다. 해거리라지만 모든 나무가 똑같이 많고 적게 달린다면 오히려 뒤죽박죽 혼란이 오고 말 테니까. 날씨와 절기에 따라 풍년이 드는 나무의 목록이 달라지는 거지만 그렇지 않을 때도 감나무처럼 스스로 조절하게 될 것을 생각하면 참 신비스럽다.

 가끔 해거리 중이던 나무의 속내를 들여다본다. 나무라고 편하지만은 않았을 거다. 많은 열매를 포기하고 아주 조금만 단 채 쉬는 중이었으나 내년을 생각하면서 참는 중이었으리. 특별히 봄에는 내년에 더 많은 열매를 위해 과감히 꽃을 버리면서 무척이나 착잡했을 테지만 스스로를 채찍질했을 것이다. 강물은 강을 버려야 바다에 이르는 것처럼 내년을 위해 현재의 풍족함을 버려야 한다면서 그렇게.

 눈감으면 떠오르는 한 그루 감나무가 어기차다. 자세히 보니 나뭇가지 사이로 푸른 하늘까지 들었다. 다닥다닥 붙어 있던 감이 제풀에 떨어지고 장마에 떨어지고 스스로도 참 아까웠을 테지만 푸른 하늘과 떠가는 구름을 보니 가히 풍경이었다. 잔뜩 달려 있을 때는 눈에 띄지 않았다. 해거리를 앞세워 휴식만 취하는 것 같아도 비워주는 여백의 효과가 그럴듯하다.

우리는 지금 목하 해거리 중이라던 나무의 메시지를 듣는 셈이다. 해마다 잘 되는 것도 좋지만 무엇이든 그렇게 원하는 대로 이루어질 경우 마침내 쓰러질 수 있다. 뭔가 진전이 없다면 지난해 소득이 많았거나 나중에 잘 풀릴 조짐으로 보는 안목이 필요하다. 일이 풀리지 않을 때도 내일을 바라보고 지지부진 상황을 견디면서 회복의 과정으로 바꾸는 거다.

살다 보니 해거리도 하지만 우리들 하루하루도 그런 식이라는 것을 알겠다. 가령 오늘내일 맑으면 하루쯤은 흐린 날이 되겠지. 우리 대부분 맑은 날씨를 원하지만 흐리면 당연히 비가 오고 다음에는 틀림없이 맑고 푸른 날씨로 바뀔 테니 필요하다. 우리 또한 바람 불고 태풍이 지나갈 때도 그게 삶이려니 하면서 소망을 갖고 견딜 수 있다. 그리고 이어서 주어지는 풍부한 결실에서 해거리하듯 한때의 부족함을 채워 주는 섭리는 보는 셈이다.

나 아닌 누군가가 실적이 부진할 때도 해거리 중이려니 하면서 믿어주는 것이다. 내년에 훨씬 더 많이 달릴 줄 모르고 스스로 절망하거나 누군가를 비난한다면 큰 오산이다. 올해가 시원찮다면 분명히 잘 될 조짐이었으니까.

해거리는 곧 두 걸음 위한 한 걸음 후진이다. 무작정 많이 달고자 하면 오히려 지치고 힘들고 실망한다. 과일도 지나치게 달리는 것은 좋지 않은데 하물며 원대한 안목으로 나가는 삶이다. 목표가 크고 광범위할수록 필요한 덕목이라고 되새겨 본다. 목적을 향해 가는 삶이라도 조금은 쉬어가야 한다는 것, 그래서 해거리가 필요한 것까지도……

오늘이 바로 그날

어느새 12월이다. 한 해의 끝자락에 접어드니 예의 또 감회에 젖는다. 특별한 일을 해 보고자 했던 새해 벽두의 결심 때문이었을까. 어쩌면 매일 그런 날이었을 텐데 공연한 일에 시간을 허비한 듯 마음이 수수롭다.

어떤 사람이 아내와 사별을 하게 되었다. 유품을 정리하다가 스카프 한 장을 발견했다. 몇 해 전 함께 여행하다가 구입한 것으로 아주 곱고 비싼 스카프여서 차마 두르지 못한 채 특별한 날만을 기다리다가 죽음을 맞았다. 너무도 애통한 그는 친구에게 "절대로 소중한 것을 아껴뒀다가 특별한 날에 쓰려고 하지 말게"라고 충고했다.

우리 사는 매일 매일이 곧 특별한 날이다. 한 장 남은 달력을 볼 때마다 뭔가 해 보겠다 하고는 금방 흐지부지되었던 신년 초의 기억이 새롭다. 그리고는 또 지금 같은 시점에 서 있게 되고 후회스러운 마음에 "새해부터는 다시금 시작해야지"라고 결심하는데 앞서 나온 이야기 때문인지 유독 생각이 많다. 얼마 남지 않았으니 그때부터라고 벼르기보다는 지금 당장 시작하는 게 바람직하다.

좋은 물건이 있으면 날 받아 꺼내게 되지만 언제 무슨 일이 생길지 모르는 삶의 정서와는 어긋난다. 내일을 무시하고 오늘에만 집착하라는 게 아니라 그러한 자세가 정작 오늘 시작해도 늦을 수 있는 일의 가치를 떨어뜨린다. 내일을 모르는 하루살이가 앞뒤 생각 없이 등불에 뛰어드는 건 경망스러울지 모르나 오늘에 승부를 거는 자세만큼은 본받을만하다.

사실 나는 물건을 아끼지 않는다. 어쩌다 외출복을 사도 금방 해지고 만다. 남들은 옷장에 두고 결혼식 등 이름 다른 날만 입는다는데 이웃에 놀러 갈 때도 서슴없이 입는다. 이, 삼 년이면 낡고 미어져서 또다시 사야 하는 일이 비일비재하다. 옷장에 둔 채 유행이 지나서 입지 못하는 일은 거의 없다. 남들 또한 속내는 모른 채 비싼 옷만 입는 줄 안다.

늘 입는 옷이 그 정도니, 특별한 날에는 얼마나 멋지게 입을지 헤아리는 듯하다. 막상 그런 날이 올지언정 별반 다를 것도 없지만 평상시에도 외출하는 것처럼 입는 게 더 합리적이다. 아울러 옷뿐이 아닌 내 생활 방식도 그렇게 유도하면 여차할 때 아쉽고 유감스러운 경우는 없을 것이다. 무슨 일을 할 때 잠시 보류하고 좋은 방법을 모색하는 게 아니라면 그런 식으로 사는 것도 나쁠 것은 없지 싶다.

오늘은 한 해라는 커다란 퍼즐의 일부분이었기 때문. 1년 365일은 곧 하루하루의 작은 퍼즐로 이루어졌던 것이다. 크고 작고 모양도 가지각색인 가운데 한 개만 빠져도 헐거워지듯 우리 삶의 낱낱 퍼즐은 소중한 존재고 그만치 중요하다. 하루하루가 그냥 평범했다면 영향을 받지 말아야 하거늘 여파를 준다면 오늘의 의미는 작은 게 아니다.

 오늘을 무심히 보내면 특별한 날에도 무신경해진다. 비싼 스카프가 무용지물이 된 게 하루를 무심히 흘려보낸 결과는 아니지만, 내일에 밀려 소홀해질 것이 문제다. 제아무리 비싸고 좋은 거라도 옷장 속에서 묵힐 경우 싸구려 스카프와 무에 다르랴. 하다못해 이웃집에 갈 때도 우아하게 두르고 나갔더라면 유명을 달리했을 때 그리 속상하지는 않았을 거다.

 하지만 생각처럼 잘되지 않는 부분이다. 특별한 날을 위해 간직해 둔 스카프는 참으로 아쉽지만 먼 훗날도 외면할 수는 없다. 하루 죽을 줄 모르고 열흘 살지만, 오늘도 그만큼 중요하다. 뭐랄까, 이 하루를 마지막으로 여기면서 특별한 날의 초석으로 삼는 것이다. 내일도 중요하지만, 오늘은 또 어제 죽은 누군가의 간절한 내일이었기 때문에.

 오늘이 바로 그날이었던 것이다. 한해를 돌아보는 아쉬움 때문에도 남은 날들이나마 최선을 다하고 싶다. 지금 쌓는 한 장 벽돌의 퍼즐은 그 하나만 삐끗해도 방죽이 무너질 정도의 타격을 준다는 사실을 거듭 돌아본다. 한 해를 보내는 마지막 시점에서.

초겨울 어름에서

꽃병 속의 덩굴장미가 환하게 웃는다. 입을 꼭 다문 채 봉오리 진 꽃이 제철이나 되듯 곱다. 지난 토요일 개울을 지나다가 하도 고와서 얼결에 꺾어 왔다. 몹시도 바람 불어 춥던 그 날 된내기까지 내려 푸르등등한 이파리 속에서, 나 여기 있다고나 하듯 상기된 채 피어 있던 새초롬 덩굴장미꽃.

된내기를 무릅쓰고 간신히 핀 것을 생각하면 안쓰러웠으나 바람이 불면 또 한차례 떨어질 테고 그럴 바에는 꽃병에 꽂아 두고 완상하는 것도 괜찮으리라 싶었다. 꽃이 귀한 초겨울 무심코 보노라니 어설픈 중에도 제법 아리따운데 제철보다 거의 반년은 지나 초겨울에 피는 곡절이 뭘까, 그때보다는 못 하지만 텅 빈 들판이라, 고명이나 끼얹듯 더러 꽃이 피기도 한다는 게 붉은 이파리만치나 곱다.

들판을 끼고 돌던 그때 마음이 그랬다. 자세히 보니 덩굴장미뿐 아니라 노란 민들레까지다. 제철 같으면 잘 띄지도 않을 것이나 그만해도 썰렁한 들판이 아늑해 온다. 크고 작고 소담한 것을 떠나 이듬으로 핀 자체만으로도 충분히 아름다운 메시지를 받아 적는데 길섶의 쑥과 냉이가 문득 탐스럽다.

 좋은 시절 다 간 뒤 하필 초겨울 어름에 피고 돋는, 그렇게라도 한 번 싹을 틔운 뒤 겨울잠에 드는 속내는 뭔지. 봄에 피지 못한 아쉬움으로 햇살조차 시들고 가늘어지는 초겨울, 바람까지 쌀랑대는 속에서 꽃을 피우고 싹을 틔우는 것 같지만 눈이라도 쌓이면 땅속으로 움츠러들 뿐이다. 그냥 참았다가 봄에 싹 틔우면 간단한 것을, 겨울잠에 들기 전 잠시 볕을 쬘 수는 있어도 해는 노루 꼬리처럼 짤막하고 구름 낀 볕뉘는 온기조차 없다.

 떨어지는 가랑잎조차 줄기와 이파리 틈으로 얇은 막을 만들어 물기를 차단하면서 단풍이 들었거늘 길 한편에서, 물기는 진즉에 말라 간간이 누렇게 뜬 꽃잎이야말로 무슨 안간힘으로 저리 피었는지. 어디 물기를 감추었다가 꺼내 쓴 것도 아닐 것 같고, 물기가 적을수록 꽃은 더욱 선명해지는데 물기 촉촉 머금은 잎은 도대체 무슨 연유인지. 단풍이야 물기가 마르면서 새들새들 고와진 것인데 가을 찬 이슬까지 촉촉 적셔주니 그래서 더 예쁜지 모르겠다.

 속내는 물기 하나 없어 말랐어도 영롱한 이슬이 눈물처럼 맺혀 있다. 물 마른 단풍이 찬 서리에 고와진다는 표현이 나옴 직하다. 그래서 늦가을에도 더러 꽃이 핀다는 느낌. 어느 해 보면 담장의 개나리가 다박다박 피었다. 길섶의 냉이가 까칠한 잎줄기 새로 쌀 톨보다 작은 꽃대를 내밀기도 한다. 꽃이든 초록이든 전성기라 해도 오래지는 않았을 테니 뒤늦게 찬 서리 맞아 피는 모습이 대견하다. 봄에 만발했어도 아쉬움은 당연히 있을 것이기에…….

 그나마도 며칠이면 죄다 떨어질 꽃병의 장미가 안 되기는 했다. 금방 추워질 걱정으로 꺾어는 왔어도 바람 모지 들판에서 더 행복했을지 몰랐겠다는 아쉬움. 덩굴장미 발치에 묻혀 있던 수많은 가랑잎을 보면 초겨울은 어차피 그런 이미지였으나 한때 가랑비에 날리며 늦가을 이미지를 전하던 그 모습. 잎 하나 집어 드는 순간 가을엽서 귀퉁이 붙어 있던 낡은 우표가 떨어진 것 같은 기분이었는데.

 계절이 가고 있다고 모퉁이 모퉁이 낙엽으로 지면서 퍼뜨리던 홀씨 아닌 홀씨를 보는 듯했었지. 그런 중에도 아쉽지 않은 것은 또 늦가을 메시지를 전하듯 겨울을 난 뒤에는 봄소식까지 전해줄 것 때문이다. 수없이 날리던 가랑잎 연가는 낙엽이 질 무렵 잎자루와 가지 끝에 생기는 떨켜에서 비롯되었거늘. 게다가 더는 물기를 보내지 않게 되면서 겨울도 무사히 날 수 있다니 쓸쓸하다고만 했던 초겨울이 문득 따스해진다.

옻 수난기

　요즈음 머리가 자꾸 가렵다. 염색을 할 때마다 알레르기 반응 때문이다. 옻나무만 봐도 민감성 체질이다. 그 진으로 만든 염색약까지 쓰고 있다. 당연할 수밖에.
　맨 처음 옻이 오른 것은 열두 살 때다. 취나물 뜯는 엄마를 따라갔다 오면 한동안 가려움증에 시달렸다. 얼마 후에는 벌겋게 돋은 반점이 흉했다. 약도 없이 생짜로 앓으면서도 눈에 띄게 고왔던 옻나무 잎이 떠올랐다. 예민한 사람은 곁에만 가도 가렵다. 그런 줄도 모르고 있다가 뜻하지 않은 홍역을 치른 셈이다.
　은행나무에서도 옻이 오른다. 시댁에서는 해마다 은행을 말렸다. 곰삭게 뒀다가 개울에서 씻어 오곤 했다. 바구니에 넣은 채 흔들어서 헹구는 것인데 김장철에 다시 꺼내 쓰면서 사달이 났었다. 토란국 끓일 때도 두드러기가 번진다. 손질할 때마다 장갑을 끼는데도 소용없다. 이제는 내성 때문에 은행이든 토란이든 괜찮아졌지만, 한때는 적지 않은 스트레스였다.

혈압이나 알레르기만 없으면 옻나무만치 약효가 뛰어난 것도 드물다. 특별히 옻닭은 위가 약한 사람들이 먹는 건강식이다. 가구 중에서도 옻칠을 한 게 고급스럽다. 독을 유발할 정도의 끈끈한 진액이 또렷한 빛깔로 드러나는 것인데 직접 순을 따거나 삶아 먹는 사람도 있다. 곁에만 가도 옻이 오르는 나로서는 상상도 못 할 일이다. 은행나무도 벌레가 꾀지 않을 만치 독성 때문에 가래를 삭이는 거담제로 쓰인다. 순이 나올 즈음 살짝 닿아도 옻이 오를 정도였으니, 독으로 독을 물리치는 격이다. 특이한 체질이기는 했지만.

 옻과 사촌지간이라면 독성이 아닐까. 해거름, 천변에서 따 온 인동나무 수내기를 다듬어 끓는 물에 데쳤다. 푸른 색소를 풀어놓은 듯 헹구는 대로 뽀득뽀득 소리가 난다. 따면서 보니 파랗게 삐져나온 잎이 탐스러운데 자잘한 가시에 뒤덮였다. 살갗에 박히면 꺼내기도 힘들지만 야들야들한 나물 반찬을 먹고 싶은 마음에 꾹 참았다. 흔히 먹는 오가피와 두릅과 엄나무 순도 가시 치레였다. 독은커녕 삶으면 금방 푹 물러진다. 나무순을 딸 경우 잘못 섞여 들어가기도 하지만 가시가 있는 나물은 일단 안심하고 먹을 수 있기 때문에.
 나물도 잘못 먹을 경우 부작용에 시달린다. 옻까지는 아니어도 복통을 일으킨다. 취나물을 뜯다 보면 생소한 나물이 눈에 띈다. 참기름을 바른 듯 반짝이는데 벌레가 기어 다닌 흔적도 없이 매끈하다. 말할 것도 없이 두꺼운 잎에 광택이 나면서 유달리 번쩍이는 독초의 특징이다. 오죽하면 뜯어먹지도 못했나 싶지만, 구별은 쉽지 않다. 곰취와 동의나물도 아주 흡사하다. 가끔

등산객들이 독초인 동의나물을 곰취로 혼동해서 뜯어 먹고는 병원에 실려 가는 경우도 있다. 잘 먹으면 약초가 어느 순간 독초로 바뀌는 순간이다.

 착각할 정도로 닮기는 했지만 미세한 차이로 구분이 가능하다. 가시처럼 확실치는 않아도 곰취는 잎이 부드럽고 솜털이 많은 반면 동의나물은 독초의 특징대로 윤기가 돈다. 옻나무와 은행나무 잎이 유달리 반짝이고 화려한 것도 무슨 연계성이 있는 것은 아닌지 몰라. 단풍나무는 화려했지만 담백한 빛깔에 은행잎처럼 두껍지도 않다. 아무리 봐도 독성의 유무가 문제였으리. 독은 꽃에도 있었으니까.

 초여름 뒷산에 올라가면 하얗게 부풀어 오른 철쭉이 있고 그게 곧 떡병에 걸린 철쭉이다. 주로 어린잎과 꽃눈에서 발생하는데 잘못 먹으면 구토와 배앓이 등으로 고생할 만치 독성이 강하다. 진달래와 비슷하나 철쭉은 잎이 난 뒤에 꽃이 피고 진달래는 꽃이 먼저 핀다. 이파리도 철쭉은 끈끈한 즙이 나오고 그래서 개꽃이라 부른다. 참꽃인 진달래도 꽃술과 꽃받침에 소량의 독이 있다지만 철쭉보다 약하며 보통은 떼어내고 화전을 해 먹는다.

 능소화도 독성이 강하다. 언젠가 꽃잎을 말리다 보니 시꺼멓게 변했다. 장마철도 아니고 된 볕에서 필 때였던 걸 보면 독성 때문이다. 눈에 닿으면 자칫 실명까지 된다니 그럴 수가. 주황빛 강렬한 꽃잎을 보면 독초의 잎이 유난히 산뜻하고 반짝이는 것과 어지간하다. 장미꽃을 말릴 때는 훨씬 더 짙은 흑장미 빛깔 그대로였지만, 가시가 있는 나물은 독이 없다고 하듯 일단 가시를 내밀었다. 나물이 아닌 꽃이라 해도 독성은 감해졌으리.

 독에 대한 특징을 알고 보니 새삼 별나다. 가시가 있으면 오히려 순한 나물이지만 예쁜 꽃 능소화가 눈을 상하게 한다. 가시가 있으면 십중팔구 독이 없듯이 험상궂게 보이는 사람일수록 속내는 부드러울 수 있다. 사람이든 식물이든 보기와 다른 점에 유의한다면 외양만 보는 평가 때문에 낭패를 보는 일은 없을 것이다.

 독성이 강한 그들 나무는 또 어쩜 그렇게 예쁜지 몰라. 옻나무만 봐도 이상하게 눈길을 끌곤 했었지. 어린 마음에도 핏빛처럼 노을빛처럼 붉은 빛깔에 반했을 거다. 은행나무도 물들기 시작하면 금덩이가 반짝이는 듯 환상적이다. 잎이 떨어질 때는 노란 카펫을 깔아놓은 듯 금돈을 쏟아붓는 듯 화려했지만 다가갈 수도 없다. 옻이 올라 고생하던 어린 시절 그때도 유난히 선명한 빛깔에 팔려 가보면 영락없이 옻나무였지 않은가.

 옻나무든 은행나무든 참 좋아하는 빛깔이지만 멀리서 볼 때 찬란할 정도로 아름다운 경지만을 취하고 싶다. 가까이 가는 대신 적정선을 지키는 거다. 그만해도 충분한 것을 구태여 먹거나 하면서 탈을 자초할 이유는 없다. 수치 문제였으리. 아울러 독이라 해도 수용하기 나름이었을까. 어떤 사람은 또 먹어도 괜찮았던 것을 보면…….

 잘 먹으면 약이고 잘못 먹으면 독으로 바뀐다. 우리 약과 독을 따로 구분하지만, 적정수치에 따라 좌우되는 것처럼. 거부하고 싶은 여건도 그런 식이라면 윤택한 삶의 모태가 되기도 했으므로. 잡초를 뽑을 때 야생화도 딸려오는 걸 보면 불행 속에도 행복의 요소는 가미된다. 행복에 대한 만족도와 불행에 대한 거부감을 적절히 아우르면 충분할 거다. 살 동안 수많은 역경에서도 거기 든 소량의 행복을 추구하는 셈이다. 옻에 대한 민감성 반응과는 달리 빛깔만큼은 간절했지 않은가. 힘든 중에도 가끔은 설레던 인생의 한 부분처럼 그렇게.

 옻이니 독성에 대해 낙관적으로 바뀐 걸 보면 어릴 때는 꿈도 못 꿀 내성이 생겼나 보다. 참 어지간히도 힘들었는데 언짢았던 기억을 되살리면서 한 편 글을 다듬고 있으니 묘하게 수수롭다. 어째 오늘은 머리가 덜 가려운 것도 같다. 머리가 잠잠해졌으니 음악이라도 들어야겠다. 성미 급한 사람은 먹지 말아야 하는 옻닭의 금기처럼 과격한 기질 대신 우정 차분한 마음을 견지해 본다. 별달리 옻을 타는 것도 남보다 강한 기질 때문에 제 몸 스스로 취한 타개책이었다고 믿으면서.

집들이 유감

 오늘도 제비는 오지 않았다. 멀쩡히 잘 지은 집을 두고 어딜 갔는지. 빈집에는 집도 짓지 않는 습관이다. 오히려 한갓지고 조용하련만 위급할 때를 생각해서 사람이 사는 집을 택하는 성싶은데 그처럼 싫어하는 빈집으로 남겨둔 채 행방이 묘연해졌다.

 이웃 사람 얘기다. 따스한 봄 어느 날 제비 한 쌍이 날아와서는 처마 끝에 집 짓는 공사를 시작했다지. 흙 묻은 지푸라기를 물었다 뱉기를 계속하더니 벽에 착착 붙여 쌓는데 머리카락 하나 들어갈 틈도 없이 정교해 보이더란다. 공사가 끝나고 집들이를 하겠구나 했는데 어느 날 종적을 감춰 버렸다.
 얼마 후 보니 처마 끝에 제비집 두 채가 나란히 붙어 있다. 한 지붕 밑에 두 가족처럼 보이지만 들은 대로 한 채는 텅 비었다. 맨 처음 왔을 때도 네 마리 제비가 빨랫줄에서 옥신각신 실랑이를 벌이고 있더라나? 여느 때는 듣기 좋은데 시끌시끌 요란했다면서 말다툼 중이라고 했다. 우연히 만나 언쟁을 벌인 거면 초면은 아니었으나 연유는 모르겠다고.

 특별히 먼저 집을 짓던 제비가 떠난 것 같더란다. 처음에 온 제비는 이미 다 지어놓은 상태였고 나중 온 제비가 맞은편에 또 다른 집채를 올렸다는 것이다. 앞서 제비들처럼 지푸라기를 물어다가 착착 붙여 쌓더니 역시 금방 끝났다. 그리고는 우리가 본 대로 새끼를 치면서 오순도순 재미나게 사는 중이었는데 한 채가 비는 바람에 구설수에 올랐다.

 얘기 장단에 시간 가는 줄 몰랐다. 일단 강남에서 함께 떠나온 일행이었을 거라고 의견을 모았다. 모르기는 해도 부모님과 아들 내외였을 거라고 생각했다. 아들 내외가 먼저 집을 지었을 경우 부모님 제비가 어찌어찌 수소문해서 함께 살려고 찾아왔건만 새들도 부모님은 부담스러웠는지 일껏 지어놓은 채 나간 거라고.

 하기야 그렇다면 부모님 제비 가족이 새삼 알을 까고 새끼를 칠 것 같지는 않으나 최근까지도 에미나이라 하여 며느리가 시어머니 산간을 하는 일이 많았다. 더구나 한 집에서 나이 많은 조카가 있고 뱃속에 든 삼촌과 고모도 흔했다. 새들에게도 있을법하나 거처가 다른데 구태여 나간 연유가 뭔지. 한 집에 사는 건 불편하다. 그 까닭에 별채에 모셔놓고 봉양하는 추세더니 그마저도 불편한 시대였는가.

 부모님이 먼저 지었을 경우도 비약해 본다. 다 지어놓은 어느 날 근처에서 아들 내외를 보고는 빨랫줄 상황을 연출한 거다. 고향을 떠나온 타관살이에 같이 살자고 그랬을 텐데 완강히 거절했겠다. 끝내 설득을 하지 못한 부모님들은 우리가 나갈 테니 너희가 살라면서 떠나 버렸다. 턱 하니 차지해 살기도

집들이 유감

뭐하고 그래 멀쩡한 집을 두고 따로 살림 차려 나간 듯하다.

 부모님이 찾아 올 경우 묵게 하면 될 거라고 생각했을지 모르겠다. 잠시 놀러 올 수도 있고 땅 설고 물 선 타관에서 병이라도 나면 요긴한 공간이다. 핑곗김에 저희들 취향대로 지었을 법하다. 나라도 그랬을 거라고 했지만 누군가는 연적 관계라고도 했다. 한 동네서 친밀하게 지내다 보니 허물없는 사이가 되었다. 어찌어찌 출발 시간이 어긋났으나 도착해서는 각자 보금자리를 물색했다.

 나중 찾아 와 짓겠다고 서두른 가장이 연적이었다면 자기와 함께 좋아했던 녀석이라 같이 눌러살다가는 불안할 테니 일껏 지어놓고는 불시에 떠났다. 떠난 녀석은 혼자일 것도 같고 둘일 것도 같지만 아무튼 먼저 집을 지은 녀석들이 떠났을 거라는 게 지배적이었다. 부모님이 부담스러운 아들 내외가 불쑥 나가 버린 것처럼. 그렇게만 하면 일단 여친을 달고 온 녀석이라 살림을 차리고 보란 듯 살 것이다.

 어쨌든 제비집은 흔히 볼 수 있는 게 아니었다. 벽돌집도 아니고 타일 벽이라 쉽지 않았을 거라 했더니 안 그래도 지푸라기가 떨어지는 바람에 나무토막을 대 주었단다. 우여곡절 끝에 짓고도 한 채는 비었으나 아들 내외라면 부모님이 못 미더워 언젠가는 돌아올 수 있다. 부모님 또한 병이 나면 구차한 대로 들어올 테니 괜찮다. 그리고 집은 지었으니 좋은 일이 있을 거라는 덕담도 잊지 않았다. 제비집은 본 게 실로 몇 년 만인지 아득했으니까.

 그 터는 말하자면, 제비가 처음 올 때도 참새와 소동이 있었다. 제비가 온 뒤에도 이따금 보꾹에 알을 낳았다니, 텃세가 유별나 범접도 못 했다는데 당당히 물리쳤다. 들어 온 돌이 박힌 돌 빼내는 자리였을까. 박힌 돌은 빼냈으되 나중 들어온 한 쌍 제비도 빈집은 건드리지 않고 새로 지었다. 조심조심 관리하면서 돌아오기를 기다릴 것 같다. 참새 역시 제비가 집을 짓고 얼마 후에도 가까이 머물러 있었다니 말이다. 집들이도 못 하고 있으나 눈물겨운 해후가 있으리라는 상상이 즐겁다. 어떤 집이든 사연은 있다.

추워야 봄이 되지

　- 꽃샘추위는 봄의 운명

　날씨가 영하로 곤두박질했다. 25℃까지 올라갈 때는 완연한 봄 같더니 오늘 아침에는 거짓말처럼 기온이 뚝 떨어졌다. 변덕맞은 날씨라고 하는 게 새삼스러울 만치 계속 어수선한 분위기다.
　한 이틀 따스해지자 사람들은 화분을 내놓는다고 분주를 떨었다. 항아리의 김치를 냉장고에 옮겨 담는 사람도 있었으나 괜한 일이다. 봄이 되려면 좀 더 시일이 걸려야 할 것 같았고 그럴 바에는 바깥 창고에 두는 게 낫다고 생각했다. 기온이 올라갈 게 걱정이나 쇠응달이라 아침저녁으로는 추울 것이므로 그게 오히려 괜찮다.
　초여름 같은 날씨가 다시금 추워지니 느낌이 묘하다. 그러면 그렇지 싶었다. 참새는 혹여 배부르다고 방앗간을 지나갈 수 있어도 꽃샘추위가 봄의 간이역을 건너뛰는 일은 없다. 새싹을 틔우고 꽃을 피우는 시점인데 금방 따스해지면 자존심 문제다. 봄이 있는 한 꽃샘추위도 기승을 부린다. 앙숙이라 더더욱 밀접한 관계로 부딪치는 걸까.

 짐작이 옳았다는 자만은 아니다. 입춘이 지나고 꽃샘추위도 없었다. 그대로 봄이 되면 뭔가 잘못되었다. 겨울이 가야 봄이 오고 추워야 꽃이 핀다. 봄 날씨의 특징이 그랬다. 쉽게 피어서는 이름값을 할 수 없다.

 봄 날씨가 따스할 때는 은근 걱정이다. 마음대로 되는 건 아니나 춥지 않고 봄이 되면 오히려 을씨년스럽다. 화창해지면 꽃은 흐드러지고 잎도 무성해지지만, 도중에 추워지므로 잎눈 꽃눈이 얼어 죽는다. 관상용 꽃도 탈이지만 과수나무의 꽃눈이 죽으면 과일 농사에 막대한 피해를 주지 않던가. 조약돌 피한다고 다행으로 알기 전에 더 큰 수마석에 시달릴 걸 생각해야 한다.

 정체를 모를 건 꽃샘추위다. 심술을 부리지 않고 선심을 쓰는 체 따스한 날씨가 이어지면 수상쩍은 징조다. 북어 한 마리 주고 제사상 뒤엎듯이 모처럼 꽃을 피워 주나 싶어 좋아할 동안 폭설을 퍼붓고 봄 들판을 뒤엎어 된서리를 만나기 일쑤다. 꽃가지가 부러지고 난데없는 추위에 새싹은 오들오들 떨고 있으니 북어 한 마리 받아 챙기고 곤경을 치르는 꼴이다.

 꽃샘추위가 생략된 채 꽃이 피면 예뻐 보이지를 않으니 그도 필연일까. 꽃샘은 이른바 봄의 운명이라는 게 추워질 때마다 절실해 온다. 한철 따습고 말 봄이라면 구태여 꽃샘잎샘 같은 혹독한 추위가 필요치 않으련만 일 년 대계는 다름 아닌 봄이다. 1년의 서곡을 연주하는 봄이 한철 잘 이겨내야 남은 여름과 가을 겨울도 탈 없이 지나가기 때문에 따스해지는 게 그처럼 힘든 것이다.

겨울이 가야 봄이 온다. 잎도 없는 맨 가지에서 피는 게 봄꽃의 카리스마이다. 꽃샘바람의 발자국 소리 듣고 매서운 회초리 맞으면서 꽃망울을 새기듯 우리도 운명의 채찍으로 담력을 쌓는다.

꽃샘추위가 없었다면 봄도 맨 가지에 꽃 피울 엄두는 내지 못했다. 꽃샘추위가 있었기에 기를 쓰고 새싹을 틔워내는 게 봄의 묘리다. 시련이 없고 역경이 삭제된다면 우리도 치열하게 살지 못했다. 피하려 해도 악착같이 괴롭히는 운명 때문에 넘어질수록 꿋꿋해지는 삶을 살 수 있었다.

봄이 얼어붙은 얼음을 깰 수 있었던 것은 마지막까지 남아 괴롭히는 꽃샘추위 때문이다. 겨우내 얼어붙은 게 녹은 것은 따스한 봄기운이었지만 꽃샘추위에 맞서 꽃망울을 새겨 온 집념이었다. 오죽하면 겨울바람이 봄바람 보고 춥다 했을까. 아울러 그게 바로 꽃샘추위였듯이 운명도 강한 의지 앞에는 속수무책이라는 걸 내 삶의 가지에 접목해 보는 것이다.

현재 나이 배송 중

 '고객님 앞으로 나이 +1이 도착했습니다. 본 상품은 취소 교환 환불이 불가하며 1월 1일 도착 예정입니다. 묶음 배송으로 주름도 함께 발송되었습니다.'
 인터넷을 열어보다가 우연히 눈에 띈 글귀다. 아무리 택배로 물건을 주고받는 세상이기로 나이까지 택배로 보낸다는 착상이 나올 줄은 몰랐다. 있을 수 없는 해프닝이지만 틀린 말은 하나도 없다. 묵은해를 보내고 새해를 맞는 12월 마지막 날이라 그런지 생각이 많다.
 나이를 택배로 보내는 회사도 없거니와 그런 단서를 붙이는 경우가 있을까마는 취급 품목을 나이로 했다는 게 특이하다. 구태여 받지 않아도 나이를 먹는 것은 기정사실이되 배송 과정에서 반송은 절대 불가하다는 멘트는 충격이다. 먹으라는 나이 거절할 수 없고, 가는 시간 잡지 못한다고 은연중 드러낸 것이다.
 오래전 여동생의 아들 재승이는 1년에 한 번씩 제 누이와 나이 싸움을 벌였다. 싸움의 시초는 누이가 네 살 더 많다는 거다. 여느 때는 순하고 착한 아이가 12월 31일 밤이면 저만 먹을 테니 누나는 가만히 있으라고 성화다. 약속을 지키지 않을까 봐 밤새 지키고는 이제는 세 살 차이로 줄었다고 말했다. 나이를 먹지 않은 걸 밤새 자지 않고 확인했으니 네 살 터울에서 세 살로 좁혀졌다는 의미고 누이는 또 천연스럽게 저만 먹었느냐고 하면서 네 살 터울이라고 우겼다.

 그렇게 부탁했는데 너무한다고 야속한 투로 말하는 녀석 때문에 집안은 웃음바다가 되었다. 무안했는지 재승이는 또 누나에게 내년에는 한꺼번에 다섯 살을 먹을 테니까 누나는 한 살만 먹으라고 미리 부탁을 한다. 주발에 든 밥처럼 더 먹을 수도, 옆의 사람에게 덜어줄 수도 있다는 생각이다. 어처구니가 없다. 더도 말고 딱 한 살만 먹어야 하는 속성도 떠오른다. 아무것도 모르는 철부지도 나이가 먹어 세월에 대한 아쉬움이 생기면 한 살이라도 먹기 싫은 속내를 비로소 생각하지 않을까.

 택배를 보내다 보면 안전하게 도착할 때까지 노심초사한다. 연말이면 우편물이 많아서 하루 이틀 늦어지지만, 나이는 새해 첫날 0시를 기해 똑같이 받는 희귀한 품목이다. 메일도 주소를 저장한 뒤 한꺼번에 보내듯 나이도 그렇게 갈 테니 얼마나 수월한가. 메일이 온 줄도 모른 채 무심코 열어보면 와 있듯이 깜빡 잊고 있다가 불쑥 한 살 더 먹었다는 생각이 드는 거나, 정초에 무심코 작년 나이로 말하는 것도 그 때문이다.

 반송할 수 있으면 반송이라도 하고 싶은 게 모두의 솔직한 심정일 게다. 하지만 발신인이 불분명하고 수량 또한 엄청나다. 딱히 반송이 아니어도 뜯어보지 않으면 될 것 같으나 물건이 아니므로 받은 거나 마찬가지고 착오란 있을 수 없다. 수취인 불명으로 착오가 생기기는 해도 모두에게 배송되므로 거부할 새도 없이 금방 한 주가 되고 한 달이 지나 연말이 되면서 감상에 젖는 것은 아닌지.

 음식은 먹을수록 포만감을 느끼지만, 나이는 허탈해진다. 속이 좋지 않으면 약으로 치료할 수 있으나 마음이 허해지는 공복 현상은 처방이 필요하다. 꿀벌은 슬퍼할 새가 없듯이 연말이나 연초에 감상에 젖을 시간도 없으려면 어떻게 살아야 할까. 숫자적인 나이는 주름이 생기고 머리가 희어지기 때문에 감추기 어렵지만, 정신적 나이는 교정이 가능하고 훨씬 젊어 보일 수 있다. 나이를 비켜 갈 장사가 없다면 숫자에 집착할 게 아니다.

 떡고물처럼 무심히 주워 먹다가 문득 나이를 느낀다. 초조할 때가 있지만 나이에 대한 강박관념이 없으면 무심히 보낼 테니 오히려 괜찮다. 젊은 층일 수 없는 60 나이도 80 노인이 얼마나 부러워할지 돌아보면 특별히 아쉬울 게 없지만, 나이 먹는 게 좋을 사람은 없다. 어릴 적에는 빨리 어른이 되고 싶어 했는데 막상 사절하고 싶은 게 우리 속내다. 재승이처럼 더 먹기는커녕 누군가 달라면 두말 않고 줘도 줄 텐데 싶다가도 호랑이보다 야박한 세월이라면 받아들이는 게 상책이다.

 여튼 나이조차도 택배 운운하는 세상이 묘하다. 그래서 더더욱 시간의 올무에 매일 수밖에 없다. 주문하지 않아도 발송과정에는 하자가 없고 환불이나 반송은 절대 불가할 테니 차라리 의식하지 않는 게 낫다. 너무 빨리 가는 세월 때문에 덧없음을 잊으려는 발상은 아닌지. 올 한해 미처 끝내지 못한 게 있을지언정 다시 또 새로운 해가 뜰 테고 소망은 빛날 수밖에 없다.

딱지

 또 피가 묻었다. 딱지를 떼자마자 상처에서 계속 묻어나온다. 떼어내지 않으면 괜찮을 텐데 긁어 부스럼으로 피가 나고 끝내는 악순환이다. 엉겨 붙은 진물과 피가 마르기 때문에 시꺼멓고 볼썽사나워도 그렇게 해서 상처가 낫는다. 딱지를 떼어내면 발그레한 속살이 비쳤다. 생채기를 덮어서 보호하는 딱지가 새삼스럽다.
 딱지는 껍질이다. 게와 소라 등의 몸을 둘러싸고 있는 그 껍질 말이다. 꽃게를 먹다 보면 게딱지만 남는다. 딱딱해서 먹을 수 없는 것들이 내부를 보호한다. 어떤 사람이 쓰러져가는 오두막을 보고 게딱지같은 집이라고 놀렸다. 주인은 발끈했다. 자기 사는 집을 무시했다는 노여움은 아니었다. 게딱지는 게가 사는 집이다. 볼품없고 허름해도 바람을 피하고 비를 긋는 보호막이었다. 어찌 함부로 말하느냐는 뜻이다. 하찮은 게딱지도 우주의 일부가 된다. 필요한 목록이다.
 안국선의 '금수회의록'에도 딱지 비슷한 얘기가 나온다. 까마귀와 여우 등

일곱 마리의 동물이 등단하는데 거기 다섯 번째로 게가 나와서 항의하는 장면이다. 사람들은 우리를 보고, 창자가 없어서 기개와 담력이 부족하다지만 너희들 중에도 소신껏 살지 못하는 '무장공자'가 많다고 열변을 토했다. 게는 창자가 없는 대신 딱지가 있다. 내장이 약한 거북도 껍질은 단단하다.

물론 그로써 속을 감싸는 게 특징이다. 특별히 하나가 약하면 나머지는 강하다는 뜻을 표방한다. 내장이 약한 만큼 딱지는 단단한 형평성이다. 두 개가 다 강할 수는 없고 세상은 그래서 공평하다. 이가 약한 초식동물도 뿔이 있고 뿔이 없는 육식 동물은 이가 튼튼하다. 강한 것 같아도 약하고 약한 것 같아도 강한 게 있다.

딱지는 그 외에도 여러 가지 뜻을 나타낸다. 철부지에게 딱지가 덜 떨어지다라고 할 때는 탈바꿈이라는 의미도 있다. 딱지를 떼어내면서 철이 들고 자란다. 주차위반 혹은 신호위반을 할 경우, 딱지를 뗀 뒤 날아오는 벌금 통지도 그런 뜻이었으리. 불명예스러운 과거를 청산한다는 의미 대신 벌금을 물리는 강제집행이기는 했다. 딱지를 떼는 순간 벌금형을 감수하면서 새로운 자세를 다진다. 보통 딱지를 붙인다고 하지만 '딱지가 붙다'는 말은 '나쁜 평판이 붙다'라는 뜻인 만큼 새로 시작하는 마음가짐은 남다를 수밖에 없다.

남의 돈을 갚지 않을 경우 채권자가 법원에 의뢰하면 법원은 채무이행을 요구한다. 그래도 갚지 않을 때는 차압에 들어가고 빨간 딱지를 붙인다. 딱지라는 순수한 의미와는 달리 강제집행을 나타내고 그래 섬뜩한 기분이 들지만 아주 흔한 우표딱지도 있는 걸 보면 정겨운 이미지가 더 많은 것 같다.

우표는 요금 대신 붙이는 딱지였으나, 정성껏 쓴 편지를 봉하고 우표를 붙일 때의 기쁨은 추억이다. 지금이야 메일로 안부를 확인하지만 어릴 적 유일하게 마음을 전할 수 있었던 것은 편지다. 편지를 보내려면 우표를 붙이는 게 당연한 순서고 그럴 때마다 예쁘게 그려진 문양에 끌리기도 했다. 언젠가 우체국에서, 서울로 유학 간 아들의 편지를 읽지 못하고 쩔쩔매는 까막눈 부모에게 일일이 짚어가며 읽어주는 우편 담당 직원을 보고 더 특별한 의미로 남기도 했건만…….

 우표를 수집할 때도 딱지를 뗀다. 방학이 되면 우표수집 과제가 있었다. 안 그래도 평소 배달된 편지를 이미 모아 두었다. 한 장 한 장 흠집이 생길까 봐 조심조심 떼어내다 보면 말짱하게 떨어진다. 상표 수집도 있었다. 우표보다는 접착제가 강하다. 방법이라고 분무기로 뿌리면 글씨가 번졌다. 방법을 고심하다가 축축한 날 떼고 보니 원 상태로 떨어졌다. 두꺼운 표지에 붙이다 보면 각 회사에서 만드는 상품의 목록을 알 수 있었다. 우표는 또 국내외적인 사건을 도안해서 만드는 까닭에 수집하고 붙일 동안 사건의 전모를 파악하는 것도 공부가 된다.

 딱지를 떼면서 한 단계 올라가듯 우표와 상표를 떼고 붙일 때마다 식견이 높아진다. 문화적 혜택이 적은 시절이었으나 우표만 제대로 수집해도 식견을 높일 수 있었다. 우표를 뗄 경우 지금 같으면 라벨 식 편지 봉투마냥 떨어지기 때문에 흠집이 날까 봐 신경 쓸 일도 없지만, 묘기나 부리듯 손재주를 요하는 그때의 문화도 괜찮았다. 오래전 딱지를 모을 때를 생각하니 모든 게 열악한 조건이었어도 노심초사할 동안 얻어지는 기능 같은 것은 즉 까다로운 세상에 적응하기 위한 과정이었다. 딱지든 껍질이든 내부를 온전히 보호하는 방편이듯 살 동안 아물려진 딱지도 우리 삶의 보호막으로 될 테니.

땅 내를 맡다

해가 진다. 뉘엿뉘엿 주위가 보랏빛으로 물든다. 해거름이면 기어 나오던 땅거미. 해가 지고 깜깜해질 때까지 어렴풋한 기운이다. 낮도 아닌 밤도 아닌 채 하루가 종료되는 그 시간 어스름이 한 마리 거미처럼 깜깜한 저녁을 활보하고 있다.

모처럼 뒷산에 올라온 길이었다. 꿈틀대는 봄 기척을 느끼며 골짜기를 돌아가는데 구수한 흙내가 느껴진다. 봄비가 내리면서 들판의 흙도 얼개미로 친 듯 촉촉해졌다. 농부들은 씨를 뿌리고 한 해의 농사를 준비하겠지. 봄도 땅 내를 맡아 꽃의 축제를 열 테니 식물을 자라게 하는 위력이 새삼 그려진다.

옹달샘을 떠서 마시고 갓 삐져나온 홑잎도 뜯어 먹었다. 향긋한 맛에 한 뿌리 캐 갈까 했지만, 아닌 것 같다. 야생화를 분에 옮겨도 발육 상태는 좋지 않았다. 취나물 역시 화단에 심어 봤자 깊은 골짜기에서 캐는 나물만은 못하다. 땅 내는 그만치 강렬하다.

지금도 1시간 남짓 걷고 있는데 발이 아프지 않다. 시멘트 길이면 벌써 지쳤을 텐데 푹신푹신한 산길은 역시 다르다. 겨우내 움츠려 있던 봄이 푸르러지는 것도 식물을 자라게 하는 위력 때문이다. 따스해지면 꽃도 피어나겠지. 산새가 풀씨를 쪼고 쉬어갈 동안 봄도 점점 무르익는다. 마음 놓고 오솔길 걸을 수 있는 것도 자그마한 행복이다. 자연과 멀어지면 건강도 보증하기 어렵다는데.

주택만 봐도 흙벽돌집은 자연적이다. 집이라 해도 숨을 쉬기 때문이다. 비가 오면 수분을 머금어 보송하게 만들고 건조할 때는 수분이 배어 나와 습도 조절이 된다. 멋있게 짓고 편리하게 꾸미는 것도 좋지만 건강을 고려하지 않는다면 주택으로서의 기능은 떨어진다.

최근 등산객이 늘었다. 요즈음 나도 일부러 산책코스를 찾아다닌다. 땅 내 그리운 나이가 된 것일까? 오늘도 봄과 함께 풍겨오는 냄새를 맡고 뒷산에 올라왔다. 창가에 비쳐드는 봄볕은 아침부터 눈이 부셨다. 화단의 새싹도 흙을 뚫고 뾰조록 나왔다. 어디라 할 것 없이 나들이가 생각나고 뒤숭숭했다. 알게 모르게 친근해졌나 보다. 흙이 묻는다고 피해 다니던 게 엊그제 같다.

땅으로 시작되는 말을 생각해 본다. 땅에서 곧장 싹트는 땅 두릅이 있고 땅에 바짝 붙어 다니는 땅강아지가 있다. 흙투성이 작은 곤충은 땅개라고도 불렀다. 키가 작아서 땅에 가깝다는 뜻을 보면 이름이 그럴싸하다. 땅에 기둥을 박아 만든 그네는 땅그네, 도자기를 만들 때 흙을 가라앉히는 구덩이 땅두멍도 있다.

윷판에서는 특별히 '땅 걸'이 있다. 모가 나올 줄 알았다가 아차 하나 뒤집힐 때 '도'를 비웃는 말이지만 '첫 모 방정'이란다. 첫 모는 나왔어도 갈수록 꼬일 때가 있고, 시작보다는 잘 풀리는 경우도 있다. 땅개만치나 익살스럽고 친근한 말이다. 땅에서 나오는 수확도 끝까지 가 봐야 알 수 있기 때문에.

콩 심으면 콩 나고 팥 심으면 팥 난다. 그 씨앗은 물론 땅에 심었다. 땅을 귀히 여기는 사람은 땀 흘린 만치만 생각한다. 적어도 두 마리 토끼 잡으려다 한 마리까지 놓치는 일은 없다. 우물을 파도 한 우물만 파고 뿌린 만큼 거두는 메시지를 적용하면서 가진 것에 만족하는 행복의 최대공약수를 찾는다.

전염병이 휩쓸고 전쟁으로 폐허가 될 때도 땅은 혼자 무사했다. 건물과 터전은 무너졌어도 땅은 남아 있었기에 다시금 터 잡아 살면서 지금까지 이어져 왔다. 땅 내를 맡으면서 진솔한 삶으로 바뀌는데 집을 지어도 건물에 치중한다. 텃밭이니 화단을 조성해서 채소를 가꾸고 꽃을 보기보다는 별채라도 지어서 세를 놓는다. 돈을 보면 현명한 처세지만 땅 내를 모르고 사는 여파는 심각하다.

뿌린 만큼 메시지를 거부하면서 불평이 생겼다. 힘들이지 않고 가지려 했다면 어떻게 살았느냐의 정서 문제이다. 땅 내의 의미를 파악하고 진가를 꿰뚫게 되면 소유한 사람 이상으로 부자이다. 무심히 사 두었던 땅이 가격이 폭등할 때도 뜻밖의 수입에 대한 경계심은 늦추지 말아야 할 거다.

힘들게 벌면 그로써 누군가를 얕보거나 하지 않지만, 하루아침 부자는 갑자기 교만해질 수 있다. 뿌린 만큼 내 주는 땅 밟는 일이 줄어들 동안의 의식구조였을까. 더도 덜도 말고 뿌리고 노력한 만큼 부자일수록 마음까지 경건한 것도 거짓을 모르는 그 메시지 때문이었으므로.

바람이 차다. 어스름 초저녁에서 밤으로의 이동 때문인지 넘어가는 태양조차도 서성인다. 서쪽 하늘 물들이던 노을은 간데없이 그렇더라도 밤은 시작되리라. 어둠이 깔리기 시작하면 모두는 휴식을 취하면서 새로운 하루를 준비하겠지. 오늘 우연히 봄을 키우고 초록을 늘리는 땅 내의 힘을 알게 되었으니 모처럼 수수롭다.

콩나물 사연

 겨울이면 콩나물국을 먹는다. 들기름에 볶은 뒤 자작하게 국물을 잡아 한소끔 끓어난 후 파 마늘과 김치 한쪽을 넣고 이듬 끓이면 얼큰한 국이 된다. 담백한 맛에 비해 손쉽게 구할 수 있고 조리도 간편하다. 쉽게 구할 수 있는 먹거리였으되 미각으로나 영양학적으로나 뛰어난 식품이다.
 어릴 적 안방에는 콩나물시루가 있었다. 새벽에 무심코 잠을 깨면 어머니는 물을 주고 계셨다. 이제 막 물을 주고 나가신 후에 보면 조르르 조르르, 바위를 타고 흐르는 옹달샘같이 약한 물소리가 들렸다. 한 줌 뽑아 콩나물밥을 하고 무칠 때마다 참 맛있게 먹었다. 음악처럼 귀여운 선율에 끌리다가 최근에는 그 자라는 과정에서 삶의 곡절을 생각했다.
 콩나물을 키울 때는 일단 싹을 틔운다. 쥐눈이콩을 씻어 한 이틀 부뚜막이나 아랫목에 놓으면 싹부터 틔운다. 얼금얼금한 천을 깔고 시루에 안친 뒤 적당한 그릇에 막대기 두 개를 걸쳐 놓는다. 그다음 보자기로 덮어둔 채 물을 주면 시루 속이 빡빡하도록 올라온다. 처음에는 누워 있고 뒤집어지고 가지각색이었으나 일정 시기가 되면 똑바로 서서 탄탄히 뿌리박고 있다.

 수많은 날 비좁은 속에서 빼곡하게 자라던 콩나물 군단은 두 가지 삶을 드러낸다. 가뭄에 멀리까지 뿌리를 내는 초목마냥 어릴 때 본 시루 속의 콩나물도 한 바가지 물을 나눠 먹어야 하는 야박한 배급 때문에 필사적으로 물을 받아야 했지만 그렇게 빠져나가도 실하게 올라왔다. 한 바가지 물도 받아먹을 때는 필사적이면서 버릴 때는 과감해지는 속성 때문에 소박한 삶에서도 호기를 부릴 수 있다. 깨금발에 외다리로 자라는 콩나물처럼 사는 건 각박해도 뭔가에 집착하지 않는 여유를 본 것이다.

 우리 역시 밑 빠진 독에 물 붓듯 무의미할 때도 좌우명을 깔면 적절한 배수로 원만한 삶이 된다. 가치관이 완고하면 시아가 촘촘해서 통풍이 되지 않는 콩나물처럼 오히려 뜻밖의 낭패가 따른다. 물색없이 빠져나가는 걸 보면 밑 빠진 독 같아도 엉성한 헝겊을 깔았다. 그것이 곧 여과기 구실로 된다. 물은 흘러나가도 적당히 촘촘한 시아 때문에 수분을 유지하며 사각사각 씹히는 콩나물 특유의 맛이 형성되었다.

 콩나물에 부어주고 내려간 물은 사라진 세월로 볼 수 있겠다. 물은 남김없이 빠져나갔고 바로 그 물이라고 할 지나온 세월 또한 흔적도 없이 사라졌으나 우리 모두는 그 옛날 어머니가 부어주는 물을 받아 머리가 크고 통통해진 콩나물처럼 연륜을 자랑하는 나이가 되고 업적이 늘어났다.

 한 번 가면 오지 않아도 흔적은 남아 있고 증명이나 하듯 우리는 노련한 삶의 주역으로 남았다. 물을 받아먹고는 살아도 잠긴 것은 아니고 시나브로 빠져나가도 수분은 남아 있는 재배법이었다. 물을 받아먹고는 살아도 잠긴 것은 아니고 시나브로 빠져나가도 수분은 남아 있는 재배법이었다.

 빠른 세월 속에 남는 건 아쉬움뿐이고 인생이 때로 콩나물시루처럼 긴장의 연속이어도 이따금 돌아보는 여유가 삶의 주춧돌이 된다. 보자기 밑에서 크는 콩나물보다 변수와 조절이 가능한 인생관은 콘트롤이 가능하다.

 입추의 여지 없이 비좁은 속에서 사는 것 또한 묘다. 다 빠져나가도 물을 받는 그릇 때문에 수분을 유지할 수 있었고 그래서 더 잘 자란 것이다. 그 물이라는 것 또한 기왕에 부어 준 물을 받아먹는다. 어쩌다 갈아 주기는 해도 여러 번 붓는 동안 뜨물처럼 뿌옇게 바랜 빛깔이 말똥말똥한 것보다 거북스럽지 않다. 새로 갈지 않아 뿌옇게 된 물도 받아들이는 자세가 필요하다고나 할까.

 콩나물에 관한 기록은 고려 고종 때의 향약 구급방에 나온다. 콩을 틔워서 말린 이른바 '대두황'을 말하는데 콩에는 단백질이 많은 대신 그렇게 키운 콩나물에는 비타민 C가 많다. 무더위로 지치기 쉬운 여름에는 콩자반이나 콩국수 등을 먹으면서 단백질을 보충하고 겨울에는 나물로 키워 비타민 C를 보충했다. 푸성귀가 흔할 때는 의미가 없지만, 온실이 없던 그 옛날 콩나물은 겨울에도 신선한 나물로 으뜸이었다.

 순수하게 물만 줘서 길렀으니 수경재배의 원조로도 볼 수 있다. 사 먹는 콩나물은 거름을 주기도 한다지만 집에서 키워 먹을 때는 물만 주기 때문에 이렇다 할 약해가 없다. 특별히 오래전부터 술을 마신 다음 날에는 콩나물 해장국을 먹었으며 지금도 감기가 들면 얼큰한 콩나물국을 먹는 것만 봐도 뛰어난 식품이란 것은 부인하기 어렵다.

저녁에는 콩나물밥을 안쳤다. 김치를 깔고 들기름을 친 뒤 쌀을 얹었다. 뜸을 푹 들인 뒤 양념장에 비벼 먹을 생각을 하니 벌써부터 군침이 돈다. 먹는 것도 서민의 기호에 딱 맞고 자라는 모습까지 소박한 서민의 취향 그대로인 콩나물이 오늘따라 맛깔스럽다. 빡빡한 삶에서의 여유가 우리 삶의 자양분이 될 것으로 생각하니 각박한 삶도 견딜 만해지는 것이다.

가을 고추장

 가마솥의 엿질금 물이 설설 끓는다. 뜨거운 김이 오르고 마당 구석구석까지 훈훈하다. 잠깐 식혔다가 고춧가루와 메주를 풀고 간을 맞춘다. 덩어리가 지지 않게 젓다 보면 선홍색으로 깔도 예쁜 고추장. 겨우내 숙성되면 더더욱 고와진다. 찌개를 끓이고 된장국을 안칠 때마다 한 숟갈씩 푹푹 떠다 먹을 생각에 부쩍 설렌다.
 봄에 담그면 부글부글 끓어오른다고 갑자기 서둘러 담게 되었다. 그러나 막상 담그자니 우선은 춥고 끓는 것도 더디다. 차가운 날씨에 손끝은 말려들고 버무리기가 힘들다. 그래도 겨울에 숙성되는 것이 좋겠지 싶어 궂은 날씨도 개의치 않는다. 아침에 떠 온 고추장 역시 작년 가을에 담근 것으로 참 맛있게 먹고 있다.

 우선 곱게 빻은 찹쌀을 개어놓았다. 질금 두 되를 걸러낸 뒤 솥에 붓고 아침나절 내내 은근한 불로 삭혔다. 괄게 때면 뜨거워서 델 염려가 있고 고추장

맛이 제대로 나지 않는다. 불을 약하게 지핀 뒤 2시간 남짓 젓고 나면 웬만치 삭고 입자가 고와진다. 뒤미처 센 불에 끓여낸 뒤 들통에 담아 장독대로 옮겼다. 소금 닷 되와 고춧가루 메줏가루까지 넣어 덩어리가 지지 않게 주걱으로 저었다.

 다 끝낸 뒤 보면 고추장 함지에서 붉은 서기가 뿜어져 나온다. 참 고운 빛깔이라고 하면서 한 덩어리라도 떨어질까 봐 조심조심 받쳐 들고는 달항아리에 퍼 옮긴다. 몇 번을 옮겨 담은 뒤 알뜰 주걱으로 긁어냈다. 한 숟갈이라도 더 퍼 담으면서 그래도 남은 것은 찌개에 넣을 요량으로 물을 부어 두었다. 힘든 걸 생각하면 그만한 절약도 성에 차지 않는다.

 자루에 질금을 넣고 바락바락 치대는 것은 보통 일이 아니다. 절반으로 달이는 것도 힘들지만 가을 고추장 맛은 남다르다. 열이 많은 식품이니 겨울에 숙성되어야 좋다는 건 짜장 옳다. 봄에 담그면 가뜩이나 열 때문에 된볕에 끓는 것은 예사다. 오래전 어머니가 봄에 담그실 때도 맛은 좋았으나 뜨거운 식품 고추장이라 겨울이 바람직하다는 논리다.

 고추장의 진가는 보리밥을 먹을 때 드러난다. 콩나물과 시금치와 미나리 등 반찬도 반찬이지만 보리밥을 보면 고추장이 생각나듯 당연히 한몫을 했다. 겨울에 자란 탓인지 갓 뜸이 든 보리밥은 별반 뜨겁지 않다. 얼음골 태생인 보리는 그렇게 찬 음식이고 염소 뿔 녹인다는 대서쯤 붉어진 고추로 만든 고추장이라야 열이 보충된다. 쌀밥에 고추장이 겉도는 것은 둘 다 땡볕에서 자란 탓이다. 쌀밥이라고 맛없지는 않으나 보리밥의 고추장만치는 아니다.

 고추장과 제격은 장아찌다. 혹 고추장이 싫은 사람도 고추장장아찌는 좋아하는 걸 보았다. 더덕장아찌라도 박으려면 여름내 되직해진 고추장이 최고다. 더덕에서도 물이 생기므로 맛이 에일 수 있으나 집에서 담근 고추장은 그럴 염려가 없다. 더덕 말고 무장아찌도 박는다. 무더운 여름 입맛이 깔깔해서 물에라도 말아 먹어야 소화가 될 때 한 토막 꺼내면 고추장 맛도 나고 칼칼한 무맛도 살아난다. 무도 냉한 식품이었으니 더 잘 어울렸겠지. 하나가 뜨거우면 남은 하나는 식히는 거라야 부담이 적다.

속이 좋지 않은 나로서는 고추장이 좋아질 수밖에 없는 배경이다. 여름이면 배탈이 잦은데 고추장만 한 숟갈 먹으면 금방 가라앉는다. 엿질금은 엄동에 자란 보리를 싹 틔운 것이고 고춧가루는 한여름 내내 붉었다. 그것을 버무린 까닭인지 간만 봐도 속이 편하다. 장마가 오락가락할 때는 장떡을 자주 부친다. 풋고추와 미나리와 호박 부추가 들어가는 것은 같은데 고추장이 한 숟갈 들어가서 장떡이다. 밀 또한 겨울에 자랐다. 밀가루 빈대떡도 맛있지만, 장떡은 특히나 한여름의 이열치열과 고추장의 열기가 맞물린 결과다.

음식에도 고춧가루 대신 고추장을 넣는다. 해마다 김장 때 빻은 고춧가루가 여름이 되면 빛깔도 나지 않고 맛이 없다. 늙은 오이, 노각을 무칠 때도 그래서 고추장이다. 무더위에 지치다 보면 고추장이라도 넣어야 입맛이 도는지, 하필 타오름 달 8월에 고와지는 특징도 새롭다. 소나기가 뿌리다가도 볕이 쨍쨍한 8월 초의 고추장은 놀 빛처럼 또는 꼭두서니 빛이다. 장마가 오락가락할 때는 곰팡이가 끼고 속을 썩이다가도, 복더위에는 햇살에 구워지듯 빛깔이 살아나 보기만 해도 입맛이 돈다.

고추장은 누가 뭐래도 여름 식품이라는 걸까. 하기야 고추도 그즈음 따는 게 맵고 칼칼했었지. 장마철에도 모처럼 해가 날 때가 있는데 짱짱한 볕이라 가차 없이 마른다. 만물은 딴 지 벌써 오래고 대략 두 번째가 된다. 짜증이 나게 덥기는 해도 속사포로 퍼붓는 볕에 뻘뻘 땀 흘리면서 익는다. 그다음 한나절 땡볕에 씨가 보일 정도로 마른다. 잘 익은 고추가 고랑마다 주렁주렁 했겠지. 뒤뜰 어름에도 만물로 딴 채반의 고추가 절반은 말랐을 테고 뒤미처 날아들 고추잠자리.

 아무리 봐도 고추장같이 붉어서 고추잠자리다. 빛깔은 딱 봐도 닮았다. 붉은 고추가 속이 비치도록 말개지는 것이나, 새빨간 잠자리가 별스레 투명한 것도 여전하다. 이따금 고춧대 속에 숨어 날갯짓하던 잠자리는 고추가 익어 갈수록 텃밭을 가득 메웠다. 나중에는 그도 모자라 빨랫줄에 바지랑대 꼭대기까지 올라앉더니 어지간히 따고 나면 보기가 힘들다. 그래서 고추잠자리라고 했나 싶을 정도로.

 볕이 뜨거울수록 잘 익으면서 일 년 양식 고춧가루가 넉넉해지고 그걸로 담은 고추장은 배앓이 잦은 나의 특효약이다. 고추장 예찬까지는 아니고 장황한 사설보다는 적게 먹는 편이나 가을 고추장을 담그면서 돌아본 후일담을 편편 새겨보곤 한다. 가을 고추장이면 어쩐지 건강도 좋아질 것 같은 소망까지 곁들이면서.

장아찌 문화

 무장아찌를 담았다. 겨우내 먹은 동치미를 정리하다 보면 여남은 개씩 남는다. 된장에 박으면 여름내 발그스름 물이 들고 맛깔스러운 장아찌가 된다. 채 썰어서 통깨와 참기름을 넣어 무치면 칼칼하니 맛있다. 너무 더워서 밥도 먹기 싫은 날 찬밥에 얹어 먹으면 느른해진 몸도 거뜬해진다.
 뻐꾸기가 울 즈음에는 마늘종이 나온다. 그걸 뽑아서 고추장에 박아 두고 조금씩 무쳐 먹는다. 마늘을 캐고 나면 금방 7월이고 오이가 성시를 이룬다. 지금이야 일 년 내 흔하게 먹을 수 있지만 진짜 맛난 것은 된볕에 쓴맛이 나는 오이다. 두 접 세 접 사다가 소금물을 끓여 붓는다. 워낙 큰 독이라 대강 먹은 뒤 헹굴 때는 반 광주리씩 남게 되고 고추장에 박으면 놀 빛마냥 결이 삭는다. 동치미도 발그름하지만, 몸 자체가 투명한 오이는 더더욱 발긋하게 보인다.
 5월에는 더덕장아찌를 만든다. 덩굴을 올린 뒤 한 3년 지나자 도라지처럼 굵어졌다. 뽀얗게 손질해서 고추장에 넣었다. 적당한 시기에 꺼내서 참기름에만 무쳐도 고기반찬 밀어 놓고 먹는다. 산에서 캔 더덕만은 못해도 직접 심어서 가꿨고 보리쌀을 띄워 만든 고추장 때문에 특별한 맛으로 바뀌었을 것이다.

양파나 깻잎 풋고추가 들어갈 때는 간장으로도 담근다. 특별히 통마늘로 박을 때 보면 거무스름한 게 빛깔도 먹음직스럽다. 간장을 적게 잡으면 들뜨기 쉽고 많이 넣다 보면 장아찌라 해도 너무 짜다. 7부 정도 잠기게 한 뒤 몇 번 뒤적이면 간이 골고루 배고 짠맛이 덜어진다. 생강과 마늘 쪽파를 넣거나 식초와 매실 등을 가미하면 특유의 향내가 천연의 방부제 역할이 된다.

요즈음 짠 음식이 건강에 나쁘다고 하지만 가끔은 필요할 때가 있다. 땀이 나지 않는 겨울에는 장아찌를 먹으면서까지 보충할 것은 없으나 탈수되기 쉬운 여름에는 필히 섭취해야 할 음식이다. 그러한 특징 때문인지 겨울에는 장아찌 먹을 일이 별반 없다고 생각했는데 어쩌면 기상천외한 고드름장아찌 이야기를 들었다.

물색없이 싱거운 사람을 고드름장아찌라고 했던 그것 말이다. 장아찌 박을 재료에 얼마나 신경을 곤두세웠으면 고드름을 다 생각했을까, 그야말로 오리지널 자연산에 안성맞춤이지만 장아찌 담글 때는 고추장 된장이 흥건해질까 봐 물기를 말리지 않던가. 마르기는커녕 녹는 대로 질척일 거다. 고드름장아찌처럼 싱겁게 끝났을 테지만 장아찌만큼은 짜야 한다는 주장이 싱겁기만 하면 되는 줄 아는 우리에게 일부 자극도 주었을 테지.

특별히 땀을 흘리면서 수분이 부족해질 때 장아찌를 즐겨 먹던 사람이 고드름을 보고는 장아찌 운운하며 짭짤해야 하는 의미를 강조했는지도 모르

장아찌 문화 325

겠다. 소금은 몰라도 메주로 만든 고추장과 거기 넣은 장아찌의 짠맛은 괜찮다. 설탕과는 달리 곶감의 단맛은 탈이 없다. 짜다고만 할 게 아니라는 뭐 그런 느낌이었다.

물량이 흔할 때 간장을 붓고 파 마늘 등의 양념을 한 저장식품이 장아찌라면 철철 푸성귀가 흔한 지금으로서는 번거로울 수 있다. 결국 금방금방 해 먹는 겉절이 문화가 발달했지만, 결이 삭으면서 맛이 드는 장아찌 문화가 아쉽다. 된장 또는 고추장에 박은 깻잎과 무의 가지런한 잎맥과 매끈한 결에서 예술품을 대하는 것 같던 신비감이 까닭 모르게 그리워진다. 어쩔 수 없는 장아찌 세대였을까.

음식은 골고루 섭취하는 게 우선이다. 마트에만 가도 먹거리가 흔해서 바쁜 사람들에게 아주 요긴하다. 금방금방 무쳐 먹는 겉절이 음식과 오랜 날 두고 만드는 장아찌 식품과의 조화가 아쉬운 거다. 여름내 장아찌를 즐겨 먹던 사람이 고드름을 보고 장아찌를 생각하며 무료함을 달래듯 겉절이 문화에 익숙한 중에도 가끔은 장아찌를 먹으면서 급해지기 쉬운 기질을 완화시키면 좋겠다. 우리 삶도 겉절이 문화의 산뜻한 느낌에 장아찌 특유의 진솔한 이미지가 가미되면 좀 더 윤택해지지 않을까. 음식도 가끔 성격을 만든다.

설날 아침의 단상

 설날 아침 사기대접에 든 떡국을 보니 먹기도 전에 배가 부르다. 가지런히 썰어 낸 떡과 예쁘게 빚은 만두 위로 석이버섯과 실고추가 살짝 비쳤다. 계란 지단에 김까지 어우러진 고명의 맵시도 먹기가 조심스럽다.

 설이 다가오면 어머니는 쌀을 씻어서 가래떡을 뽑으셨다. 김이 나는 가래떡을 쟁반에 펼쳐서 하나씩 굳힌다. 보통 하룻밤 지나면 썰기 좋게 굳는다. 썰고 난 후에는 함지 가득 포기 배추를 다졌다. 준비하는 동안 식혜와 수정과를 달이고 쌀가루로 조청을 만든다. 한편에서는 저고리와 마고자 등을 꿰매고 다림질을 하면서 손을 보기도 했다.
 까치설에는 만두 작업에 들어간다. 다진 김치를 애벌 짠 뒤에 묵직한 것을 올려 두면 김치물이 빠져나간다. 함지에 쏟아 두부와 고추 다진 것을 넣고 당면과 양파를 고루 섞는다. 참기름과 깨소금까지 넣으면 그냥 먹어도 괜찮은 만두소가 된다. 저녁에 만들 요량으로 광에 들인 후 녹두 부침과 전야를 부치기 시작한다.

 저녁 식사가 끝나면 어머니는 반죽을 밀어댄다. 언니와 동생은 한 팀이 되어 소를 넣고 아물린다. 금방 탄력이 붙으면서 속도가 빨라진다. 도와준다고 한 자리 낀 오빠의 만두가 허룩하다. 이어서 만두는 속 맛이라는 할머니의 말씀에 따라 미어지게 채운 것들은 영락없이 깨진다. 자정이 되면 만두 속도 바닥이 난다. 대충 치우고 나면 금방 아침이다. 어머니는 가마솥에 장국을 안치고 찬물에 가래떡을 헹군다. 떡이 끓고 나면 만두를 넣는다. 떡국을 담고 서너 개 만두와 예쁘장한 고명을 얹어 상에 올린다.

 일품이라는 칭찬에 과묵한 어머니도 엷게 웃으셨다. 저만치 공이 들어갔으니 나이와 맞바꿔 먹을 만했다. 그 외에 밤 대추를 담고 사과 배는 층층으로 저민다. 빈대떡과 나박김치 식혜와 수정과를 얌전히 담아내면 제상은 금방 그들먹해졌다. 가난했던 그 시절 1년에 한 번 곱게 차려입고 배불리 먹으며 즐기는 것도 색다르다.

 나이 한 살 먹으려니 어른들은 힘들지만 둘러앉아 빚는 정경은 설 풍경의 백미였겠지. 촉나라의 제갈량이 어느 날 군사를 이끌고 강을 건너게 되었다. 물결이 험해지자 인근의 노인을 찾아갔다. 사람의 머리로 제를 지내라는 말에 밀가루 반죽으로 그 모양을 만들었다. 소蘇를 넣고 쪄서 제사를 지내고는 무사히 강을 건넜다. 오랑캐는 만이라 하고 두頭가 머리를 뜻한다면 그럴법하다.

 만두는 속 맛이다. 잔뜩 넣고도 터지지 않게 하자니 힘들다. 김치 다진 것도 꼭 짜야 하고 속을 넣을 때도 꼭꼭 눌러 담는다. 잘못하면 바람 든 것처럼 벙벙하고 틈이 생긴다. 준비는 번거로워도 반죽을 밀고 속을 넣기 시작하면 도란도란 재미있는데 깨지기 시작하면 다른 만두까지 지저분해진다. 반죽을 여러 번 치대서 쫀득쫀득해야 하고 적당히 말랑해야지 너무 두꺼워도 먹기가 나쁘다. 얇고 차지게 하면서 솔기가 터지는 한계를 보완하자니 늘 복잡하고 까다로웠다.

 어릴 때부터 장이 좋지 않았다. 조금만 먹어도 만두피처럼 얄팍한 장 때문인지 솔기가 터진 것처럼 노상 설사다. 장도 약하지만 곱게 다지지 않은 만두소 하나가 만두피를 찢는 것처럼 급하게 먹은 음식이 속을 자극하는 것 같다. 소화력이 약한데다가 소를 꼭꼭 아물리지 않고 넣은 듯 벙벙한 느낌이었다. 만두소를 넣을 때도 적당량은 물론 공기가 들어가지 않도록 눌러 담아야 한다. 필요 이상 많이 넣어도 탈이 된다. 우리들 목표도 만두를 시작할 때처럼 얼마나 복잡하고 힘들었는데 순간의 잘못으로 깨지면 돌이키기 힘들다.

 지금도 나는 배가 자주 아프다. 평소 잘 먹지는 않으면서 이따금 과식하는 탓이다. 그러한 버릇처럼 취미로 뭔가를 할 때도 무리가 올 때까지 파고든다. 장이 좋아졌는지 설사는 줄었는데 밤늦도록 글쓰기와 독서에 치중하는 것은 어릴 적 그대로다. 우리 삶도 만두를 만드는 과정이라면 깨지지 않도록 하는 게 급선무다. 내용물이 암만 좋아도 솔기가 터지면 끝장이다.

 만두는 친근하다. 준비가 복잡한 대신 설거지도 금방 끝난다. 복을 상징하는 그 음식은 '오랑캐의 머리'라고 하듯 하늘을 속이고 만들었다. 만두와 함께 끓이는 가래떡도, 만두가 뜻하는 온갖 복 위에 무병장수와 풍년을 기원하는 효과다. 잡곡으로 끼니를 때우던 옛날 고기를 다져서 속을 넣은 만두는 설에만 먹는 별미일 수밖에 없다.

 차례가 끝나면 세배를 하고 덕담을 나눈다. 떡국, 빈대떡, 식혜, 수정과 같은 설음식을 먹으며 제기차기, 투호, 윷놀이, 장기 등 혹은 제기를 차고 부녀자는 널뛰기를 했다. 이제는 오랜 세월과 함께 줄어드는 추세지만 박물관 등에서 '한마당 체험'이라는 구실로 설맞이 전통 민속놀이와 전시 체험행사가 치러지고 있다니 한편 다행이다.

 설날은 '낯설다'라는 '설'에서 비롯되었다. '익숙하지 않은 날'이다. 정월 초하루에 순조로운 날씨와 풍년을 기원해 왔다. 설을 맞는 마음가짐 역시 경건한 자세라야 맞다. 새 옷을 만들어 입고 떡국이니 만두니 정갈한 음식을 차린 뒤, 하는 일마다 잘 되기를 기원하면서 향수적인 명절로 남았을 테니까.

네가 먼저 싹 틔우렴
(이정희 에세이집)

2021년 11월 05일 초판 1쇄 찍음
2021년 11월 10일 초판 1쇄 펴냄

지 은 이	이정희
펴 낸 이	김철우
펴 낸 곳	(주)누리달
출 판 신 고	제 25100-2012-000057호
주 소	서울 구로구 가마산로20다길 8-10
이 메 일	kc0377@nate.com
전 화 번 호	070-4352-3377
전 송	050-4188-0443

I S B N   979-11-6290-090-1 03810
가   격   17,000 원